U0927643

本书出版得到山西省高校哲学社科研究项目（批准号：2015216）<br>山西省哲学社科规划课题（项目编号：2014054016）资助

# 科学语义学研究

刘伟伟 ◎ 著

科学出版社
北京

**图书在版编目(CIP)数据**

科学语义学研究/刘伟伟著．—北京：科学出版社，2015.9
ISBN 978-7-03-045869-8

Ⅰ.①科…　Ⅱ.①刘…　Ⅲ.①语义学-研究　Ⅳ.①H030

中国版本图书馆 CIP 数据核字（2015）第 226998 号

责任编辑：杨　静　陈　亮/责任校对：钟　洋
责任印制：张　倩/封面设计：黄华斌　陈　敬
编辑部电话：010-64026975
E-mail：chenliang@mail.sciencep.com

科学出版社 出版
北京东黄城根北街 16 号
邮政编码：100717
http://www.sciencep.com
中国科学院印刷厂 印刷
科学出版社发行　各地新华书店经销
*
2015 年 9 月第　一　版　开本：720×1000　1/16
2015 年 9 月第一次印刷　印张：17 1/4　插页：2
字数：317 000
**定价：82.00 元**
（如有印装质量问题，我社负责调换）

# 目　录

# 绪　论
# 科学语义学研究的意义与价值

本书试图通过对科学语义学的核心论题、本体论背景及其合理性趋向的考察，以及对科学语义学方法论模型的研究，使得语义学的方法论意义能够更加明确、清晰，从而为解决各种具体的语义学问题提供支撑。总体上来说，科学语义学的这一范畴既蕴含了理性的、完善的和全面的对语义学这一重要的方法论工具进行深入剖析，以及为语义学理论建立相对统一和明晰的认识论基础的强烈意愿，同时也蕴含了力图打破 20 世纪语义学发展举步维艰、兴而不“立”、地位模糊的尴尬局面，以及为 21 世纪语义学的发展开创更加光辉前景的迫切愿望。

## 一、科学语义学研究的源起

在浩瀚的语义学研究世界当中，本书的研究只是抛砖引玉式的初步工作，笔者只是尽可能地试图从宏观和总体的层面上为哲学意义上的语义学研究提供相对完整的理论框架，并在此基础上为语义学的进一步发展拓展路径。尽管如此，这项工作对于一个初步涉入语义学研究的工作者而言，任务和责任仍然是重大而艰巨的。因此，如果将科学语义学的研究比作一座大厦的话，笔者只是完成了一些初步奠基性的工作，雄伟的大厦和系统的工程远未结束，还有待于以后与国内的语义学家们共同探讨，以期进一步将这一研究工作向前推进。

就其词源而言，“语义学”即英语中的“semantics”，是从古希腊语“Sēmantikós”演变而来的。自其诞生起，语义学就与“意义”问题的研究具有了密切关联，即研究“指示者”（能指）与“指示对象”（所指）之间的关系，而正是语义学研究对象的这种特殊性——“意义”问题的复杂性和模糊性对其学科性地位的确立产生了长期影响，“关于意义的本质并无普遍一致的看法”[①]。在此，语义学的研究对象看似简单，实则最为复杂，因为对于“意义”问题的理解牵涉到了主客体及其认识过程的多维界面、机制，而对于“意义”的不同解读和理解模式也使其成了不同学科、领域之间一种具有较大差异性的基础问题。

就“语义学”这一术语的定义及其概念的理解来说，首先，是一些著名的语言学家的观点。帕尔默（F. R. Palmer）认为，“语义学”是对“意义”进行研究的一种技术性术语。[②] 莱昂斯（J. Lyons）认为，语义学一般被定义为对于意义的研究。[③] 萨义德（J. I. Saeed）认为，语义学研究借助于语言而实现交流的意义。[④] 利奇（G. Leech）认为，语义学“总的目的是确定意义的‘定义’，即系统地描述意义的实质”[⑤]。其次，是一些有影响的哲学辞典的观点。《牛津哲学辞典》认为，“语义学是我们通常所划分的符号学的三大分支之一：它研究语词的意义以及符号与符号所指向对象之间的关系”[⑥]。《剑桥哲学辞典》认为，“当代语言哲学以意义理论为核心……一种意义理论应该给出有关‘意义’现象或者句子一般语义特性的全面论述……有关意义的理论就被称为语义学”[⑦]。《布莱克韦尔西方哲学辞典》认为，“语义学这一术语可以归属于符号意义的研究，语义学这一学科研究语言符号的意义，即一种语言中的语词、表征和句子”[⑧]。

可以看出，尽管不同的学者和辞典对于“语义学”的定义存在着一些差



① Palmer. F R. *Semantics*. Cambridge：Cambridge University Press，2001：1.

② Palmer. F R. *Semantics*. Cambridge：Cambridge University Press，2001：1.

③ Lyons J. *Semantics*. Cambridge：Cambridge University Press，1977：1.

④ Saeed J I. *Semantics*. Oxford：Blackwell Publishing Ltd，2003：3.

⑤ J. 利奇著，李瑞华、王彤福等译．语义学．上海：上海外语教育出版社，2005：5.

⑥ Blackburn S. *Oxford Dictionary of Philosophy*. Oxford：Oxford University Press，1996：334.

⑦ Audi R. *The Cambridge Dictionary of Philosophy*. Cambridge：Cambridge University Press，1999：673－674.

⑧ Bunnin N，Yu J Y. *The Blackwell Dictionary of Western Philosophy*. Oxford：Blackwell Publishing Ltd，2008：633.

别，但是无论是在语言学还是在哲学中，在关于“语义学”的核心是意义问题研究这一基本点上是具有共识的。然而，对于科学语义学而言，这一基本研究对象的确定却并不能自然地导致在对于“意义”理解方面的一致性。恰恰相反，正是在对于“意义”理解方面所具有的不同视域、立场和倾向，导致了语义学的研究长期处于混乱、争执和模糊的境地之中，而这正是本书所希望解决的问题和研究的初衷所在。

从世界范围来看，语义学研究在国外的发展如火如荼，以英国、美国、德国、法国等国为例，在各种具体学科当中语义学分析方法的应用已经达到了相对成熟并逐步走向系统化的阶段。当然，这与 20 世纪西方语言哲学研究的强大背景具有深刻的关联，同时新兴的计算机科学和信息工程等技术文明在西方的普及又强烈地刺激了相关科学的元理论研究发展，这就为语义学在西方的繁荣提供了先天的优势。因此，有人把 20 世纪语义学理论的应用与扩散比作是哲学发展的“风向标”，而尽管 20 世纪后期哲学研究的各种流派、思潮的理论背景不一且具有不同的发展形态，但是它们却都很难避免语义学研究的“渗透”，这是具有深刻的历史原因的。为此，利奇一针见血地指出，“语义学处在对人类进行研究的焦点上，也就是说语义学是各种矛盾的思潮和各类研究学科的汇合处”①。纵观西方 20 世纪后期出版的哲学著作，特别是近 30 年以来西方理论学界的研究成果，其中以语义学研究而命名的著作比比皆是，不仅仅是在传统的语言学及哲学领域当中，而且在各种分支学科和交叉学科之中语义学的研究成果也颇为丰富，这是我们从直观上可以得到的一个初步印象。为此，这迫切地促使我们在国内的语义学研究当中首先要吸收、引进和借鉴当代西方语义学研究的先进理论成果，其次我们还需要建立一个相对明晰和统一的语义学方法论体系，本书的研究在这方面已经走出了探索性的一步。另外，西方的语义学研究尽管规模宏大，同时也不乏理论深度和真知灼见，但是在总体层面上失之于零散，缺乏系统的语义学理论体系，这导致语义学研究呈现出一种“空心化”和“泛化”的局面，乃至于在很大程度上“语义学”成了语言哲学的代名词，而目前国内也尚没有以“语义学”为专题进行系统方法论研究的著作。然而，我们知道，对于语义学的研究，既不能无限制地在方法论层面上过度拔高，同时也不能使其简单地流于具体的语言问题和科学理论的微观分析之中不可自拔。一句话，科学语义学的研

① J. 利奇著，李瑞华、王彤福等译．语义学．上海：上海外语教育出版社，2005：1.

究需要我们从哲学的“形而上”层面和系统方法论的层面上进行全局的把握。从语义学研究的认识论和方法论背景来看，目前国内以郭贵春等学者为代表的语境论哲学已经为我们开展科学语义学的研究提供了最佳的理论支撑。从笔者对西方哲学、语言学和相关科学领域目前已经展开的语义学研究工作的了解来看，语境论思想作为一种包容性极强的基础理论，最大限度地整合了当代语言哲学、分析哲学乃至于认知哲学和计算机科学理论所共有的方法论优势，并且使其在统一的方法论体系中有机地构成了相互协调、配合与互补的良性局面，这为我们进行科学语义学的研究提供了重要的、基础性的理论背景。

总体来看，正是由于科学语义学的研究在当代哲学领域中所具有的重大意义和价值，才促使我们有必要从方法论的横断性角度上对这一重要的分析方法和理论工具进行全面的考察、梳理和总结。我们希望这一研究工作能够为语境论思想的巩固和发展提供更加坚实和有力的支撑，同时也希望能为语义学方法论的进一步完善提供更加有益的帮助。

## 二、科学语义学研究的现状



就国外的研究动态来看，20 世纪中后期以来，与语义学相关的书籍大量涌现，这与语言哲学的蓬勃发展具有密切关系，可以说几乎当代所有的语言哲学和科学哲学都强烈地受到了语义学研究的影响。也就是说，语义分析方法在本体论、认识论和伦理学等各领域当中都得到了应用，这一点不仅可以从卡尔纳普（R. Carnap）和波普尔（K. R. Popper）等人在语义学的影响下才得以对其理论本身进行修正这一事实中得到体现，而且自 20 世纪七八十年代以后，对语义分析方法的重视几乎在绝大多数哲学家的著作当中都得到了体现。从国外语义学近几十年的发展和当前的研究动态来看，国外的语言语义学研究在语言哲学思维的影响和熏陶下，也越来越关注于哲学意义的分析和逻辑方法的应用，并且体现出越来越强烈的综合性与融合性。其原因在于，语言语义学家们深刻地认识到了哲学概念和关于意义理论的思维机制的研究，对其学科发展本身所具有的巨大启发性和指导性。就目前国内出版的语义学著作来看，语言语义学家们也敏锐地意识到了单纯语言和句法分析的狭隘性，开始有意识地借鉴哲学分析的思维，并且在新兴的计算机科学和物理学、生物学等最新科学成果的带领下尝试性地扩展自己的研究视域。但是，从总体上来说，这些工作目前还是处在相对比较初级和奠基性的阶段，对于语义学的核心概念如意义和指称等问题尚未形成统一和公认的看法。同时，语义学家们所出版的成果和著作多是从自己的某一学科、某一立场、某一角度和某一阶段出发对语义学进行认识和阐释，系统的、综合性的、跨越多领域的研究成果还没有出现。这种情况的出现，主要是由于语义学研究本身所面临的研究对象的模糊性而引起的，不同学科的关注和渗透尽管也启发和促进了科学语义学研究的繁荣局面，但是也由此导致了语义学地位和立场的含混，因此未来语义学的深入拓展急需我们对多年来语义学发展的总体成果进行批判性的反思和总结，从而提出和确立足以引领未来语义学前进方向的方法论视域，这也是当前世界语义学发展所面临的实际情况。

从国内语义学的研究现状来看，方立和徐烈炯等人出版了关于逻辑语义学研究的著作，利奇和莱昂斯等人的语义学著作也被翻译到了国内，上海外语教育出版社出版了一批语言语义学的教材和著作，同时有关语言语义学引论和导论的著作在国内也出版了几部，如武谦光的《语义学导论》和束定芳的《语义学》，其中贾彦德的《汉语语义学》一书中还着重提出了要"借鉴西方语义学研究理论"的问题。但是，总体来看，目前国内语义学研究的氛围还比较薄弱，对于语义分析方法的重视在哲学界还没有提到战略性的高度上来。关于这一点，可以从近年来国内引进和翻译的语义学外文文献数量方面得到体现。例如，20 世纪八九十年代以来，西方哲学界所出版的大量哲学语义学著作和论文选集尚没有得到国内学界的高度重视和有效借鉴。这种情况的形成，一方面是由于国内还没有形成清晰而又明确的语义学方法论模式，大量的语义学思想被掩盖在逻辑学和语言哲学研究的大背景中，独立和系统的语义分析方法并没有得到很好的归纳和总结；另一方面，囿于自身背景知识和综合思维的局限性，尽管语言学界和计算机理论界也认识到了科学语义学研究中哲学背景的效力、作用和影响，并通过其论述有意识地表达了这种诉求和愿望，然而他们却始终难以实现对于科学语义学全面的、系统的把握。就此而言，这充分地为国内哲学界积极推进语义学相关领域的研究提出了紧迫的要求和挑战。事实上，长期以来我国国内语义学的研究与西方科学和哲学的语义学研究之间存在着理念传统和概念范畴等多方面的差异，正是这种差异性的存在，促使国内学界需要更加深入和广泛地借鉴国外语义学研究的优秀成果，从而为国内语义学的发展开创更为广阔的空间。

## 三、科学语义学研究的历史定位

科学语义学的研究在西方哲学发展史上渊源已久，其大致经历了从最早期古希腊哲学中巴门尼德、亚里士多德等人所进行的命题逻辑真值和意义的考察到中世纪经院哲学中对于概念的逻辑语义分析，从文艺复兴和启蒙运动时期对于语言本质和根源的探索到德国古典哲学传统中康德（I. Kant）先天综合判断和纯直观思维对语义的排斥，从19世纪欧洲各国语义学在自然科学革命和各种新兴学科推动下的兴起与复苏到20世纪现代语义学的成就和繁荣，从20世纪中期以后当代语义学的反思与多学科的拓展到21世纪今天的语义学作为一种相对完善的、整体的和系统的科学思维方法所形成与发展的漫长历史进程。

在长期的哲学发展与演变的历史中，语义学的研究始终是其中一大重要线索。例如，在科学语义分析方法形成与完善的过程中，它不断地被各种哲学思潮和流派所影响和使用，语义学家们在科学思维与科学理性逐渐萌芽和成长的过程中，不断地为语义学的发展注入新的血液，从语义学逻辑形式化的构建到心理意向语义分析的萌芽，再到“语用语义学”概念的提出，以及文化历史背景中的语义学方法论扩张。其中，越来越突出的就是在语境论视野中语义学研究的价值和必要性得到了进一步的彰显。



20世纪后期以来，尤其是在21世纪的今天，学科之间的壁垒不断被打破、学科之间融合的趋向逐渐加深的大时代背景下，我们有必要对科学语义学这一重要的哲学分析方法进行系统的总结和梳理。为此，我们不仅要确定科学语义学的基本内涵，而且要站在今天科学方法论构建的立场上，横向地把握科学语义学的内在结构与逻辑特征，这不仅有助于我们全面和充分地认识科学语义学思想的历史演变和时代脉络，加深我们对于科学语义分析方法的价值和取向的理解，而且可以使我们从科学语义学研究的角度出发，对历史上不同类型的哲学理论和语言科学思想建立起全新的认识。同时，只有通过对科学语义学结构和特征的横向把握，语义分析的独特理论内涵和方法论优越性才能得到进一步的巩固和加强。最为重要的是，在现代语境论的视野中重新反思历史上不同时期哲学家的语义学思想，一方面可以使我们从不同的角度出发审视特定哲学思想的成就与偏颇，另一方面也可以使我们能够检验语境论思维在与其他类型的哲学思维碰撞和比较中的差异与缘由。

此外，对于科学语义学的研究要求我们立足于科学语义学的发展历史和当今时代语义学研究所取得的最新成果，通过对西方哲学和思想发展史上语义学理论的总结，相对完整地勾勒出语义学分析方法的演变趋向。同时，我们也需要通过考察不同历史时期语义学思想的发展与同时代科学和哲学世界观背景的关联，理清科学语义学的研究与人类整体思维扩展的内在关系，促进对科学语义学这一重要方法论工具的系统化研究。其中，尤为重要的是，我们需要通过对现代语义学在不同地理区域的流变脉络和典型特征的分析，揭示欧洲大陆哲学和英美哲学之间不同解释传统和研究思路的差异性，进而指出当代英美哲学和大陆哲学从批判和反思的立场出发在科学语义学方法论研究方面所出现的视角融合与借鉴的趋向。

总之，科学语义学的研究与发展并不是空洞的、没有根基的，而是具有深刻的历史渊源。从20世纪哲学的三大转向来看，在“语言学转向”之后的“解释学转向”和“修辞学转向”分别为科学语义学的发展带来了新的内涵与启示，然而“解释学转向”和“修辞学转向”都不能回避由“语言学”转向所带来的对于语义分析方法论的重视。例如，“解释学转向”将语义分析的方法与心理学和历史考察结合起来——“语义分析方法早已占据了分析哲学和解释学传统的核心地位”①，而“修辞学转向”则从意义的语用层面出发扩展了语形、语义和语用分析在语境系统之中的统一性，因此“修辞学的转向扩张了解释学转向的历史意义”②。此外，当代哲学的“认知转向”也融合了语言分析、逻辑分析和历史分析等研究方法和策略。由此可以看出，语义分析方法的进步、发展与哲学研究的趋向和演进息息相关，这深刻地启示我们：科学语义学的研究是具有历史性和发展的阶段性的，科学语义学作为方法论的抽象性和统一性，并不排斥其在特定情况下的具体性和条件性。也就是说，在科学语义学的方法论研究过程中，我们需要科学、全面地考察语义学研究的历史传统，系统、合理地总结和比较不同语义分析方法之间的特征、功能、应用范围及其局限性，这成了我们开展语义学“科学性”研究的重要基础。

## 四、科学语义学研究的理论要求

科学语义学理论研究的特征就在于，它本身具有“科学性”规范的内在要求，即构建一门具有合理性、完善性、有效性的学问。我们知道，语义学理论本身作为一种方法论工具的意义，不仅在20世纪得到了学界越来越多的认可与重视，而且在20世纪70年代以后人们越来越意识到将其作为一项相对独立的领域进行研究的重要性。为此，在语义学理论不断推陈出新的过程中，如何有效地处理与语义学相关的各种问题，并使其方法论的地位能够更

① 郭贵春．语义分析方法与科学实在论的进步．中国社会科学，2008，5：55.

② 郭贵春．科学修辞学的本质特征．哲学研究，2000，7：20.

加巩固，从而为哲学和科学的研究提供一种可行的、有效的分析手段，成了学界持续探索的动力所在。事实上，科学语义学的概念本身就已经蕴含了语义学理论发展的动态性与合理性特征。就语义学研究自身而言，它并不是一种封闭的、绝对规范性的学科，同时在很大程度上语义学理论也难以自立为“学科”，其根本原因就在于语义学研究对象本身的独特性，而语义学研究的主题如意义、指称和真理等问题无一不是渗透在各门具体学科之中，并作为各门具体学科理论构造、解释的重要基础而存在。因此，科学语义学的研究必然具有充分的动态性和开放性特征，它需要吸取各门具体学科之中对于语义学问题的分析路径、视角和方法，并且将其凝聚、提炼成为一般的方法论，这表现在以下几个方面：

第一，科学语义学的研究需要明确其基本内涵，只有在科学语义学内涵明确的基础上，才能确定科学语义学研究的价值和功能。为此，我们回顾了科学语义学产生的早期历史传统，探索了现代之前的哲学传统中科学语义学存在的合理性思维，这种考察能够使我们深刻地认识到科学语义学研究在人类思想和知识理论发展中的重要意义，特别是19世纪欧洲语义学的发展中逻辑语义分析的传统、意向和心理语义分析等合理性思维开始产生，同时语用和语境分析的整体性视野也开始成长，这间接地为当代科学语义学的发展奠定了坚实的基础。同时，我们也必须考察科学语义学的理论背景和方法论基础，明确科学语义学的发展与相关学科发展的内在关联。当然，我们对于科学语义学内涵的把握还要明晰语义与语形和语用之间的合理张力，这是与科学语义学研究紧密相关的两个方面。对于科学语义学的方法论研究而言，很重要的一点就是要在这种内在关联当中去确定科学语义学研究的对象和地位。我们知道，语义学在方法论上是中性的，它仅仅是一种科学和哲学研究的有效工具，在它的展开和应用过程中，必然存在着某种与哲学世界观背景的联姻，为此我们必须对科学语义学的本体论基础和形而上学的背景设定进行考察，而科学语义学的长期发展历程也充分地表明了将语义分析方法牢固地建立在科学实在论立场之上的可靠性与必然性。

第二，科学语义学地位的确立，从根本上来说既得益于早期分析哲学和语言哲学特别是逻辑实证主义在意义领域中的长期探索，同时也是建立在对逻辑实证主义深刻反思与批判的基础上——在理论视域和分析方法方面的完善与充实。为此，我们有必要站在今天科学语义学的立场上，对以逻辑实证主义为代表的现代语义学进行批判和总结，这种批判可以使我们更加明确科学语义学研究的意义与价值。20 世纪二三十年代以后，以逻辑实证主义语义学理论为主要代表的现代语义学开始形成，并逐渐成为语义学理论研究的主流，这与同时期科学主义思潮的膨胀和形式理性的泛滥具有密切关系。这一时期的语言哲学和分析哲学所强调的是对于意义的经验研究，并力图在指称对象与名称之间建立绝对对应的映射关系，进而希望将传统的形而上学命题所带来的困惑消弭于无形当中。同时，语言的理论研究倾向于突出纯粹语法的地位，在逻辑和数学构造的基础上赋予对象静态的描述，其语义真理观的典型标志就是建立指称的绝对确定性。从本质上来说，逻辑实证主义的语义学理论体现了一种“笛卡儿式”二元对立的世界观，在其中“主体”、“意向”和“语用”等多种整体语境中的关联要素出现了缺位。

第三，20 世纪五六十年代以后，科学语义学的研究在对逻辑实证主义语义理论反思的基础上，开始朝着多学科、多元化的整体语义分析方向迅速发展，而心理意向语义分析方法和意义的语用实践观念更加深入地渗透到了语义学的研究过程当中。为此，我们有必要考察这一时期科学语义学的合理发展趋向及其表征形态，这种趋向正是科学语义学逐渐走向成熟的鲜明标志，由此使得科学语义学的研究摆脱了早期语义学的狭隘性和片面性，并且更进一步凸显了其方法论研究的科学性意义。首先，科学语义学实现了从极端语义对应论向语义相对性的转变，由此孤立的语法意义研究开始向系统的语义分析转变，而语义真理的一元论分析也逐渐走向语义真理的相对多元论探讨。其次，语义语用化研究的历史走向是科学语义学的内在趋向之一，在这其中提出生活语言意义理论的维特根斯坦是这种趋向的先驱和开创人物，而卡尔纳普在后期也推进了指称语用思想的方法论完善。相对而言，奎因（W. V. O. Quine）则对语义分析持一种悲观态度，主张绝对的语义语用诠释态度，而戴维森（J. D. Davidson）在语义真理观方面则坚持语义与语用相关联的理论分析原则。因此，语义语用化的分析趋向是科学语义学发展内在转向的重要特征。另外，内在论/外在论语义学与实在论/反实在论语义学在其内部双方之间的论争一直处于持续和不间断的过程当中，它们从相对独立的分析立场和角度出发形成了各具特色与价值的分析取向。为此，科学语义学的发展需要把握语义内在论/外在论与语义实在论/反实在论之间的相对界面和依存模式，而语义学的当代研究已经证明了打破它们之间分隔与独立的可能性与必要性。科学语义学相比较于逻辑实证主义的一个重要特征，就在于它实现了由反心理语义态度到对于意向语义分析包容态度的转变，在这里我们需要深入研究语义的心理表征和命题态度的意向结构、意向语义分析的自然化特征，以及意向语义分析过程中“主体”的地位与价值。

第四，20 世纪初以来，科学语义学在英美哲学传统与欧洲大陆哲学传统各自的理论氛围中开启了蓬勃发展的崭新时代，这种探索与发展使得语义学在地域方面显示出各具差异的方法论路径和特征，而在 20 世纪后期人类理性思维从总体上趋向于对话和融合的历史背景下，科学语义学在英美和欧洲大陆的研究与发展也逐渐趋向于融合与统一，这具体表现为语义分析方法的相互借鉴和语义分析视域的互相渗透。在此，这种渗透与融合能够促使科学语义学趋向于建立更加全面、更具合理性的方法论体系。事实上，我们应该认识到，自从进入 20 世纪以后，包含着语义学思想的哲学思潮、学说和流派在不同国家之间的交流和互动日益频繁，这种趋向在 20 世纪后期逐渐扩大和延伸，以至于到今天语义学研究的国际性和全球化视野已经成了语义学研究者们的一项必然选择。纵观 20 世纪语义学在世界范围内的发展历程，在欧洲大陆内部，德国的现象学语义分析和法国的解释学语义分析相互影响、激励和促进；奥地利的布伦塔诺（F. C. H. Brentano）的“意向性”问题研究则对德法的心理、意向语义分析产生了很大的影响；在欧洲大陆与英美之间，德国早期的逻辑实证主义语义学思想经由艾耶尔（A. J. Ayer）和维特根斯坦等人流传、扩散到了英国语义学研究的传统之中；德国的逻辑实证主义语义学思想在第二次世界大战中进入美国，与美国的实用主义相结合而产生了逻辑实证主义的语义学理论；法国的“后现代”语义学思想则在 20 世纪后期从整体上引导和启发了其他国家开放、多维的语义学方法论研究路径。尽管以上的描述并不全面和详细，但是这已经足以反映出语义学作为一种方法论的研究在世界范围内的普遍性、广泛性、渗透性和融合性特征，而对于这种语义学发展特征与脉络、趋势与路径的考察，也理应是科学语义学研究的理论要求之一。



第五，科学语义学的方法论模型是我们当前迫切需要加以探索和把握的一个问题。当代语义学的发展，特别是近 30 年来语义学理论的不断推陈出新，已经为科学语义学的发展预设了从多种理论模型展开研究的可能性。因此，我们对于科学语义学的方法论模型的把握，或者说在当代丰富的语义学理论视野当中我们如何去选择最有前途和希望的语义分析模型，只能立足于当前科学语义学发展的现实，在理论方法的比较和实践应用当中，不断地检验和甄别更为有效的语义分析方法。例如，近年来认知语义学和博弈论语义学的兴起与发展就显示了语义学家们从各种不同的思维模型出发，力争将语义分析的逻辑性与规范性、自然性与意向性等内涵加以融合与统一的方法论趋向。事实上，不同的语义学理论模型从各自的立场出发也不断地充实和完善着自己的方法论体系，这些理论模型之间既存在着相互竞争的关系，同时也在方法论层面上存在着一些交界地带。为此，我们力争在各具倾向和价值的语义学分析思维之间建立可沟通的渠道，奠定共同可接受的基础。我们发现，从 20 世纪八九十年代起，特别是步入 21 世纪之后，把语义分析置于统一的、动态的、实在性的语境论基础上是适当的。语境论思想的提出本身就是语言哲学深入扩展的必然趋势，而意义与语境之间也有着本质的关联，只有在语形、语义和语用相统一的语境基础上，才能确定科学语义分析方法的合理地位。在这一点上，美国当代语言哲学家霍根（T. E. Horgan）的“语境语义学”思想正是朝着这个方向努力推进的典型代表，其本质就在于霍根对意义和真值等语义概念的确定进行了系统的语境论阐释。

### 五、科学语义学研究的创新

就科学语义学与哲学特别是科学哲学的关系而言，语义分析方法作为系统方法论的重要组成部分，能够为科学哲学的发展和进步提供动力支撑，而语义学研究的对象和主题本身也是科学哲学所关注的重要范畴、领域。因此，科学语义学与科学哲学的研究是一种内在统一的关系，科学语义学从属于科学哲学的研究框架，它是科学哲学研究的重要内容，而科学哲学能够为科学语义学提供本体论和认识论背景的保证，它为科学语义学的研究赋予了抽象性、统一性和元理论性。就此而言，这正是我们从哲学的方法论层面上对科学语义学进行研究的创新所在，具体来看有如下方面。

第一，从目前国外语义学的研究历史和发展动态来看，语义学作为一种科学的分析方法，尽管在哲学发展的历史进程中早已存在并且潜在地发挥着作用，但它的酝酿和形成却是开始于 19 世纪至 20 世纪中期，它真正的成熟和完善应该说只有在 20 世纪七八十年代以后才成为可能，而这一时期的语义学在第二次世界大战后新兴的综合性和交叉性学科的引导下逐步建立起了自己科学的和统一的分析方法。迄今为止，科学语义学的研究已经普遍引起了语言哲学界和科学哲学界的重视与应用。为此，本书的研究立足于科学语义学发展的历史，力图从历时性和共时性上对语义学这一古老而又崭新的分析工具进行全面总结和把握。从这一工作的预期成果来看，它将立足于科学语义学存在的不同历史时期的哲学和思想背景，极大地把不同时期零散的语义学思想加以贯通。这种提炼和总结将有助于我们了解和把握科学语义学发展已经取得的历史成果，并且使我们能够在横向的比较和纵向的继承与批判中，明晰科学语义学方法论研究的问题和症结，从而有助于我们进一步推动未来科学语义学的发展。

第二，科学语义学本身作为一种哲学和科学分析的有效工具，最初起源于普通语言学的研究，但它后来的发展却与哲学、心理学、数学和逻辑学等传统学科，以及脑科学、认知科学和计算机科学等新兴的学科具有了密切的关系。因此，科学语义学的研究有必要理清语义学的发展与相关学科之间的内在关联。本书研究的其中一个目的就在于，从理论层面上揭示语义学与相关具体学科之间结合的可能性与必然性，从而说明语义学分析方法的形成与各种具体学科相互借鉴和渗透的根源在于它在科学理论的构造与阐释中所具有的重要的工具性意义。同时，从哲学世界观的视野来看，本书力图全面考察科学语义学的形而上学背景、本体论基础和与实在论立场结合的历史必然性。由此，这种分析和廓清将进一步巩固科学语义学在哲学和科学理论研究当中所具有的重要地位，从而更加鲜明地树立起其独有的价值和功能。



第三，当代语义学在批判和反思逻辑实证主义狭隘语义观的基础上，从多维度、多领域扩展和充实了语义学的分析视域，这种扩展和充实是有意义的，由此使得语义学的发展在 20 世纪七八十年代以后呈现出越来越丰富多彩的局面。为此，站在 21 世纪的今天，我们有必要对近几十年来的科学语义学发展面貌进行详细刻画，对其本质进行深入剖析。本书的其中一个创新之处就在于，系统地总结和归纳了当代语义学的发展趋向及其演变形态，这种梳理和概括将有助于我们把握语义学近几十年来发展的总体脉络和阶段性特征。同时，语言哲学在英美传统和欧洲大陆传统的长期熏陶下，自然地出现了相应的理论特质和差异，这种差异同样也表现为语义学的研究在两大哲学传统的影响下具有了各自不同的理路与面貌。为此，本书从语义学发展的不同地域出发，分别考察了当代语义学研究的重镇——美国和英国语义学在不同时期的发展特征，同时也专题考察了欧洲大陆语义学发展所独具的思想内涵。以上专题的研究将有助于我们明确科学语义学研究在英美哲学传统和欧洲大陆哲学传统中发展与演化的一般特征。同时，本书的研究将比较分析的思路引入了以上几个专题的研究当中，从而使我们能够认识当代欧洲大陆语义学和英美语义学在立足各自传统的基础上相互竞争、相互借鉴与相互融合的历史趋势，这是本书研究的创新之一。

第四，本书在研究的过程中，尽量综合全面地反映科学语义学发展和延续的轨迹，并且通过对语义学核心概念和问题的分析，以理解历史上多种语义学思想的本质特征。同时，由于语义学分析方法在历史上本身并不是作为一个相对完整的学科面貌而出现的，而是广泛渗透于逻辑学和语言学等多学科研究的领域之中，这就需要我们在研究的过程中认真选取和归纳融合于具体理论研究当中的语义学思想，这是本书研究的一大特征。回顾科学语义学发展的历史，不仅有许多彪炳哲学史的重要哲学家和思想家的语义学理论需要我们概括和提炼，而且有很多其他学科领域之中的学者，他们在哲学思维的引导下也对科学语义学的演进起到了积极作用，其中有很多有益的思想为科学语义学的发展提供了可资借鉴的材料和方法。例如，在 19 世纪德国语义学的发展过程中，莱塞格（J. Resig）和瓦格纳（A. L. Wegner）等语言学家在德国古典哲学的熏陶下，也对于哲学语义学的研究颇具造诣，对于这样一些语义学家，本书的研究也给予了一定的关注和重视。

第五，本书研究的另外一个创新之处在于立足科学语义学发展的现状，掌握科学语义学发展的动态，预测和提出未来科学语义学发展的可能趋向。必须指出的是，当今时代科学研究的各个领域都自觉或不自觉地应用了语义分析的方法，随着科学语义学范围和界域的拓展，有意识的“语义分析思维”已经深入地贯彻在了哲学和科学理论的解释过程中。在这种语义学研究“泛化”的过程中，如何从多种丰富的理论和思维形态当中抽取较有前途的语义分析模型，并且为语义分析方法奠定合理和坚实的理论基础，是当前摆在语义学研究工作者面前的迫切任务。21 世纪的头十年已经逝去，尽管科学语义学作为一个具有自己明确研究对象的学科地位还难以树立，但是在语义学分析方法的比较和实践检验中，一些有价值的研究路径已经初现端倪，并且越来越彰显出其应用的效力和作用。为此，本书选取了认知语义学、博弈论语义学和语境语义学等三种模型，深入论证了其基本的理论内涵和在方法论方面的优越性。在此基础上，本书前瞻性地指出了科学的语义分析方法与语境论思想结合的历史必然性，并且认为只有在语境论的视野中，科学语义学的研究才能拓展自己存在的空间和地位。作为这一认识的反映和例证，本书在最后部分批判性地引入和分析了美国当代语言哲学家霍根的“语境语义学”思想，从而在很大程度上推进了国内哲学界在这一方面的研究。

总体来看，目前我国国内哲学界在科学语义学的研究方面尚处于基础性的引进和消化阶段，科学的语义分析方法还没有得到更大范围的重视和应用。通过本书的研究及其预期成果的推出，我们初步希望能够为国内哲学界进一步的科学语义学研究工作奠定坚实的基础，同时对于这种重要方法论工具的深入研究也必将为其他学科的发展开辟更为广阔的空间。另外，科学语义学的研究也潜在地契合了当代综合学科与交叉学科蓬勃发展的时代趋势。因此，通过对语义学"科学性"的研究，有助于我们深刻理解人类知识的系统性和统一性特征，同时也有助于我们从科学哲学的角度对语义学研究的科学性本质、分析对象，以及路径选择等问题进行全新解读，从而建立起统一的、系统的语义分析方法论，促进科学语义学在语言哲学和科学哲学当中的应用。

# 第一章

# 科学语义学的历史追溯及其“现代性”反思

对于语义学的方法论研究而言，如果要追溯其历史的话，从“语义学”一词的诞生到20世纪语义学研究蓬勃发展的景象，才不过一百多年的时间。在这一百多年的时间里，语义学的研究伴随着哲学和科学研究的“转折”与起伏，涌现出了诸多语义学研究的流派和趋向，这些流派和趋向从方法论层面上为语义学的科学方法论系统研究作出了贡献。然而，语义学作为一门以语言问题为研究手段，以意义和真理等问题为研究对象的学问，并不仅仅存在于一百多年以来的现代。事实上，在19世纪之前的西方哲学当中，乃至于在最早期的古希腊哲学当中，都已经现实地存在着语义学思想的萌芽。即使在进入中世纪神学的“黑暗帝国”时期之后，语义学思想也仍然作为一种人类有关语言问题进行思考的智慧而持续存在，并且从语法和逻辑等方面推进了语义学的发展。在文艺复兴运动之后哲学的“认识论”转向过程中，语义学的研究也从经验论和唯理论的两个维度上得到了深化和扩展。我们可以看出，语义学的研究始终贯穿在历史上各个时期哲学的研究过程之中，并且在其中发挥了重要而不可替代的作用。其原因在于，语义学的研究并非是孤立存在的，它作为一种方法论的学问具有“依附性”的特征，即它必然会渗透和交叉在哲学与科学问题的求解过程中，无论是对于本体论问题的论证还是对于认识论问题的分析都是如此。客观上来说，语言问题是人类在进行哲学反思和科学理论研究过程中不可回避的一个重要方面，语言问题在人类理性进步过程中起到了“重要而独特的作用”。因此，有关语言的本质、意义与真理的关系，以及语言的指称关联等问题在人类认识领域当中就显得格外突出，这一点不仅体现在20世纪初语言哲学兴起之后人们有意识、独立地将语义学问题作为一种专门性的学问来加以研究，而且在古代哲学当中这一点也表现得非常醒目。特别是在19世纪之前的哲学研究中，学科的分野还尚未明晰，哲学还是一种笼统而抽象的“人类智慧”，因此在传统哲学当中对于语义学问题的思考保持了相对开放和多维的视域，这是需要我们认真加以总结和考察的地方。需要注意的是，西方语义学的发展（如上所述）是与西方哲学的研究传统不可分割的，因此我们站在当代科学方法论的立场上有必要对这种语义学研究的历史传统进行分析，从中我们可以观察到语义分析方法演变的历史形态、不同时期的哲学理论当中语义学研究方法的传承与创新，并且合理地预测科学语义学未来发展的可能趋向。

对于当代语义学方法论的“科学性”研究而言，20世纪初以逻辑实证主义为典型代表的语义学思想既反映了人们关注语义学问题并试图采用逻辑化和形式化的途径实现这种语义学方法论“科学性”目标的努力和希望，同时也暴露了这种语义学研究趋向不可避免的内在“悖论”，这为20世纪中后期以来科学语义学的研究与发展提供了重要的经验和教训。事实上，当代语义学的进展无一不是建立在对逻辑实证主义语义学思想进行批判和反思的基础上，这成了语义学科学方法论研究的重要历史经验。特别是在“后现代性”的语义学研究取代了“现代性”的语义学研究之后，语义学开始朝着开放和多维的视域迅速发展，而科学、动态和合理的语义学方法论体系的提出则成了当代科学语义学研究亟待解决的问题。在此，语义学研究的历史证明：“科学的”语义学方法论并不等同于语义学方法论研究的“科学主义”路线，而“合理的”语义学方法论也并不等同于语义学方法论研究的“唯理性主义”趋向，这一点必定将成为当代科学语义学方法论研究必须铭记的重要原则。



## 第一节　科学语义学的早期传统

必须承认，尽管现代语义学从理论形态和研究方法上与早期的语义学思想存在着较大的差距，然而对于语义学这种融于哲学和科学研究领域的方法论手段而言，其发展和演化具有深刻的历史性渊源。特别是在对于哲学问题的解决和科学理论的推进过程中，语义学的研究成了一种不可回避和与理论研究相伴随存在的重要工具。另外，西方哲学当中蕴含着丰富的语言分析和语言思辨的史料，从古希腊哲学到中世纪的神学论证，再到16—17世纪肇始的文艺复兴和随后的启蒙运动，其中对于语法、逻辑、意义和言语交流等问题的重视尽管比较零散，并未形成系统的论述，然而却一直存在，并持续地发挥着作用，从而在总体上汇入了西方哲学演变、发展的过程之中，其中有关语义学的许多思想不乏真知灼见，对于近代语义学的兴起与当代语义学的繁荣起到了早期的奠基性作用。

## 一、古希腊罗马时期语义学思想的萌芽

在古希腊罗马时期的语义学研究思想当中，我们可以发现，这一时期的语义学思想在很大程度上都直接地与不同哲学家对于有关世界、事物、语言等本体论问题的讨论和思辨有关，这些语义学思想尽管并不科学和严谨，然而却孕育和包含了整个西方语义学发展史上语义学研究的早期智慧。特别是古希腊时期的哲学家将知识的研究与语言意义的理解关联起来，认为通过语词意义的分析与把握就可以真正实现对于所研究对象——事物的充分认识。

对于毕达哥拉斯而言，事物与其名称之间具有对应关系，这种关系是由心灵给予的，而这种对应关系特别表现为一种比例和数量关系，即“相似性”。为此，毕达哥拉斯特别推崇数，甚至将其置于一种神秘化的境地，认为其决定了宇宙事物的运动及状态，“数目是最基本的……与存在物以及自然过程中所产生的事物有相似之处”[①]。可以看出，毕达哥拉斯的这种思想实际上成了西方语义先验论和语义对应论的早期代表。

在赫拉克利特看来，真理是思辨的和直观的，其最终判断需要依赖于对“逻各斯”（logos）的正确认识。所谓逻各斯，即是存在于世界万物之中的统一性和规律性，这成了西方“逻各斯中心主义”的早期基础。实际上，赫拉克利特对于“逻各斯”的重视是为了强调作为思想直接体现的语言在认识当中的重要地位。在这种思想看来，世界和事物的本质就是“逻各斯”——哲学所追求的目标就在于这种具有真理性和决定性的存在，“思想是最大的优点，智慧就在于说出真理”[②]。因此，客观上来说，赫拉克里特对于“逻各斯”的强调，也成为西方理性主义思想的一大源泉。需要指出的是，这种

① 北京大学哲学系编．西方哲学原著选读（上）．北京：商务印书馆，2002：18.

② 北京大学哲学系编．西方哲学原著选读（上）．北京：商务印书馆，2002：25.

"逻各斯"中心论潜在地将语言（特别是与事物相对的，具有直接所指的语音）置于了人类认识领域的重要地位上，并且为"语言-存在"赋予了先天的关联性。历史地来看，在西方古希腊哲学之后，尽管哲学的发展不断推陈出新，然而这种语言的逻各斯中心主义却一直贯穿始终，并且对于后来的语言经验论、逻辑原子主义和逻辑实证主义等思想都产生了很大的影响。

作为西方理性主义思想的先驱人物，柏拉图通过对名称、概念的指称，以及语言构成性的分析充分显示了语义分析方法在对于事物本质、特性认识过程中所具有的重要价值，他的语义学思想从几个重要的方面启发和影响了后世语义学的研究与发展：首先，柏拉图为理性主义语义观的探索与研究奠定了重要的基础，他的语义本体论思想成了后世哲学反思与批判的对象。在柏拉图的理念论看来，理念（包括语言）与实在之间具有对应关系，事物与实在是暂时的、变动的、具有多种形态的，而理念则具有永恒性，它是稳定的、不变的、具有单一性的。个体、个别事物当中所蕴含着的是个性、特殊性，而事物之间的相似性、共性，即"相"，存在于个性、特殊性的基础之上，这种对于"相"的认识，需要对事物特性的搜集、整理、划分和整合，"相"既是认识的目的，同时也是认识进一步发展的重要手段，"理性把众多杂多的观念整合在一起"[①]。可以看出，在柏拉图那里，对于事物之意义的探索，就转化成了对于永恒理念的不懈追求，这种思想在整个西方哲学史上是具有重要影响的。其次，柏拉图从语义原子主义和语义整体主义的不同立场出发，深刻揭示了二者所具有的重要地位及其相互结合、联结的可能性和必要性。为此，柏拉图一方面认为语词意义的理解是与其形式完全相关的，形式构成了语词意义理解的基础和前提，而语词意义就在于与对象之间的指称关联，这潜在地为语义约定主义埋下了伏笔；另外，柏拉图又强调对于语言和知识的理解必须要求主体具有对其把握的能力和理由。也就是说，语词的意义不仅仅与其指称关系有关，而且还与其他与语词相关的整体背景、因素具有关联，这就为向语义自然主义的过渡奠定了基础，"语言……是一种实践活动"[②]。在此，我们可以看出，柏拉图的语义约定主义与其语义原子主义具有紧密的逻辑关联，而其思想当中所隐含的语义整体主义也为语义自然主义敞开了大门。对于前者来说，后世的弗雷格（F. L. G. Frege）和罗素（B. A. W. Russell）大体上继承了这一观点，而对于后者来说，20 世纪后期的克里



① 柏拉图著，王晓朝译．柏拉图全集（第二卷）．北京：人民出版社．2002：163.

② 柏拉图著，王晓朝译．柏拉图全集（第二卷）．北京：人民出版社．2002：178.

普克（S. A. Kripke）和普特南（H. W. Putnam）的因果历史指称理论则使得语义约定论发展到了更为系统和完善的阶段。实际上，从当代语义学研究的视角来看，两者之间并不是截然分隔的，而是存在着可沟通和可联结的桥梁，两者共同构成了统一的语义学方法论的有机组成部分。

亚里士多德是古希腊理性主义语义学思想的集大成者，他对于语词意义、符号与指称、语词的逻辑定义等问题都进行了全面而系统的分析和梳理。首先，亚里士多德对于名称的定义问题提出了自己的看法。他认为，我们对于语词的定义应该遵循属加种差的步骤和程序来进行研究，这种定义活动的目标在于揭示事物的根本属性，为此我们必须力求在语词外延上的精确性。作为名称所指称对象的实体，可以分为第一实体和第二实体，第一实体就是具体个别事物，而第二实体则是具体事物的属和种，"还有那作为'种'而包括了'属'的东西，也称为实体"[①]，这实际上是从语形和语义相结合的角度出发为如何展开语词的定义指明了方向。其次，亚里士多德认为，符号的指称必须具有与事物之间的一一对应关系，其原因在于语言符号具有理解的多义性和目标指向的多重性，为此我们必须对符号与事物之间的关系进行全面的把握。再次，亚里士多德在其范畴论中对于语词意义的分类和层次、等级进行了充分的诠释。这些范畴包括实体、数量、性质、关系、地点、时间、姿态、状况、活动和遭受等类型。特别是亚里士多德提出了作为具体个别事物的四种根本原因，即动力因、形式因、目的因和质料因，并且特别强调了形式因在决定事物形成与发展过程中的重要地位。最后，亚里士多德对句子的内涵与外延两种意义的层次进行了区分，他认为句子的内涵意义就是其思想内容，而句子的外延意义就是其真假判断，表现为命题的真假。因此，思想内容与命题之间并不具有简单的对应关系，然而从根本上来说思想内容决定了命题的真假，也就是说外延意义是建立在内涵意义的基础上的。[②] 在此，我们可以看出，虽然亚里士多德将命题的真假判断标准置于了思想内容之中，并且在某种程度上倾向于语义内在论，但是就其将真假语义分析与解释引入对于命题的研究过程而言，这在语义学的发展史上是具有重要的开创性意义的。

在这里还需要补充的是，古希腊哲学自苏格拉底、柏拉图、亚里士多德

① 北京大学哲学系编．古希腊罗马哲学．北京：生活·读书·新知三联书店，1957：309.

② 参见亚里士多德著，苗力田译．亚里士多德全集（第1卷）．北京：中国人民大学出版社，1997：51.

之后，理性主义的语义观开始在整个哲学领域占据主导地位。在此之前，古希腊的许多哲学家（如“智者学派”），对于理性主义的语言哲学分析倾向并不持赞赏态度。他们认为，日常语言在其实际使用之中具有充分的恰当性，为此我们应该揭示日常语言当中所蕴含的丰富的表达功能和应用价值。在这里，智者学派所具有的感觉经验主义和语言相对论的典型特征与理性主义的语言哲学形成了鲜明的对比，而对于柏拉图和亚里士多德等理性主义哲学家而言，正是由于认识到了日常语言的模糊性和狭隘性，因此他们才将逻辑语言及其范畴体系的形式化表征确立为哲学研究的最高目标和任务，他们认为只有这样才能实现对于事物本质、特性的精确化掌握和认识，这种理性的语义分析思维在两千多年的西方哲学史上贯穿始终，影响深远。

在古希腊晚期哲学中，斯多葛学派（The Stoics）的思想较为典型地体现了以语言和逻辑分析为中心而对认识论问题展开探讨的方法论研究。例如，斯多葛学派对于语言的理性规则、语法和修辞是非常重视的，而且对于语言现象、规律和本质的研究在其哲学理论研究当中占据了重要的地位，“斯多葛认为有某些原则……作为演绎的基础……先天的观念也可以作为定义的出发点”[①]。在语词的本质与来源方面，斯多葛学派持一种自然主义的倾向，这种倾向将语词作为含义与指称的综合体而存在。在此，斯多葛学派所关注的是语词的内涵意义，也就是“意味着的东西”——“Lakton”。对于句子的意义而言，它就是与其相对应事物的表征形态和活动，这构成了斯多葛学派“逻各斯”研究的内容和目标。另外，斯多葛学派所坚持的感觉经验主义将知识的来源归诸于对于具体事物的一种感觉，而真理的标准就在于“具有说服力的对象，那就是说，这个印象是来自真实的对象”[②]。例如，恩培克勒斯（Epicureans）就认为，语词的最终所指物就是“我们的感觉、当下的印象、实在的感觉”[③]。对于命题而言，斯多葛学派认为我们能够对其进行真假判断，而真理则是一种命题或者知识的一般断定，由此命题的“真”就成了其意义的真正载体。这样，斯多葛学派就不仅提出了真理判断的标准，而且将意义与真理的判断关联起来，这两个问题的解决使得斯多葛学派的语义学思想真正与语义学的“现代性”特征具有了直接的关联和相通之处。



① Russell B A W. *History of Western Philosophy*. London: Rutledge Classics, 2004: 256.

② 冒从虎．欧洲哲学通史．天津：南开大学出版社，2000：174.

③ 冒从虎．欧洲哲学通史．天津：南开大学出版社，2000：365.

## 二、中世纪经院哲学时期的语义学成就

相对于欧洲中世纪的经院哲学来说，在其之前罗马帝国时期的基督教哲学在语义学研究方面并没有大的建树和进展，在这一时期尽管也有瓦罗（W. T. Vario）、普利西安（C. Priscianus）和卢克莱修（T. Lucrctius）等人在语法和句法的研究等方面作出了一些贡献，但是从总体上来说相比较于古希腊而言是大大地衰落了。相对来说，欧洲中世纪的经院哲学尽管继承和发展了罗马帝国时期的基督"教父"哲学，然而它却在对上帝进行论证的过程中，全面地引入了古希腊时期柏拉图和亚里士多德等人的理性主义逻辑思维，从而使得语义学在这一千年的"黑暗时代"并未绝迹，并且沿着一条曲折的路径继续前行，其中的诸多思想对于语义学的发展同样具有建设性的意义，这也从另外一个侧面证明了语义学研究作为方法论的"中性"立场和价值。

在中世纪经院哲学为上帝做论证和辩护的过程中，语法、逻辑和修辞学得到了极大的发展，同时这种对于语言逻辑问题的重视也直接上升到了与神学相关的本体论高度。需要注意的是，"中世纪语义学的研究集中在名词（Nomen）的意思上"[①]。就这一点而言，它在唯名论与唯实论的论辩过程中得到了充分体现，例如，唯名论与唯实论各自都将理性主义的逻辑分析应用于关于事物指称关系的研究之中。实际上，唯名论与唯实论都注意到了专名与通名的区分，然而两者的差别在于唯实论者认为通名并非一种抽象的名称，它也具有实在性，而唯名论者在这一点上则持有相反的观点，认为通名并非具有实在性，它只是一种并无所指的符号。我们可以看到，这种关于概念与名称的"共相"之争一直到现代语言哲学当中还一直存在。

波爱修斯（Boethius）对于范畴与意义的理论进行了研究，他认为语词具有不同的意义范畴，在语词之上还有"属"，"属"的区别在于不同事物的本质差异性，它比"种"具有更高层面的含义。也就是说，"属"具有确定性，而"种"却具有相对的变动性。在这里，从逻辑上来说，波爱修斯实际上是指出了与语词相对应的概念具有多样性，它本身在含义方面是非常丰富的。为此，波爱修斯认为，亚里士多德的《范畴篇》实际上是讨论"第一指称名字和指称事物的语词……的意义"[②]。在命题的逻辑分析过程中，波爱修斯强调只有陈述命题才能判断真假，其中对于简单命题而言，他认为我们应

① 王路．中世纪的词项理论．哲学译丛，1997，1：46.

② 胡龙彪．中世纪逻辑、语言与意义理论．北京：光明日报出版社，2009：56.

该通过对谓词进行考察来断定其真假；对于复合命题而言，波爱修斯则采用矛盾关系和规律对其真假的断定进行了总结。

对于安瑟尔谟（Anselmus）来说，他的语义学思想突出地体现在其关于真理的理解过程之中。就真理概念的论证过程而言，安瑟尔谟充分借鉴了典型的柏拉图主义论证方式，认为真理的最终根源只能是“上帝”。具体来说，安瑟尔谟将“正直”确立为其真理观的核心，所谓“正直”也就是事物的本质和真正状态。安瑟尔谟认为，事物如果符合其“本质”状态和特征的话，它就具有真理性，然而这种符合却是作为上帝之“精神”的观念与其产物——语言实体之间的一种关系。因此，我们可以看出，安瑟尔谟的这种语义学思想是从形而上学本体论和其神学观的立场出发所展开的论证，它本身在逻辑和语言论证的界域之中仍旧是相当狭隘的。

对于托马斯·阿奎那（T. Aquinas）而言，上帝这种“实体”所具有的属性是需要采用语言来进行描述和论证的，为此托马斯·阿奎那主张采用肯定与否定的两种方法来对上帝的本质和属性进行描述与刻画，也就是说，“一个语词可以在各种意义上描述不同的事物：有时它依照一种完全相同的意义描述它们，它就被称为同名同义的描述；有时它依照完全不同的意义描述它们，它就被称为同名异义的描述；有时它既以部分相同又以部分不同的意义描述它们，它就被称为类比性描述”[①]。另外，托马斯·阿奎那还着重区分了语词的内外在不同层面，他认为内在语词对于外在语词具有决定性作用，内在语词是本质、实体，即上帝，而外在语词则是由上帝所决定的一种衍生物和创造物。在此，内在语词作为一种理智、理解和心智的产物，为我们的思想提供了指向的目标和对象。这样，在外在语词—内在语词—客观实在的逻辑序列当中，内在语词即上帝（本体）就变成了一种与实在相关联的中间环节，认识的顺序被完全颠倒过来，语词意义的探究就表现为无休止地向上帝这一本体的追问和反思。在真理观方面，托马斯·阿奎那认为，事物的“真”首先需要表现为在概念上的相关性，其次它也表现为与上帝意愿和理念的符合性，这是事物“真理”的本源。因此，人的理智和思维中的“真”相对于上帝的“真”，在等级上并不具有优先地位。我们可以看出，托马斯·阿奎那的语义学思想完全是在其神学本体论的基础上借助于语言分析这一工具所展开的一种“回归于上帝”的论证，在此过程中语义学的研究方法则成了他加



① 转引自董尚．托马斯的宗教语言哲学．哲学研究，2005，12：112.

强论证力量的一种重要手段和方式。

在中世纪唯名论与唯实论争辩的时代背景下，阿伯拉尔（P. Abelard）试图对两者之间的立场进行调和，并走出一条中间路线。在他看来，事物的“共相”只是一种思维当中的概念，而客观实在的事物是依赖于对其“种”和“属”的区分来认识的。对于“种”和“属”的实在性而言，阿伯拉尔认为两者是一种用来对事物进行命名的方法，本质上它存在于人类的理解和理智之中。就“种”和“属”所揭示和指向的对象而言，它们是与感官事物相关联的，而就两者作为思维和理解之中存在的本质而言，它们又是存在于感官事物之外的。例如，语词可以为其名称所属范围内的事物进行命名，而意义就是“语词、人、事物三者之间的一种函数关系”①，也就是说语词在为事物赋予内涵之后便具有了其确定的意义。此外，阿伯拉尔对命题的语义性质进行了充分的研究，特别是他对命题的真假进行了探讨，认为命题的真假就在于由符号所指称的内在思想，而一个命题的真就意味着它所对应的东西是事实，即反映了事物的真实情况。我们可以看出，阿伯拉尔对于命题真假的断定和认识，在语义学的逻辑分析层面上取得了很大的进展。

对于词项的指代理论而言，它作为语义学研究的重要论题之一，在威廉·奥康（W. Ockam）等人的命题逻辑思想当中得到了发展。威廉·奥康对于语词意义的复杂性问题进行了研究，他认为语词在命题之中具有指代的特性，它实际上表述的是命题中某种被替代的东西，即词项的意义，这种指代可以区分为简单指代、人称指代和实质指代。② 在此，威廉·奥康强调词项使用的“意义”，即认为指代与其命题之间存在着差异，它在各种具体的情境中具有变动性和灵活性。此外，威廉·奥康还将指代问题与心灵语言进行了关联，其原因在于“心灵语言”体现了作为共相的“概念”本质，它具有确定性和不可变性，“一个概念词项不可以根据任何人的意愿改变其意义”③。在这里，威廉·奥康关于心灵语言和自然语言的区分，实际上涉及在现代规范语义学和自然语言语义学中意义的确定性问题，因此在威廉·奥康看来，所谓的“心灵语言”就是具有充分的真值条件的命题，这就对语义学的严格逻辑语形构造提出了要求。在真理方面，威廉·奥康对全称肯定和全称否定等命题形式进行了区分，并且为其真假判断指出了方向。威廉·奥康的观点

① 胡龙彪．中世纪逻辑、语言与意义理论．北京：光明日报出版社，2009：147.

② W. 奥康著，王路译．逻辑大全．北京：商务印书馆．2006：185-187.

③ 胡龙彪．中世纪逻辑、语言与意义理论．北京：光明日报出版社，2009：274.

是："当主项和谓词的断定一致时，肯定命题为真；否则，否定命题为真。"[①]这就意味着，在"真值"命题中，主词必须是实在的概念，且与谓词具有相同的指代。在这里，最重要的是：第一，威廉·奥康将命题与语言形式、概念区分开来，即命题是具有特定语言形式的能判定真假的陈述，其真假由命题的"词项"来判定。第二，威廉·奥康唯名论的"真理观"体现出了脱离上帝"本质"的纯粹逻辑的分析趋向。

纵观中世纪经院哲学由盛而衰的历史进程，我们可以发现，对于语言的意义、本质，思想、概念的来源与特征，以及对于命题和理论真理的判断，从整体上贯穿在了这一时期的神学本体论研究中，特别是现代意义上的语义学分析在中世纪后期唯名论逐渐兴盛的背景下更是取得了突出的成就。总体上来说，在欧洲中世纪神学统治的"黑暗时代"却并不意味着语义学发展的"黑暗时代"，它在神学思辨的表象和外壳下隐含了人类对于理性精神的执著追求，特别是与语义学相关的逻辑方法和规律的研究在这一时期达到了鼎盛，其中语义学分析作为这种探索和研究的支撑，始终贯穿于哲学命题的求解和概念的论证过程中，这充分体现了语义学研究在人类思维和认识领域中所具有的重要地位。



## 三、17—18 世纪时期的语义学发展

当中世纪末期的语义学分析仍旧纠缠在唯名论与唯实论的论争之中不可自拔时，语义学分析向认识论"转向"的曙光已经悄然来临。文艺复兴运动点燃了这一"转向"的火种，从此语义分析逐渐摆脱了单纯逻辑理性研究的窠臼，开始对语言的本质、特征，以及在认识论当中的意义问题进行全面、深入的反思。从 16 世纪开始，直到 18 世纪的启蒙哲学运动，语义学研究以一种广阔、开放的视域得到了多形态、多领域的发展，并且表现出丰富的内在形态，其中的很多论题涉及现代语义学研究的核心问题，对于后世语义学的发展具有深刻的影响。在 17 世纪的语义学思想中，经验论与唯理论的争辩是其理论分析的基本背景，不同的哲学家在其各自的哲学立场上，对于意义、概念的本质、语言与实在之间的关系等问题提出了各自的看法，这种争执直到后来的康德时期才得到了初步的整合与解决。

（1）16 世纪之后，摆脱了宗教理性主义阴霾的语义学研究开始向着科学

① 胡龙彪．中世纪逻辑、语言与意义理论．北京：光明日报出版社，2009：11.

理性主义路径迅速成长，同时由培根所开创的经验主义理性精神在洛克的语义学研究思想中得到了充分的体现和发挥，由此语义学研究的科学性原则和理性主义思维开始逐步得到了确立。在哲学研究的认识论转向过程中，语言分析的地位被普遍给予了重视，而意义理解的经验主义立场也得到了强烈的凸显。17—18 世纪，在英国以洛克、贝克莱和休谟为代表的经验主义者对于语言和经验的关系，以及经验的本质特性等问题进行了深入研究，既立足于意义的感觉经验分析，同时也开始将语词的意义与指称的心理观念紧密结合起来，把语言的意义归结为心理的观念、意象，这种思维倾向成了 19 世纪末语义心理主义的思想来源。总体来看，这一时期语义学研究的经验主义传统在后来的语义学发展过程中得到了延续和传承。

第一，语义分析与认识论研究的关联。17 世纪以降，语义学研究在哲学的认识论转向背景下，开始将意义的理解紧密地与知识和认识的本质、特征等问题的研究结合起来，将意义置于认识论的研究过程之中，并且使得语义理解成了认识论问题研究的重要工具和分析手段。

在认识论研究中，语言意义对于展现思想的本质、特征具有重要作用，这是认识构成的重要基础，其中最具典型特征的就是这一时期意义观念理论的提出与发展。我们知道，对于意义问题的理解，是语义学研究的核心和主题之一，而语词观念、意义等关系的探讨在从洛克、贝克莱到休谟的语义学理论研究中占据了重要地位。历史上，洛克将作为知识表征的符号理论纳入到知识研究体系中，其原因在于语言命题能够被用来实现知识的构造，而知识在本质上则对应于“观念”。特别是洛克将语词意义看作心理观念的表征，“语词被用来作为观念的符号，并非作为自然的意义，而是一种主体的倾向性”①，而观念形成的基础是客观实在的事物。因此，人类的认识系统，即知识的构造就是通过语言和观念来实现的，其本质就是对于客观存在世界的理解和构造。同时，与观念相对应，语词的存在目的在于表征观念，由此就形成了实在-语词-观念的关联系统。在这三者之间，观念可以用来表征实在的事物，而语词作为媒介则沟通了实在事物和观念。

就人类语言系统当中的语词而言，与之相对应的是思想之中的观念，尽管在观念中存在着不同的类型和层次，且在程度上具有简单和复杂的理解差异性，但其本质上都是源于主体的感觉与反思，“一切观念都是由感觉或反省

① Kretzmann N. The main thesis of locker's semantic theory. *The Philosophical Review*, 1968, 2: 195.

来的”[①]。洛克认为，观念是私人的，人们要进行思想交流，并且把这种私人的观念传递给他人，语言的使用就成了必然选择。因此，语词的意义就体现为主体的观念或者思想的表征，“语言固有的、直接的意义，就在于它们所标记的那些观念”[②]。对于思想观念及其相对应的事物、实在而言，语言成了重要的连接渠道和中介，并且承载了观念表征的信息内容。对于贝克莱而言，意义的观念理论更进一步被他推向了极端，其著名论证“物体就是观念的集合”，将观念的内涵之中所包括的感觉材料和实在事物看作是一种主观性的存在和类似于观念的表征。在休谟看来，为了达到对于认识的分析和理解，我们应该对复杂的知觉进行语义分析，并且在知觉基本要素的基础上进行推理、考察，这样就能够实现对于知觉的本质、特征的理解，达到认识的目的。在此，休谟所谓的基本要素就是简单感觉和简单印象，这是我们分析的起点和前提。按照休谟的理解，语词意义建立在印象和观念的基础上，而个体观念及印象知觉具有经验的个体性，因此在社会性的交往过程中，我们就必须把语词意义理解摆在非常重要的位置。

总体来说，近代语义学的认识论路径开拓具有重要的历史意义，它充分地认识到了在人类认知与理解过程中语言所发挥的有效作用，并且把语言意义的理解与认识相关的各个层面结合起来。尽管语义学本身在这一时期不可避免地处于认识论问题研究中朦胧和模糊的地位，但它仍然在哲学从本体论向认识论的伟大转折历程中扮演了重要角色。同时，语义学思想研究也正是从这一时期开始与科学和理性思维进行联姻和结合，从而使得语义学分析从以往历史上孤立、分散的研究开始逐步成为一种有意识的研究工具，这就潜在地为以后语义学方法论的凝聚和提炼做了重要铺垫。



第二，早期经验主义语义分析的本质与特征。经验主义理论将意义理解确立为自己的核心任务之一。我们知道，语义学研究的经验主义和理性主义具有很大区别，经验主义反对理性主义语言先验性的假设，同时也拒斥观念的逻辑语形构造的绝对性。从观念的起源来说，从洛克、贝克莱到休谟的经验主义语义学思想的基础是经验感觉，这样语词的意义就形成了与观念的对立态势，而意义的本质就体现在语词、观念和实在之间的关联特征中。就语词与实在、世界的关系而言，正是由于语言本身就建立在实在基础上经验的感觉中，因此在对事物和真理的认识过程中，语言才能够作为意义理解的重

① J. 洛克著，关文运译．人类理解论．北京：商务印书馆，1983：68.
② J. 洛克著，关文运译．人类理解论．北京：商务印书馆．1983：386.

要中介。在这里，个人在实践当中获取的经验只是立足于自身的感觉、思维，其公共性的扩展和提升只有依赖于思想当中的语言才能实现，这样语言分析工作就成了首要任务。也就是说，我们通过对语言的结构、特征进行充分表述，就可以构建起世界的模型结构，由此语言作为一种中介就成了思维、认识和实在世界沟通的重要桥梁。

对于贝克莱而言，意义理解的经验主义立场被他进一步推向了极端，其主要特征就反映在他关于语言的认识和理解中："通行概念（抽象概念）的根源，在我看来，正在于语言"[①]，"人们以为每一个名称都有而且也应有一个唯一确定的意义，于是也就认为一定有一些抽象的、确定的观念，来构成每个普遍观念的真实的、唯一的直接意义"[②]。在这里，贝克莱反对洛克关于观念内容的客观性认识，他认为普遍而抽象的观念并不存在，"抽象观念的构成既然是很难的，所以它不是传达思想所必需的"[③]，事物在本质上表现为心理、感知当中观念的集合，也就是说观念完全是一种纯主观的心理感受，因此事物的客观性并不存在于外界，而只可能存在于感觉之中，"普遍的观念只是心灵的虚构和设计"[④]，这样观念与外在事物之间的关系就被贝克莱完全否定了，所存在的只是观念之间的内部联系。我们可以看出，贝克莱对于观念意义的理解走上了反对天赋观念理论的激进道路，认为"所谓普遍并不在于任何事物的绝对、积极的本性，只在于它和它所表象的那许多个别事物所有的关系。通过这种途径，本性原为个别的各种事物、名称或概念，就被变成了普遍的"[⑤]，这一理性主义思想反叛的结局就是认识的经验主义得到了更强的辩护，直至陷入主观主义的泥淖之中。

从本质上来说，语义分析是理论和命题解释、构造的重要手段，而语词意义的判断依据在经验主义的视域中被归属于经验的材料、因素，因此分析性的方法在此基础上就被凸显出来。在休谟的认识论研究中，经验论的语义分析思维被融合于其理论的整体框架中，这一点不仅可以从作为其理论体系的基础——观念的本质、特征中得到表征，而且可以从休谟对于命题概念判断的语义标准中得到反映。从本质上来看，休谟所指称的概念与观念、思想

① G. 贝克莱著，关文运译. 人类知识原理. 北京：商务印书馆，1973：14.
② G. 贝克莱著，关文运译. 人类知识原理. 北京：商务印书馆，1973：14.
③ G. 贝克莱著，关文运译. 人类知识原理. 北京：商务印书馆，1973：11.
④ G. 贝克莱著，关文运译. 人类知识原理. 北京：商务印书馆，1973：10.
⑤ G. 贝克莱著，关文运译. 人类知识原理. 北京：商务印书馆，1973：12.

具有内在关联，二者之间具有对应性，而他所特别强调的“印象”作为观念构造的基础则具有明确性和清晰性等特征，这样概念意义的判断就转换为对于观念、印象的考察，而命题意义的判断也可以通过经验来进行验证。此外，在意义的经验判断标准方面，休谟采用概念分析的方法将复杂知觉分解为基本的知觉要素——简单感觉印象，由此这种简单感觉印象就成了概念的意义判断标准和观念来源，“我们的全面简单观念在初出现时都是来自简单印象，这种简单印象和简单观念相应，而且为简单观念所精确地复现”①。可以看出，休谟的这种经验的意义理论将感觉置于了认识和理解的基础地位上。

第三，语义分析的心理认知、主体性及语用化的路径趋向。在意义的理解和分析过程中，主体的存在和意向态度都是其中的基本结构要素，这种心理内在活动能够容纳语词、行为和思想等重要内容，同时也能够为语义分析赋予相对的非确定性特征。总体而言，从洛克、贝克莱到休谟的经验主义意义理论，经历了从客观经验论向主观经验论的内在转变，为此我们有必要对这一趋向的结构特征进行认识和分析。

我们知道，洛克将观念特征的理解与心理、意识联系起来，他认为观念具有三种必要的特性，即通过意识与心理相关联、作为心理的一部分和依赖心理而存在。② 所谓观念，在洛克看来就是人们思考过程中心理理解的对象，而心理本身是一种建立在简单观念基础上的思维能力。简单观念在逻辑上最先起源于感觉，这是认识展开的第一个环节，随后在外在事物印象的基础上产生了心理观念。从本质上来说，观念就是与心理相关的实体，而意义构造的基础就是心理和意识，为此洛克认为“对象就是心灵之中的知觉”③，这就使得我们能够为语词赋予心理图像的意义或者心理操作类型的意义。从某种程度上来说，意义与观念具有同一性，语词的意义就是观念之间的联系，这种观念就是主体的心理观念，“语词在最初和间接的意义上，代表着使用它们的心理观念”④。对于作为符号的语词而言，“语词的意义和使用基础在于心



① D. 休谟著，关文运译．人性论．北京：商务印书馆，1996：16.

② Nerlich B. *Semantic theories in Europe* 1830-1930. London：Benjamins Publication Company，1992：780.

③ Nerlich B. *Semantic theories in Europe* 1830-1930. London：Benjamins Publication Company，1992：780.

④ Kretzmann N. *The main thesis of Locker's semantic theory*. *The Philosophical Review*，1968，2：181.

理活动中，观念和符号之间的关联"[①]，也就是说，语词背后所隐含的心理图像表征就是意义。正是从这一点上来说，事物与名称的关联在心理活动中必须具有明确的观念，即思想，这样就形成了事物-心理表征-名称之间的内在结构。

贝克莱对于语言与观念的关系进行了详尽分析，他将观念与感知等同起来，"这个能感知的能动的主体，我们叫它做心灵、精神或灵魂，或自我……一个观念的存在，正在于其被感知"[②]。也就是说，贝克莱通过这种语言的认知力图对观念的本质、特征进行说明，"语言可以引起人的情感……使人心发生某种特殊的倾向"[③]。从理论上来说，既然有观念发生，我们就可能追问其感知的主体存在，这种存在就是自我和心灵，它存在于感知的人心之中。更为重要的是，贝克莱提出了语言和意义关联的图像说，他认为"各种语句在严格的、理论的意义下……刺激起我们的适当情感或意向来"[④]。在这里，语词意义的获得应该归属于心理概念，相应的心理概念则通过与实在事物的近似来进行表征。

对于休谟而言，如何从建立在心理基础上的因果和归纳问题出发来对作为意义理解基础的观念结构，以及意义的经验性特征进行解释是一项重要任务。为此，休谟认为我们应该将心理的图像分析作为意义理解的重要基础，"心灵所从事的每一种活动，在那种心理倾向继续期间，也将是较为强烈而生动的"[⑤]。在其语义学思想的整体结构中，休谟所重点关注的是意义和经验层面，而实在则相应地处在被忽略的地位。为此，休谟将信念理解作为其心理主义意义理论的基础，他认为长期的习惯和反复的观察能够在主体心理中产生信念的必然性，而因果观念就建立在这种心理习惯的基础上。对于认识而言，与之密切相关的是心理感觉、情感等因素，因此印象和观念都是建立在感觉基础上的心理习惯性结果。也就是说，观念、印象的理解要与心理意识分析相结合，"凡由任何前印象而来的信念，都只是由习惯那个根源来的，当我们习惯于看到两个印象结合在一起时，一个印象的出现便立刻把我们的思

---

① Kretzmann N. *The main thesis of Locker's Semantic Theory*. *The Philosophical Review*, 1968, 2: 189.

② G. 贝克莱著，关文运译．人类知识原理．北京：商务印书馆，1973：20.

③ G. 贝克莱著，关文运译．人类知识原理．北京：商务印书馆，1973：15.

④ G. 贝克莱著，关文运译．人类知识原理．北京：商务印书馆，1973：43.

⑤ D. 休谟著，关文运译．人性论．北京：商务印书馆，1996：118.

想转移到另一个印象的观念”[①]，在这里休谟强烈地凸显了主体性的地位和价值。可以看出，休谟这种建立在心理经验和情感构成基础上的意义分析思路反对逻辑理性的归纳推演，其中存在着滑向彻底心理主义意义分析的风险性。

从当代语义学方法论的视角来看，休谟这种将主体性地位纳入到意义理解过程中的做法具有其合理性价值，在这种意义理解的心理意识领域当中，实际上包含了主体的意向、态度和情感等重要因素。这样意义理解的基底就从认识表征的客观性层面转换到了主体的心理、知觉层面，并且通过这种潜在的意识和心理层面而达到与经验表征的关联，这是意义实现的重要一环。从这一时期经验主义意义理论的整体路径来看，休谟最主要的贡献就在于他最大限度地打破了“观念-实在”这一不可动摇的对立关系，使得意义理解能够通过心理意识得到更加合理的表征。当然，这种观点进一步向前推演的极端就是心理主义意义学说，也就是将意义理解完全置于心理意识的基础之上，这种思想的影响直到19世纪末才得以消除和湮灭，其原因就在于休谟视之为理论核心的心理主义信念本质并非牢固而不可破的，而一旦将其推向经验证明和经验解释的境地，这种理论就很难再得以维系其理论的自洽程度。



就语义学问题的关联界面而言，在早期的经验主义哲学中也存在着与语用分析相关联的语义学问题研究。例如，洛克对于语言的社会交流功能非常重视，他认为意义在交流过程中的理解是语言存在和构造的前提，为此我们应当把语义分析的语用层面凸显出来，他说：“人类有必要寻找一种外部感觉符号，由观念所构成，可以被他人所感知。”[②] 也就是说，语词的意义最终是在实践应用当中完成的，虽然语词只能表示使用者自己心中的观念，但是只有当言者的语词意义与他者对于该语词的社会约定性意义理解一致的时候，这种语词的交流才能够实现意义的目标。对于主体之间观念和思想的有效性而言，洛克认为在具体的语词使用过程中，除了保证观念的确定性之外，观念还应当与语词在对应性关系上更加明确。总体上来看，洛克对于语词和观念之间关系的理解还是保持了相当的开放态度。也就是说，语词作为观念之间联系的表征尽管具有重要意义，但是这种意义的实现最终还是要通过语用活动和系统语境的整体构造，“行动的规则，一定是可离了各种文字而各自独

① D. 休谟著，关文运译. 人性论. 北京：商务印书馆，1996：103.

② Kretzmann N. The main thesis of Locker's semantic theory. *The Philosophical Review*, 1968, 2：181.

立的，一定是在我们知道各种名词以前就存在的"[①]。从本质上来看，语词与世界之间关系的研究需要我们对与其相关的语用和语境的动态构造进行合理把握，而意义的实现也是一项涉及主体双方交往、理解活动的系统工程，只有对意义的语用规则、特征及相应的语境系统进行充分了解，我们才能为意义的准确定位奠定坚实的基础。

综上所述，语义学研究的经验论思维普遍存在于17—18世纪的英国哲学研究中，而语义学分析对于认识论问题的研究也具有了重要的工具性意义，在其中也隐含着对于意义理解的心理认知和语用化的解释倾向，这表现为语义学研究对于意义的交往、实践等经验理性精神的推崇和应用。总体上来说，英国经验主义内涵的语义解释方法与同时期欧洲大陆的理性主义观念论形成了鲜明对比，它在意义分析中对于事实、实证基础的重视和对于具体、周密的分析思维的强调等方面符合了现代语义学的方法论趋向，对于之后的实证主义、自然语言语义分析乃至于当代语义学研究都产生了广泛而深远的影响。

(2) 与17—18世纪英国经验主义语义分析相比较，同时期在欧洲大陆流行的理性主义哲学则将语义学分析引向了另外一条发展路径，两者之间形成了鲜明的对比。

对于笛卡儿（R. Descartes）而言，他认为我们在人心当中获得的某些观念具有"天赋"的特征，这种天赋观念作为我们认识的逻辑前提，是我们全部知识体系的基础。[②] 在此，观念的真理性就是笛卡儿所谓的"清楚明白"，也即在逻辑与论证方面的自洽性和合理性，而观念的意义就依附于这种理性的"天赋观念"。毋庸置疑，这种具有逻辑严谨性和形式规范性的"天赋观念"推演，符合逻辑结构规则，因此也就必然能够建立起具有真理性的认识大厦。特别是笛卡儿认为这一目标的实现需要我们对现存于我们知识体系当中的所有观念、思想进行全面的怀疑和分析，最终确立起具有稳固性的真理性认识，这充分地体现了语义分析在认识论当中的批判性和引导性作用。可以看出，笛卡儿"我思故我在"的理性精神充分凸显了自我和主体思想的重要属性，这种对于语义分析过程中自我"思想"和认识本质的重视，后来也给予了当代认知语义学的研究以极大的启发。当然，尽管如此，笛卡儿理性主义的语义学思想仍旧没有摆脱"二元论"的桎梏，他认为物体的本性是广延，而精神的本性是思想，并且思想与广延（实在）之间并没有关联性，这

① J. 洛克著，关文运译．人类理解论．北京：商务印书馆，1983：41.

② R. 笛卡尔著，关文运译．哲学原理．北京：商务印书馆，1958：1.

就不可避免地导致他最终陷入了上帝决定论的形而上学的泥淖之中。

斯宾诺莎（B. Spinoza）同样持有真理的天赋观念论，他认为在天赋“真理”观念的基础上，通过数学和几何学的方法，我们就可以得到具有普遍性和必然性的认识。[①] 在斯宾诺莎看来，知识可以区分为感性的知识、理性的知识和直观的知识，相对于前面两者在真理方面的相对性而言，直观的知识则能够不通过经验而直达事物的“本质”，并且只有这种知识才是“真观念”，即真理性的认识，“真观念……即是最完满、最确定的认识一个对象”[②]。但是，不可否认的是，斯宾诺莎所坚持的仍然是类似于笛卡儿二元论的“心物平行论”，因此“真观念”本身并不意味着它与外在事物和对象的一致性，而恰恰是由于它自身具有“真理性”，这样才能够实现“真观念”与对象的一致和符合。我们可以看出，在真理的标准方面，斯宾诺莎认为真理自身就是其标准，也就是说真理本质上标示出了它自身的状态、特征，以及它与非真理的差异性，真理本身就为非真理进行了划界。在此，斯宾诺莎的这种语义分析路线完全暴露了其理性主义形而上学的狭隘性。

相对于笛卡儿来说，莱布尼茨（G. W. Leibniz）建立起了更加完善的逻辑真理观系统。他不仅对于真理的类型进行了区分，同时还提出了对真理进行判断的矛盾原则和充足的理由原则。在他看来，演绎性的真理是具有必然性的真理，而关于事实的归纳真理则是具有偶然性的真理。因此，莱布尼茨的语义真理观鲜明地体现出了他力图在经验论真理观与唯理论真理观之间进行调和与综合的倾向。最为重要的是，莱布尼茨认为真理可以通过演绎推理，采用符号化的方式来进行表征，并且通过一种“普遍语言”的形式化构造来对命题和概念进行分析，这实际上是对语义学的规范语形构造提出了要求。此外，莱布尼茨提出了著名的“可能世界理论”，这一理论后来成了当代可能世界语义学的重要思想来源，并且为模态逻辑的语义学解释和说明提供了重要的分析方法，其根本原因就在于这一理论与意义、概念的指称等问题具有紧密的内在关联。这种思想可以表述如下：一个事物是可能的，当且仅当在该种事物中没有逻辑矛盾，而可能世界就是由具有可能性的事物构成的集合。也就是说，可能的世界具有无限多种可能的表征状态和类型，而现实世界只是其中一种可能世界的表象。当然，对于莱布尼茨来说，由于认识所限，他最终将上帝作为“最高可能性”的等级。



---

① B. 斯宾诺莎著，贺麟译．伦理学．北京：商务印书馆，1983：71.

② 冒从虎．欧洲哲学通史．天津：南开大学出版社，2000：427.

（3）18 世纪之后，语义学的研究开始从语言学和哲学的不同维度进行拓展。在语言学之中，从共时和历时的角度对意义问题进行研究得到了广泛的认可与发展，而在哲学层面上哲学家们也开始对与语义学问题相关的认识论问题进行更加深入的剖析。在 18 世纪的欧洲哲学之中，法国的“启蒙哲学”在这一时期占据了重要地位，而语义学研究在这一时期也取得了新的进展。

在继承洛克经验论的基础上，孔狄亚克（E. B. Condillac）认为，符号的使用规则是与我们观念的本质、来源密切相关的，这种观念来自于感觉经验，并且构成了我们知识的主要内容。就观念的来源而言，孔狄亚克反对天赋观念论的基本立场，他强调社会性的交往作用和思想交流在观念形成与发展过程中的重要影响，并且认为观念的构造必须依赖于语言符号来进行展开。对于作为语言表征的符号而言，相应的历史和文化的语境在其演化过程中起到了重要作用，因此语言的分析是与语境密切相关的。特别是孔狄亚克认为知识的“分析”就是对于构成知识的观念的起源、特征和活动进行研究，而这种分析最重要的其实就是“语言分析”。对于建立在感觉经验基础上的观念而言，我们可以将其区分为简单观念和复杂观念，其中复杂观念是多种感觉集合的产物，它与单一感觉来源的简单观念形成了鲜明对比，然而复杂观念却仍然是建立在简单观念的基础之上。可以看出，孔狄亚克的这种语义学思想是与以笛卡儿为代表的先验唯理论哲学存在很大差异的，这充分地体现了启蒙运动时期语义学分析的感觉经验论和唯物论典型特征。对于霍尔巴赫来说，他认为观念的“真理性”不仅体现在不同观念之间联结的恰当性和逻辑性方面，而且它最终是要通过感觉经验来加以证实的，这样“真理性”便与感觉经验具有了直接的关联。在这一点上，同一时期的狄德罗（D. Diderot）也持有同样的观点，例如，狄德罗就特别强调了“实验”在认识真理过程中的重要地位。

总体来说，18 世纪法国的启蒙哲学相较于 17 世纪的经验论和唯理论而言，语义分析的理性主义精神达到了一个更高的层面。尽管在这一时期的语义学思想仍然是一种形而上学的机械主义认识论研究，但是它比 17 世纪的哲学还是大大前进了一步，这突出地表现在启蒙哲学注重感觉经验论在语言、观念之中的重要作用，并且排除了“上帝”理念在人的观念分析过程中的决定性影响。与之相对应的就是，启蒙运动时期的哲学家们强调语言的规范化及其在表征思想过程中的精确化，为此孔狄亚克认为，“我们的观念的体系……要把它弄得既简单又明了，必须对各种官能的活动作过一番分析才行”[①]。

## 第二节　科学语义学的“现代性”反思

语义学研究的“现代性”标志是以哲学的“语言学转向”为开端的，在此之后分析哲学和语言哲学便开始占据世界哲学研究的主流地位。在逻辑实证主义的语义学理论之前，哲学领域当中的语义学研究一直是零散的、孤立的、缺乏统一的方法论纲领的，而逻辑实证主义的出现则将语义学研究的论题不仅与认识论的研究关联起来，而且其方法论策略也成了其寻求解决哲学“本体论”危机的重要手段。

### 一、科学语义学“现代性”的范畴界定

应当指出，我们在此所指的语义学的“现代性”是与语义学的“后现代性”相对应而存在的，而由语义学的“后现代性”研究所批判的语义学“现代性”实际上更多的是指这种“现代性”本身所显现出来的缺陷和问题。或者说，被语义学的“后现代性”研究所批判的语义学“现代性”，只是一种极端的、绝对的“现代性”，是有关“现代性”极端化倾向所产生的负面效应和影响，即所谓的“现代主义”。这样，我们在此提到的语义学研究的“现代性”就是具有其特定内涵的，它使得我们对于语义学“现代性”本质和特征的认识能够更加合理、全面：一方面，语义学“现代性”研究的出现具有其特定的历史性和理论必然性，它改变了传统语义学的研究路径，使得传统语义学的整体面貌得到了巨大改善，并且强烈地促进了语义学作为一种分析方法在哲学和科学理论研究过程中地位的确立，这体现了人们对于语义学研究意识的“觉醒”，即语义学研究的作用和价值普遍得到了人们的认可；另一方面，以过度地强调逻辑理性和形式规范性为标准的语义学“现代性”研究，实际上是在以“科学主义”为主张的道路上走向了极端，它完全忽视了语义学研究的自然性，以及与之相关的意向性和语用性特征。因此，语义学研究的“现代性”是具有双重特性的，对于语义学的发展而言，它既存在着积极和有意义的一面，同时也存在着消极和负面的作用。也就是说，对于语义学



---

① 北京大学哲学系编．西方哲学原著选读（下）．北京：商务印书馆，2002：99.

“现代性”特征的过度推崇和无限的拔高，就会滑向“现代主义”的泥淖和缺陷之中，而“现代主义”和“科学主义”、“逻辑主义”之间往往具有深刻的关联。另外，对于与语义学研究的“现代性”相对应的语义学“后现代性”研究而言，它与“后现代主义”的思维倾向之间还是保持了很大的距离——“后现代主义”对于语义分析的规范性、逻辑性和科学性持有一种完全抵触的态度，它在对语义学研究“现代主义”的极端倾向进行批判的过程中，连同语义学研究“现代性”的积极性与合理性成分也完全给否定和排除掉了。正是从这一点上来说，具有“后现代性”特征的语义学研究却完全不同于带有“后现代主义”色彩的语义学研究倾向。或者说，语义学研究的“后现代性”本质上体现了一种对于语义学“现代性”研究的全面反思和批判性的总结，它既吸取了语义学“现代性”研究所彰显出来的逻辑语义分析的方法论优势，同时也希望将其与意向语义分析、语用语义分析和历史语义分析有机地结合起来，并且力图在语境论的基础上实现不同语义分析方法之间的有机协调与统一。可以看出，具有“后现代性”的语义学研究所坚持的是一种系统的、统一的和协调的方法论立场，它完全不同于“现代主义”或者“后现代主义”的极端化思维，而这也是我们站在语义学研究的“后现代性”立场上对具有“现代性”特征的语义学研究进行全面反思和考察的根源所在。



事实上，对于语义学的“现代性”这一范畴而言，我们并不能进行绝对的、统一的、在时间界限方面明确的认定，而是必须借助于语义学“现代性”的表征形态、特征及其基本内涵的分析来进行综合把握。当然，对于“现代性”这样一个本身就充满了争议性和模糊性的概念，在将其与语义学进行关联之后，更是会产生一些理解方面的困难。通常而言，对于“现代性”即“modernity”一词，我们将其看作一种全新的社会秩序，其中最为鲜明的是创新性和进步性。然而，我们却更为认同哈贝马斯基于理性的现代观的认识。在哈贝马斯看来，关于现代性的观念——它作为一种信念是由科学所支撑和推动的，这意味着知识和社会能够以一种累积性进步的方式不断前进，而这就是哈贝马斯所谓“现代性的规范性”①。在此，我们所指的“现代性”，当然更加接近于哈贝马斯所谓的“信念”。也就是说，这种“现代性”是我们在思维领域当中特定认识形态的一种表征。这样与语义学研究相关的“现代性”，毋庸置疑是与自16世纪文艺复兴运动以来不断酝酿并最终发展到极致

① Habermas M J. *The Philosophical Discourse of Modernity*: *Twelve Lectures*. Cambridge, Mass: The MIT Press, 1990: 336.

的“科学主义”和“理性主义”紧密相关的。这种科学主义和理性主义的认识论渗透并扩散进入了语义学的研究过程之中，并且通过特定的方式使得语义学在方法论层面上呈现出不同的状态和类型特征。换而言之，语义学的“现代性”是以其所标榜的纯粹的和绝对的“科学性”为标志的，这种科学性的体现就是采用具有高度自洽性、合理性和科学性的逻辑方法对命题、陈述的意义进行确定，并且将其绝对化、极端化。作为这一思想倾向的直接践行者，维也纳学派（Vienna Circle）的逻辑实证主义在科学的世界观基础上，试图用逻辑主义和物理主义的语言来建立起科学语言的可通约性基础，也就是要实现科学统一的目标，他们认为这样就能够使得命题语言的意义更为清晰和明确。例如，在卡尔纳普看来，哲学的研究必须构造一种形式规范的理论，这种理论系统本质上是由界定明确的概念进行推理而得到的，“从可能建立一个构造系统所得到的结果是：一切概念都是一个结构的要素，因此只有一门科学”①。特别是对于科学命题而言，它本身是一种结构性的存在，其中包含了作为其成分的基本命题，而逻辑的语言则是保证这种结构科学性的重要前提：“只有使用符号语言才最能保证概念的纯正……一种虚拟的构造的语言。”② 可以看出，以逻辑实证主义为代表的语义学思想不仅将西方历史上一直存在的“逻各斯中心主义”推向了极端，而且它采用“恰当”和“可靠”的操作手段、技术，使这一理念、主张具有了理论的实在性。在这里，语义学的“现代性”研究使得科学主义世界观的本质显露无遗。当然，这也从另外一个层面说明了语义学作为哲学意义上“方法论”的研究，它本身并不是孤立存在的，而是强烈地受到了作为“时代哲学精神”的哲学本体论和认识论的作用与影响。在此，本书的意图只是希望将主要以逻辑主义、逻辑实证主义为代表的语义学理论倾向、潮流，与在此之前历史上主要湮没于语言学研究之中的，以及在哲学领域当中处于“无意识状态”的语义学思想、理论区别开来，同时也希望把它与在其之后更为丰富、全面和多维的语义学路径，特别是与当代以语境、认知语义分析为代表的语义学研究区别开来。这样对于语义学“现代性”的研究，我们就具有了特定的研究对象和范围——我们将其主要定位在早期分析哲学的“规范语义学”或者“形式语义学”的范畴之中。正是在这一点上，语义学的“现代性”研究后来受到了强调“主体性”和“解构性”的“后现代”语义学的严厉批判。



① R. 卡尔纳普著，陈启伟译．世界的逻辑构造．上海：上海译文出版社，1999：333.

② R. 卡尔纳普著，陈启伟译．世界的逻辑构造．上海：上海译文出版社，1999：341.

## 二、科学语义学“现代性”的成长背景

现代语义学的兴起与成长具有深刻的历史和时代背景。对于语义学这样一门本身具有丰富的语言学、科学和哲学背景的学问来说，脱离开同时代哲学、科学存在的整体世界观背景来加以研究的话，是不切实际的。事实上，不论是语义学研究的“觉醒”，还是语义学“现代性”的铸就，都与其背后潜在的哲学、科学的成就及其危机、经验和教训具有千丝万缕的联系。

（1）科学理性工具的革命与哲学的深层危机。19 世纪末到 20 世纪初，无论是在哲学领域还是在科学领域，都在酝酿着革命的力量。经过 18 世纪以来科学在整个西方社会领域的“狂飙”，它在推动人类物质力量和改进社会形态方面越来越显示出巨大的能力，人类越来越对这种推动世界和人类自身变革的“能量”感到自信，甚至达到了顶礼膜拜的程度。另外，以相对论和量子力学为代表的科学认识论开始全面地向纵深方面发展，而科学自身也日趋向着更加系统化和理论化的阶段迈进。毋庸置疑，这一切都代表着人类社会的发展已经达到了一种更为高级的水平，而这一切变化都是现实存在的，并且是可以为人们所直观观察和感受到的。与此同时，物理学、数学和化学等学科领域得到了突飞猛进式的进展，科学的理性主义也开始逐步在人类知识和认识领域占据强势地位，而以弗雷格和罗素等人所推动的逻辑学的飞跃式进步，则进一步剥夺了哲学生存的空间和领地，它在摒弃前期“心理主义”所带来的阴影之后，开始大规模地进占传统的哲学领地。哲学在这个时候第一次发现，在存在了几千年之后，竟然面临着失去自身存在价值与合法性的危机，而在对本体论和认识论问题喋喋不休的探讨过程中，不仅原有的问题没有得到彻底解决，而且在新兴的学科领域中不断地涌现出大量更加难以解决的问题。特别是由孔德的实证主义哲学所开创的自然科学的实证性研究理念，广泛地影响了各门科学学科的发展，传统上哲学与科学之间模糊的分界开始被撕裂，其最终结果就是自然科学开始逐渐排斥哲学的形而上学思辨性，并且以各种明确而界限清晰的研究领域作为自身存在合理性的保证。在这种情况之下，哲学要么让出“科学之科学”的宝座，从而走向自我消亡的境地，要么从根本上进行自我改造、自我转型，以继续捍卫自己存在的地位。毫无疑问，哲学的转型是必然的，而方法论的更新也自然而然地被处在尴尬而迷茫状态的哲学家们所接受了。哲学家们普遍认为，要实现这一目标，其根本出路就在于借鉴科学的方法、采用科学的理性思维方式对哲学进行变革，最

终实现哲学的“科学化”构造，这是它摆脱危机的必由之路。

正是在这样的背景之下，分析哲学产生了。分析哲学广泛地开创了对哲学本身，也即对哲学“元理论”进行研究的事业，而在分析哲学的阵营当中，对于作为思想表征的语言问题进行关注，成了分析哲学较为统一的基本原则，分析哲学所秉承的是通过精确的语法分析来对语言问题进而对哲学问题进行研究，为此达米特（M. A. E. Dummett）认为，“分析思想唯一合适的方法在于分析语言……是整个分析学派所共同接受的”①。分析哲学的学者们认为，对于语言问题的研究可以最大程度地澄清哲学自身的研究对象，同时也可以明确自身研究目标的合理性。这样，语言意义的问题在分析哲学当中就变得格外重要了，“许多传统哲学问题的重要方面可富有成果地看作意义问题”②。同时，以语言哲学或者说分析哲学为代表的哲学的“语言学转向”就开始了，传统的“形而上学的”和思辨的哲学思维方式遭到了抛弃，哲学家们迫切地希望从语言分析出发去最终解决具体的哲学问题，并且依照自然科学的方法论来构建起整体的知识体系。以逻辑实证主义为例，它在哲学层面上杜绝了理性而宏观的哲学理念，而只是在逻辑的基础上通过精确的事实科学分析来试图达到认识的目的，胡塞尔对于实证主义的这种危机具有深刻的认识，为此他不无讽刺地说：“如果科学只承认以这一方式客观地可确证的东西为真的……理性一再胡闹，欣慰一再变成烦恼”③。

（2）形式理性的泛滥与逻辑主义纲领的膨胀。在哲学的“语言学转向”过程中，逻辑技术和逻辑理性在其中发挥了重要的作用，这具有深刻的历史原因。一方面，逻辑分析所采用的形式语言的严格逻辑推理、演绎，极大地改变了传统哲学研究方法的整体面貌，哲学家们欣喜地发现，这种“技术”是如此精巧和完善，以至于完全可以为传统哲学问题的解决带来希望，从而开辟哲学发展的美好前景；另一方面，伴随着现代科学的经验“离心化”，科学理论在语言方面的构造与解释成为我们所面临的一项重要任务，同时理论事实的描述也需要在特定的知识系统当中进行恰当的定位，这就使得逻辑形式化的能力在这一努力的过程中自然地得到了强化。



① L. 科恩著，邱仁宗译．理性的对话——分析哲学的分析．北京：社会科学文献出版社，1998：9.

② L. 科恩著，邱仁宗译．理性的对话——分析哲学的分析．北京：社会科学文献出版社，1998：10.

③ F. 弗雷格著，张庆熊译．欧洲科学危机和超验现象学．上海：上海译文出版社，2005：8.

从哲学逻辑基础的构造来看，弗雷格最早地提出了这方面的观点，为此他认为逻辑学研究的首要原则就在于，“要把心理学的东西和逻辑的东西，主观的和客观的东西明确区别开来”①。在此，弗雷格实际上是关注到了逻辑学学科本质的相关认识问题。在弗雷格之前，心理主义的逻辑学解释曾经一度非常流行，而对于弗雷格来说，首要的任务就在于如何将逻辑学从心理学的钳制当中解救出来，只有这一任务完成了，逻辑学体系的大厦才能具有稳固的根基，同时意义理解的基础也才能够确立在具有客观性的概念和对象之上。我们知道，在19世纪后期的逻辑心理主义看来，逻辑的规则是一种心理状态或者活动的反映，因而逻辑学从属于心理学的研究范畴。也就是说，与概念分析和判断、推理相关的思维活动完全是一种主观的和心理之中的范畴，与事物、事实的客观性特征完全无关，这样逻辑研究的对象就是心理事实，而逻辑学研究的本质就转换成了一种对心理内容、活动的解释、说明和分析。在这一点上，弗雷格的反驳是非常有力的，同时也是具有高度科学性的，他强烈地指出，逻辑学作为一种研究是具有实在性真理规律的学说，它具有客观性的特征，而逻辑学的基础——思想的“真”是实在的、客观的，人类思维自身能够对作为客观性表征的思想进行把握。总体上来说，尽管弗雷格将逻辑学的本质与真理性规律的探究关联起来的做法具有一定的狭隘性，但是不可否认的是，正是通过弗雷格的这种具有开创性和奠基性的工作，逻辑学的命运才得到了改变和“拯救”，而这恰恰成了在这一时期哲学“语言学转向”过程中的重要基石。在此之后，逻辑学的合法性地位得到了确立，而哲学也自然地借助于这一工具挣脱了困扰其发展的危机，于是逻辑的语言分析成了哲学研究的一项重要内容和方法。

在弗雷格对于逻辑学研究做了开创性的工作之后，希尔伯特（D. Hilbert）的形式主义和罗素的逻辑主义，则进一步推动了现代意义上逻辑学的发展。希尔伯特的主要工作在于通过排除和解决数学上的悖论而建立起无矛盾的、具有确定性的数学基础。基于弗雷格已经提出了对于符号系统构造的问题，希尔伯特将数学符号完全形式化和规则化，并且完全脱离其意义的解释而关注其性质和特征，他认为这样就能够在将数的概念完全明确化的基础上，建立起公理化的演绎推理方法。在这里，希尔伯特的数学理论为数理逻辑的发展起到了推动性的作用。此外，早期布尔（G. Boole）的逻辑代数理

① F. 弗雷格著，王路译. 算术基础. 北京：商务印书馆，2009：8.

论也为数理逻辑的发展作出了贡献，布尔建立了符号体系的整体性结构，并且采用符号化表征的方式来对概念加以分析，在此基础上他通过规范化的演绎、运算规则来解决逻辑学的问题。事实上，在逻辑主义纲领的构建过程中，现代逻辑方法起到了至关重要的作用，而这主要是指数理逻辑的发展。相对于传统的形式逻辑而言，数理逻辑将逻辑的推演过程、规则完全形式化了，它进一步实现了证明和计算的规范化、精确化，其中主要包括了命题演算和谓词演算。对于命题演算而言，在逻辑学上它主要关注于如何通过逻辑关联词来实现对于复杂命题的构造及其实现的方式，而对于谓词演算而言，它主要是试图将命题的结构进行分解，最终将其区分为量词、涵项式和联结词等成分，在此基础上展开进一步的推理。可以看出，数理逻辑在使自身更加科学化、精确化的同时，也符合了哲学对于这一工具所寄予的科学性期望，最终使得哲学成了一种“逻辑分析的活动”。

对于罗素来说，哲学问题之所以有意义的基础就在于，它是否可以被作为逻辑问题加以考察，而哲学就等同于一项应用逻辑分析的方法来进行对象解释的活动。在这一点上，罗素可以被看作是逻辑实证主义语义学思想的先驱，“现代分析经验主义……的方法和科学的方法相似……许多古来的问题是完全可以解决的”①。罗素认为，相对于日常语言的模糊性和在意义理解方面的混乱而言，现代数理逻辑的方法可以通过对概念的进一步澄清和逻辑规则的精确化“校正”，来建立一种规范的、具有科学性的语言系统，这样就可以最终实现对于哲学问题的解决。对于罗素的逻辑原子主义思想而言，其中最为核心的地方就在于，世界并非由独立的单个物体组成的，而是由事物之间的复杂关系构成的，哲学所要完成的任务就在于采用逻辑分析的方法，通过对复杂性命题的分析而达到对于世界事实的掌握。也就是说，世界的事实和命题的符号结构之间存在着对应性，在世界的事实之中存在着具有简单性的事实——原子事实，而作为其表征的命题就是原子命题。在这里，罗素认为为了实现对于世界事实的分析，我们必须具有一种相对应的由规范的语言形式所构成的命题，这种语言在逻辑上必须具有充分的“自洽性”和完善性特征。

总体上来说，由弗雷格和罗素所开创的语义分析的逻辑主义传统，最后由维特根斯坦作了纲领性的总结：“语言的界限意味着我的世界的界限……世



---

① B. 罗素著，马元德译. 西方哲学史（下）. 北京：商务印书馆，1982：395.

界的界限也是逻辑的界限。”[①] 在维特根斯坦看来，日常语言是不可靠的，而逻辑命题则是与世界紧密相关的，“命题是现实的形象”[②]，哲学的主要任务就在于对命题进行逻辑分析，而命题必须符合逻辑句法，这样我们就可以确定命题意义的一般表现形式。在此，维特根斯坦通过他具有深邃力的洞见和具有广泛影响力的表述，鲜明地为逻辑主义纲领的解释作出了最佳的说明。

## 三、科学语义学“现代性”研究的特征

在驱散了笼罩在哲学头上的危机和阴影之后，由哲学的“语言学转向”所带来的语义分析方法开始了全面的推进和发展。然而，从根本上来说，逻辑实证主义尽管“唤醒”了对于这一重要问题的研究，然而它却未能真正解决语义学理论发展过程中迫切需要解决的一些问题，而其根源则是与逻辑实证主义的语义观相关联的。逻辑实证主义在强调逻辑语形构造的同时，对于意义理论的研究采取了“搁置”的态度，这导致它最终没能完成推进语义学理论完善化和科学化的历史任务，“我们不应问这个对象符号有何意谓，而要问哪些包含这个对象符号的语句是真的”[③]。

（1）命题逻辑分析与经验证实原则的陷阱。相对于传统的实证主义和经验主义，以石里克（M. Schlick）、卡尔纳普等人为代表的逻辑实证主义采用了数理逻辑的分析工具，而传统实证主义的经验感觉基础则换成了对于语言形式、结构的精确分析。事实上，罗素早就发现，在采用类型论解决了逻辑悖论之后，逻辑是可以拥有适当而又可靠的基础的。同时，在对于语言表达式进行逻辑演算和推理的过程中，真假的判断便具备了自然而又合理的基础。在逻辑实证主义看来，句子的意义就等同于句子的构造规则，而命题的意义就存在于证实它的方法之中，“命题借助于逻辑的脚手架来构成世界”[④]。在这种意义的划界理论看来，一个命题如果不具有逻辑上的可证实性，它本身就是没有意义的，对于这样的命题我们应该坚决地将其抛弃掉。也就是说，我们首先需要询问的是一个命题是否有意义，在此基础上我们才能够继续追问这个命题的真理性，这样意义就与真理之间便具有了内在的关联性。对于维特根斯坦而言，语言可以作为经验事实的一种陈述，它

① L. 维特根斯坦著，郭英译．逻辑哲学论．北京：商务印书馆，1985：79.
② L. 维特根斯坦著，郭英译．逻辑哲学论．北京：商务印书馆，1985：38.
③ R. 卡尔纳普著，陈启伟译．世界的逻辑构造．上海：上海译文出版社，1999：286.
④ L. 维特根斯坦著，郭英译．逻辑哲学论．北京：商务印书馆，1985：40.

本身应该被限定在经验的范畴之内，而作为经验事实表述的命题，它必须得到逻辑上的证实，即具备逻辑上的可能性。这样，经过逻辑证实的命题就具备了逻辑上的真理性。对于逻辑实证主义的经验证实观所存在的缺陷，奎因已经作出了令人信服的反驳。在奎因看来，分析真理与综合真理并不是完全“绝缘”的，两者之间事实上存在着可沟通和可依存的管道，而这恰恰是逻辑实证主义经验证实原则所依赖的重要基础。在这里，分析真理与综合真理之间的关联性特征同时也表明了理论与事实之间在认识论层面上也是相互渗透的，这样语言作为理论、观念的表征，就很难在经验上得到具有完备性的证实。

（2）语义循环的背景论与“形而上学”性的拒斥。在逻辑实证主义看来，传统哲学当中的很多问题都是没有意义的，都是假问题，它们都源自于对语言的误用。也就是说，在传统的形而上学命题之中，或者包含着某些没有意义的概念，或者这些概念之间的构造和关联违反了句法的规则，因此它们并不能成为有意义的命题。因此，逻辑实证主义认为通过对传统形而上学问题的消解，我们就能够真正地摆脱形而上学对于科学研究的影响，解决哲学危机，从而开创统一科学的美好愿景。我们知道，逻辑实证主义将命题区分为分析命题和综合命题，对于分析命题的意义我们可以采用逻辑规则演绎的方式来对其加以确定，而对于综合命题我们则可以采用证实性的原则（或者如卡尔纳普的可检验性原则）来加以确定。在这里，由于形而上学命题并不属于任何一种命题的形式，因此它是无意义的。从命题的这样一种区分方式来看，逻辑实证主义的理论起初是为了对传统形而上学问题的非科学性和抽象性进行应对而提出的一种策略。然而，这样一种策略却导致了对于传统形而上学命题的直接放弃，其潜在的认识论背景就是认为理论的形而上学背景与语义学论题的解决根本无关，由此哲学的“宏大叙事”旨趣，以及关于事物的总体世界观背景和本质理论就变得无关紧要了，哲学成了一种只是从事知识和语言分析的活动。



事实上，理论或者命题的本体论基础及其“形而上学”背景不仅能够渗透到意义理解的过程之中，而且在某种程度上也决定了语义学的发展路径选择。当然，我们也必须承认，在语义的真理方面，确实存在着不依赖于形而上学的逻辑形式真理，然而在意义的讨论过程中却必然会伴随着某种形而上学前提的揭示。也就是说，在理论的语义学分析过程中，意义的理解是其中的重要内容，而一旦涉及“意义”，就必然会导致“意义的丰富性存在着形而上学预设的基底"[①]。对于真理问题的理解而言，它在逻辑上表示为真值，其本质上所反映的是语言、命题与对象、世界之间的一种关系。因此，逻辑上的真尽管有其抽象性的一面，但是它客观上还是与哲学家求解本质和实在等形而上学的论题具有间接的关联。从语义学分析与形而上学问题研究的关联性来看，尽管逻辑实证主义的意义划界理论最终选择了对于形而上学问题的拒斥，例如，卡尔纳普认为，"形而上学不是间接地根据作为符号的概念而是要直接地通过直觉来把握它的对象……形而上学不是科学"[②]，但是这并不意味着语义学研究在对形而上学问题解决过程中的无效性。就语言与命题而言，它能够作为对于事实进行陈述和刻画的一种方法，并且使得我们能够揭示出由真值所表征的作为实在的形而上学意味。因此，在语义学研究的过程中，由于语言是一种对于世界的符号表征，对于意义的解释和说明就成了语义学研究的重要任务。

对于逻辑实证主义的意义证实原则而言，它本身就带有强烈的"形而上学"色彩。其原因就在于，逻辑实证主义所倚重的经验事实性证明无法证明证实原则本身，它本身并不能如综合命题一样给予我们经验事实。在此问题上，逻辑实证主义的态度是模糊而暧昧的，以至于逻辑实证主义的先驱维特根斯坦也认为，"世界是事实的总和，而不是物的总和……在逻辑空间中的事实就是世界"[③]。另外，逻辑实证主义所强调的经验事实并非绝对的、不变的、永恒的，它本身是处在系统的、相互作用的知识理论网格之中的。从这一点来说，形而上学的信念和本体论的认识必然要渗透到语义学理论的构造、解释和说明的过程中，而经验的观察与作为整体的理论是不可分割的，因此逻辑实证主义所谓客观性的标准和科学性的证明在本质上就是相对的、有条件的。一句话，作为经验的意义具有"形而上学"的整体基础性背景，价值无涉和客观中立的科学原则本身就是不成立的，这一点不仅被后分析哲学时代的科学哲学家们所普遍认可，而且也已经成了当代语义学理论研究的一种广泛共识。

（3）指称语用的排斥与语义结构的静态特征。以逻辑实证主义为代表的分析哲学普遍强调语词的指称就是语词与其所对应的非语言的外在对象之间的一种关联。也就是说，语词的指称及其意义与主体、语用没有任何关系。





① 郭贵春．科学实在论教程．北京：高等教育出版社，2001：226.

② R. 卡尔纳普著，陈启伟译．世界的逻辑构造．上海：上海译文出版社，1999：329.

③ L. 维特根斯坦著，郭英译．逻辑哲学论．北京：商务印书馆，1985：22.

事实上，无论是逻辑实证主义的先驱弗雷格、罗素、维特根斯坦，还是逻辑实证主义的代表人物卡尔纳普、艾耶尔和石里克，他们所追求的都是一种对于所研究对象静态的说明和解释，因此他们并没有过多考虑在语用和语境之中的因果性、历史性特征。对于逻辑实证主义而言，科学命题也并不能够体现为一种对于发展的、动态的事实结构的认识。相反，命题的逻辑分析体现为对于事实的一种断定和证实，而这种经验主义的认识论与当代的科学认识论是完全不符的。例如，无论是摹状词理论，还是语言图像论，本质上都是对于世界事实的一种刻画和描述，它们所希冀的是建立起一种语言与实在之间的同构性关系。从这一点上来看，逻辑实证主义的指称理论是以追求确定性为目标的，然而这种立足于弗雷格式的“内涵-外延”区分并不能适应具有丰富内涵的语用实践。例如，在意义与指称之间的关系上，逻辑实证主义所主张的是意义决定指称，也即每一个语词的意义和指称都是确定的，而其语义学理论分析的“静态”性特征突出地体现在其“意义等同于真值条件”的核心观念之中，因此“静态语义学的基本概念是‘信息的内容’”[①]。从语言在人类世界之中作为交流和理解的本质来看，语言表达式的意义是不可能超脱于世界而在抽象的逻辑形式规则中单独存在的，因此作为意义理论之中重要内容的指称——逻辑规则的语言表达式与其所指对象之间也必定具有相对性和非确定性。



对于逻辑实证主义这种“指称语用”的缺失，我们可以从语境论的视角来进行理解。我们知道，语境是由“语形、语义、语用”所构成的整体关联性结构，其中语形、语义和语用分析都不是孤立存在的，而是彼此之间存在着相互关联的边界。尽管我们说逻辑规则可以具备语形和语义的统一特性，而语义分析在相关科学理论的真理性解释过程中也发挥了重要作用，但是这种语义分析的过程本质上是与“语形-语义”相关的推理和论证过程，而对于理论的分析是借助于“语形”的构造而实现的。因此，逻辑实证主义这种内在论的语义分析，从根本上来说是拒斥语用的关联特性的。不言而喻，正是语境系统之中的“语用”层面为指称带来了丰富性和多样性，这是逻辑实证主义理论指称单一性和绝对性的根源所在。同时，指称的不同层面之间具有内在的关联性，而逻辑实证主义所强调的是“概念符合的‘构造-构造关系……语形关联’”[②]，它所缺失

① 郭贵春．语义学研究的方法论意义．中国社会科学，2007，3：80.

② 郭贵春．科学实在论教程．北京：高等教育出版社，2001：226.

的是“‘构造-行为’关系……语用关联”[①]。我们知道，理论的意义与指称之间是紧密相关的，而指称的确定与意义的明确也具有深刻的内在关联。对于理论的意义而言，它不仅需要由“语形-语义”所展开的分析方法进行规范性的解释、构造和说明，而且更重要的是，它需要借助于由“语义-语用”所展开的分析方法来实现意义的相对确定性。因此，一方面，逻辑实证主义的这种“指称语用”的缺失恰恰意味着其在意义理论方面所存在的理论空白；另一方面，逻辑实证主义的这种“语形-语义”分析的典型特征，很明显也是由指称“语用”的缺失和意义理论的不完整性所导致的。

## 四、科学语义学“现代性”研究的本质

逻辑实证主义的语义学理论充分暴露出了其在本体论和认识论方面的片面性、扭曲性，然而其产生与发展的根源却并不是偶然的，它与西方哲学史上的极端理性主义和科学主义思想之间存在着深刻的关联。

（1）真理符合论与认识反映论的消极性。逻辑实证主义的语义学理论具有客观主义的思想基础，这种客观主义即表现为真理的符合论和对应论。事实上，早在古希腊时期，亚里士多德就曾经指出，事物的真理应该与事物的实际情况相符合。在这种思想看来，命题的意义源自于世界之中的实在、事物，而思想就是一种纯粹符号的推演和操作。对于逻辑实证主义而言，如何对科学知识进行证实和辩护是其一项重要的任务，这从根本上就表现为认识与实在的反映问题。在科学理论的认识过程中，认识本身及其认识方法都具有客观性的特征，而真理的依据或者说其客观性的基础就在于外界的事物、实在。同时，在具有科学性的经验证实方法的基础上，逻辑实证主义在主观上认定了科学进步的累积性和无限性，而“逻辑-数学”的方法则是这种精确对应性的保证。在真理的符合论看来，真理就是理论、命题与实在之间的一致性，而在逻辑实证主义的视野中，真理的符合问题是与命题意义的确证问题相关的。因此，对于罗素来说，真理就是信念的一种特性，如果与信念相对应的事实具有实在性，则信念为真。同时，早期维特根斯坦思想之中的反映论和符合论特征也非常明显。在他看来，理论命题就是世界事实的一种图像式反映，世界的基本事实构成了关于世界的“逻辑图像”，也就是说命题和语言在结构上具有与事实的对应性和同构性，“命题是像我们所设想的现实的

① 郭贵春．科学实在论教程．北京：高等教育出版社，2001：226.

模型"[1]。我们可以看到，从罗素到维特根斯坦再到后来的卡尔纳普等人，他们在关于命题理解的基本思想方面是一致的，这种思想的核心就是认为命题分为不同的等级和类型，对于复杂命题我们可以将其还原分析为简单命题，而分析命题则具有先天的真理性。其中，最为基本的是原子命题，而与原子命题相对应的就是原子事实，"那发生的东西，即事实，就是原子事实的存在(das Bestehen von Sachverhalten)"[2]。这样我们可以看到，逻辑实证主义通过这种命题的构造，最终实现了命题与事实的符合，而命题则通过逻辑分析成了一种对于事实的反映，"命题是对原子事实的一种描述"[3]。例如，卡尔纳普认为，感性经验基础上的命题具有真理性和科学性，这就是观察语言，它能够与事实直接相符。总体上来说，尽管逻辑实证主义的真理符合论和认识反映论思想在哲学史上具有了崭新的表征形态，然而它在貌似"科学性"的外表之下，仍然难以摆脱其固有的缺陷和问题，这导致其表面形式精致的体系构造和统一科学的宏大目标从一开始就在理论方面纠缠于与其"原罪"的抗争之中。这里的根本问题就在于，从思想到命题语言，再从命题语言到实在，这之间存在着主体作用、语用条件，以及其他语境因素的多重作用。也就是说，形式语言，特别是自然语言，它们与世界之间的关系并不是一一对应的，而是具有特定的相对性，它们的意义具有在语用语境之中的具体性和构造性，这是逻辑实证主义的真理符合论和反映论留给我们的最大思考。



（2）语义的心理表征与认知结构的缺陷。从逻辑实证主义的语义学理论来看，语义学的"现代性"研究在脱离了早期心理主义的泥潭之后，对其"矫枉过正"，从此走上了一条客观主义和纯粹科学主义的发展路径。特别是在对于逻辑学及其规律的本质认识中，新兴的数理逻辑一直标榜自身具备经验的客观保证性和完善性，因此它能够担当起哲学的科学分析工具这一重任。于是，一切有关主体的和心理的相关要素、作用就被排除在了语义学分析的形式体系之外。然而，当代哲学的发展已经证明了逻辑实证主义这种立足语言"自解式"的意义理论方案无助于问题的解决，在语义学的分析过程中，一切心理的、认知的和语用的因素必然要渗透进来。因此，意义本身也并非一种形式规约的结果，而是作为包括心理因素、机制在内的整体语境链条上

---

① L. 维特根斯坦著，郭英译．逻辑哲学论．北京：商务印书馆，1985：38.

② L. 维特根斯坦著，郭英译．逻辑哲学论．北京：商务印书馆，1985：22.

③ L. 维特根斯坦著，郭英译．逻辑哲学论．北京：商务印书馆，1985：40.

的一种“纽结”。

具体来看，在如何理解心理、意向特征在语义分析过程中的作用这一点上，心理主义和逻辑实证主义分别走向了两个极端。心理主义试图将“意义之源”奠基于不可捉摸的内在心理空间之中，一切有关意义的解释都必须以心理为原点而展开。相反，对于逻辑实证主义来说，迫切地追求“科学性”主张的立场，使其无暇对心理主义进行全面的总结和认识，它采取了简单的“抛弃”策略，从此就走上了另外一个极端，为此卡尔纳普认为“意向性关系……即一个经验（或经验成分）和一个实在型结构的次序之间的关系”①。事实上，布伦坦诺（F. Brentano）早就已经提出了命题态度的心理状态问题，并且通过具有“指向性”特征的意向心理状态的揭示，使得“心理分析”这一具有模糊性特征的分析方法重归于哲学研究的视野之中。此外，对于命题态度而言，如何对其语义特性进行合理而恰当的说明，是我们所面临的一项重要任务，而对于命题态度语义特征的把握，也可以使得我们更好地实现对于意义的理解，“命题之间的语义关联和心理状态之间的因果关联具有内在的一致性和同晶性”②。对于意向性的本质而言，它是与形式的符号表征之间存在关联的。因此，对于语义心理状态问题的研究并不等同于心理主义的极端化解释，而科学的心理学研究应当“把类似于命题态度这样的心理状态列入科学研究，以说明科学的行为”③。在这里，对于人们普遍质疑这种命题的心理意向性分析是否会重蹈心理主义的覆辙，意向性问题的研究者将其与实在论立场和自然主义趋向关联起来，认为内在的心理语义分析必须借助于因果作用而具备认识论上的自然性特征。

不言而喻，逻辑实证主义的语义学分析路径有意地回避了“心理分析”这一问题，这与其所持有的世界观背景不可分割。但是，规范语义学从来都不是与自然语言语义学截然对立的，而一旦进入自然语言之中，心理观念的意向性分析就成了一项具有必然性的选择。因此，逻辑实证主义的语义学缺陷充分启发我们在语义学的研究过程中，必须对意义与心理之间的关系给予充分和全面的关注，这是构成语义学科学方法论体系的一个重要方面。对于当代的认知语义学而言，语言的意义就是命题或者陈述在心理空间之中的一种“投射”，语义是基于概念化的程序、过程来进行把握的，这样就打破了真

① R. 卡尔纳普著，陈启伟译．世界的逻辑构造．上海：上海译文出版社，1999：293.

② 郭贵春．语义学研究的方法论意义．中国社会科学，2007，3：84.

③ 郭贵春．科学实在论教程．北京：高等教育出版社，2001：118.

值条件对于语言意义的绝对关联性链条，真值不再单纯是语言与世界之间的一种对应关系，而且还是作为整体的认知结构与世界之间的一种关联特性。由此，意义也不再是一种确定性的存在，而是成了一种由主客观因素所参与的构造过程。从认知语义学的视角来看，逻辑实证主义的语义分析策略是简单的、粗暴的，同时也是难以持久的，它与人类作为整体的认知过程是不相符的，因此它在语义的心理表征与认知结构方面的缺陷也注定了它日后崩溃和解体的命运。

（3）理性方法论的还原与二元对立的世界观。逻辑实证主义的一个典型思维特征就是，认为我们必须依据逻辑法则，采用基本的、原子的理论命题对原初理论命题进行还原。从本质上来说，还原是科学研究的基本方法和目标，而与其相反的就是“反还原”的立场和倾向，为此在意义的证实论（实在论）和意义的整体论之间一直存在着激烈的论争。在这一点上，奎因的意义整体论将命题看作是属于系统性和结构性的命题链条之中的、整体网络命题之中的一种非独立性的存在。我们知道，在科学理论的逻辑结构中，由概念和命题构成了内在的逻辑关联，作为其表征的语言表达式使得命题和概念具有了客观性的内容，一旦语言结构被证实具有了逻辑的可能性，命题的意义就能够被确定。为此，罗素采用“亲知知识”的区分来为知识确立经验感觉的可靠性，而卡尔纳普则认为应该用符号逻辑重构概念和命题的统一系统。在这一过程中，概念的构成具有复杂性和层次性，这就需要我们采用“语义上升”的还原技术对其加以分析。在这里，逻辑实证主义认为，通过将理论语言还原为观察语言，可以为科学建立起具有统一性和标准化的语言，而理论语言则可以经由观察语言而得到解释。正是在这一点上，奎因认为，“每一个有意义的陈述都可以被翻译为一个关于直接经验的陈述”①。

在理论的推进过程中，逻辑实证主义严格而纯粹的还原论意义理解方式很快就遇到了困难和障碍。对于命题本身而言，很难在经验层面上寻找到对其完备而明确的证明途径，而逻辑实证主义语义分析的基础就是主观经验主义的逻辑本体，因此，语义分析的可观察性证实标准本身就是一种不可能性的存在。对于艾耶尔来说，他发现其原先所期望的经验命题，即观察命题对于理论命题意义的支撑很难实现，其原因就在于观察性的经验标准并非在所有情况下都适用。为此，艾耶尔基于对严格逻辑语义分析的反思提出了变通



---

① W. 奎因著，江天骥译．从逻辑的观点看．上海：上海译文出版社，1987：36.

性的解决方案，"'可证实的'这个词项的'强意义'与'弱意义'的区分……如果经验可能使它成为或然的，则它是在弱意义上可证实的"①。也就是说，我们可以将意义的证实性区分为实在的可证实性和理论上的可证实性，除了经验事实的保证，只要在逻辑层面上命题可被证实，我们就可以断定一个命题有意义，"证实原则本身从未得到适当的阐明……至今仍未得到逻辑上精确的阐明"②。可以看出，这种语义分析的路径实际上是对逻辑"强纲领"在策略上某种程度的让步。正是从这一点上来说，艾耶尔声称存在着"强的证实性"和"弱的证实性"原则是有其充分而明确的理论诉求的，在他看来强的证实性决定了命题的意义是否存在，而弱的证实性决定了命题的真假赋值。在这里，艾耶尔实际上是由逻辑的主观经验陈述自发地向约定论倾向进行了内在的转换。

总体上来看，逻辑实证主义的意义证实理论为概念的逻辑推理和分析提供了理论可能性，从而走向了历史上笛卡儿式的二元论。这种二元论思想的一个典型特征就是，认为我们需要通过合法而可靠的途径去寻找值得信赖的认识论基础。这种思想在卡尔纳普物理主义语言的构造过程中达到了顶峰。从语义还原论的视角来看，真理的反映论、符合论在本质上也是其表征和与其相应的一种形态。从其理论的历史发展来看，逻辑实证主义的这种语言还原论思想后来不仅遭到了以奎因为首的哲学家们的批判，而且也广泛地引起了人们对还原论根源的彻底反思。其原因就在于，还原论思维本身的合法性是值得商榷和怀疑的，无论逻辑实证主义如何反驳和为自己辩护，关于不同的理论命题系统之间是否具有"可翻译性"，或者说它们对现象的解释是否具有可通约性，以及理论与经验之间是否存在着多维的沟通路径，这些问题都值得我们认真地加以反思。

## 五、"结构"语义学的"现代性"内核

结构主义的语义学本质上也属于现代语义学的范畴，其根本原因就在于，结构主义语义学与逻辑实证主义语义学一样，仍然是一种静态的、内在论式的语义学。例如，结构主义语义学尽管强调语词意义在语词系统中的依赖性和非独立性特征，并且认为语词意义只有作为语言系统的整体成分、要素时

① A. 艾耶尔著，尹大贻译．语言、真理与逻辑．上海：上海译文出版社，1983：35.

② B. 麦基著，周德明、翁寒松译．逻辑实证主义及其遗产．国外社会科学，1987：7：43.

才能够凸显出来，也就是说“意义在于结构……没有结构就没有意义”[①]。但是，我们必须看到，结构主义语义学的这种意义理论所强调的意义存在的条件性特征仅仅限于语言结构内部，而与语言结构的外部因素是毫无关联的，其最终结果就是导向了形式化的符号分析。很明显，结构主义的这种共时性意义理论是僵化的、静态的、封闭的，它没有考虑到丰富的语用情态和整体语境的背景作用。更为重要的一个问题在于，结构主义的语义学在关于语言的世界观和认识论路径方面与逻辑实证主义语义学具有惊人的一致性。结构主义语义学同样把内在的语言——思维结构看作是一种对于语言外在结构的决定性因素，而语言的外在结构则是其内在结构的表征和反映。特别是结构主义语义学强调对于语言深层结构的把握，认为通过对这种语言深层结构的本质进行认识，我们最终就可以实现对于现象的整合与统一。例如，索绪尔（F. Saussure）强调语词的能指和所指之间的差异性，能指是意义存在的基础，而所指则是具体的意义表征，在他看来两者之间并不存在直接的关联。在这里，能指相对于所指来说更为重要，而语词的意义作为语言的内部机制和特征是与外在的文化、历史因素相互独立的。因此，索绪尔实际上是将语言的结构当作了一种封闭的关系，其意义理论的研究实际上只是一种语形结构的描述。我们可以看到，尽管逻辑实证主义语义学所坚持的是经验论的立场，而结构主义的语义学所立足的是先验论的认识立场，但是它们在热衷于建构模型、结构，并以此为基础而提出深具符合论、对应论色彩的语义分析模式方面是较为类似的。在这一点上，二者本质上都是一种笛卡儿式的二元论思想表征。[②]



总体上来看，由索绪尔所开创的结构主义的研究方法具有自身鲜明的时代性特征，这种最初源自于语言学领域的语义学研究方法在哲学层面上也产生了很大的影响。尽管如此，结构主义的语义学理论作为语义学研究“现代性”的集中体现之一，在 20 世纪后期仍然遭遇到了猛烈的抨击和指责。在结构主义语义学之后，后结构主义和解构主义的语义学理论完全颠覆了结构主义的“整体性”和“结构性”的世界观。在此，我们必须指出，结构主义的语义学尽管在其基本思维方式上未能避免二元论和“映射论”的狭隘性，本质上仍然属于一种微观的语义分析，但是它还是从多方面为当代语义学的科学方法论研究作出了贡献，例如，它所主张的先验整体的“内涵语境”分析

① 夏基松．现代西方哲学新编．北京：高等教育出版社，2000：613.

② 郭贵春．科学实在论教程．北京：高等教育出版社，2001：346.

是科学语义学系统方法论的有机组成部分。特别是在索绪尔那里，语义学的研究还是保持了一种开放和动态的思维。因此，结构主义的语义学在某种程度上是具有其合理性价值的，这是我们在科学语义学的方法论研究过程中需要重视和反思的一个重要方面。

## 六、语义学“现代性”研究的启示

从语义学“现代性”研究的总体特征来看，它与20世纪中后期的“后现代性”语义学研究，乃至于当代丰富、多维的语义学发展路径形成了鲜明的对比。无论如何，语义学的这种“现代性”研究都体现了从19世纪末语义学诞生以后，哲学家、语言学家们在科学理性和逻辑思维的引导下对于语义学的本质特征、存在基础及其发展方向的艰辛努力和探索。不可否认，这种语义学研究的“现代性”所暴露出来的问题和缺陷恰恰是19—20世纪在世界整体范围内，特别是在西方世界理性认识发展的一种必然归宿。

历史地来看，语义学作为一种学科性研究的地位迟迟难以确立，这是具有深刻历史原因的。一方面，意义理论是语义学研究的重点，而关于“意义”问题则恰恰最具复杂性和多样性，所涉猎的问题和领域也最为丰富，它涉及对人类语言、思维认识过程和对象关系的综合应用，在对于人类自身的认知、理解的机制尚未完全明晰之前，这一问题的研究始终处于认识的模糊地带。另一方面，在语言学的研究中，相对于语音和语法而言，意义问题作为一个具有广泛包容性的系统，其内部关系和结构最为隐蔽、复杂，而在哲学语义学的研究领域中，由于要处理逻辑、语言、认知等与语义相关的多维关系，这使得语义学的研究长期以来在其方法论的系统性方面一直处于停滞状态也就不难理解了。

就逻辑实证主义的语义学理论而言，它最为强烈地体现了语义学研究的“现代性”特征，它既为整个20世纪语义学的发展奠定了重要的基础，同时它也为语义学地位的确立和巩固注入了强大的动力，而它在语义学研究方面所取得的成就和教训则成了20世纪后期语义学批判的“标靶”和反思的对象。从某种程度上来说，20世纪后期语义学的迅猛发展，其根源就在于逻辑实证主义的语义学理论全面播下了语义学复兴的“火种”，并且从多方面启发了当代语义学的“后现代性”反思。当然，我们说语义学的“现代性”表征形态和特征是多样的，逻辑实证主义的语义学理论只是其中一种较为典型的代表。语义学研究的“现代性”所昭示出来的还原论、二元论的基本世界观和认识论广泛地渗透在同时期哲学、语言学的研究过程中，这是需要我们站在“后现代”和当代科学哲学的立场上加以仔细辨别和深刻审视的一点。

如果我们将语义学早期启蒙、诞生再到后来地位得到确立和发展的整体历史进行综合考察的话，我们就会发现，语义学的“现代性”研究其实在对于语义学的几个核心论题即意义、真理和指称等方面存在着很大的偏差和不足。在逻辑实证主义语义学之前，语言学和哲学领域当中的语义学思想不免零散和缺乏系统性，然而语义学研究方法的这种系统性和科学性，却并不简单地等同于将语义学研究的重点置于“语形-语义”结构之中的语形界面分析。因此，就语义学研究的视域而言，逻辑实证主义的主张不免过于极端和偏激，最终它并没有完成促使语义学地位巩固和确立的历史任务。就这一点而言，这充分凸显了语义学研究在方法论探索方面持久、艰难的发展历程，而“语义学从语法理论的边缘地位进入语言学研究核心，并逐步奠定进一步发展的坚实基础，始于 20 世纪 70 年代”[①]。因此，站在对语义学“现代性”反思的立场上，对于语义学问题进行科学的、全面的、立足于语言交流本质的方法论研究，理应成为当代哲学研究的重要课题。



① 郭贵春．语义学研究的方法论意义．中国社会科学，2007，3：77.

# 第二章

# 科学语义学的本质与内涵

关于语义学的基本内涵，塔尔斯基（A. Tarski）表述得非常明确："我们所理解的语义学是关于这样一些概念的全部思考……这些概念表达一个语言的表达式和这些表达式所指称的对象与事态之间的某种关系。"① 事实上，不同的语义学家在对语义学内涵的认识方面也存在着一些差异，例如，利奇和萨义德都认为语义学是一门"研究意义的科学"，而索绪尔则将语义学置于符号学的范畴之下进行考察。无论如何，自从19世纪末由法国语义学家布莱尔（M. Bréal）提出现代意义上的语义学概念"Sémantique"一词之后，语义学作为一种研究语言表达式及其所指对象之间关系的学问，能够使我们更好地理解世界、事实的本质，以及我们自身内部思维结构存在的形态与特征。这已经得到了越来越多的语义学家的认可，而各种具体的语义学研究方法和研究领域只不过是对于这一期望和认识的不同路径探索，因此语义学家们基于各自不同立场和倾向所展开的研究都从不同的侧面揭示了科学语义学的丰富内涵。在此，关于科学语义学的基本内涵，我们可以从两个方面来加以揭示或者分析。

首先，在宏观层面上，从"科学语义学"这一字面提法出发，我们应当对作为修饰语的"科学"与"语义学"之间的关系进行探究，弄清楚"科学

---

① A. 塔尔斯基著，孙学钧译．科学语义学的建立．哲学译丛，1991，6：66.

语义学”这一概念的真实含义，同时也必须明确“科学语义学”与语言学语义学、符号语义学和文化语义学等具体学科领域之中的语义学研究趋向、特征之间的差异。必须承认，我们首先是在科学哲学的视域中对语义学这一“古老而又年轻”的学问展开研究的，这一点是我们所有研究工作的前提和基础。另外，从语义学的研究对象和特征来看，它在哲学和科学研究当中的重要性主要是体现在方法论层面上。因此，我们对于科学语义学本质的揭示及其方法论的研究，是具有充分和必要的历史、理论依据的。由此出发，我们就能够明确为什么对于语义学的研究是从方法论层面上展开的，同时对于“科学语义学”这一内涵的揭示也能够使我们更加深刻地对科学语义学所涉及论题及其理论定位展开进一步的研究。

其次，在微观层面上，我们应当对科学语义学研究的理论基础、核心论题及其形而上学背景展开具体研究，这是构成和支撑科学语义学基本内涵的重要基础。从科学语义学研究的理论基础来看，语言学、哲学和逻辑学等学科领域都一直对语义学相关论题的研究保持着高度关注，并且作出了很大的贡献：语言学研究最早关注于意义和指称等语义学问题，这启发和引导了语义学的哲学研究；逻辑学使得理论的语形分析和语义构造有了更加规范和明确的基础，它是推动语义学在20世纪蓬勃发展的动力基础；人工智能和计算机理论的当代创新为语义学的发展提供了实践的重要领域和发展的广阔空间。从科学语义学研究的核心论题来看，意义、真理和指称等问题的研究无疑是科学语义学研究的主要对象，而对于意义、真理和指称等问题的科学性揭示，是构成语义学“科学性”内涵的重要支撑。同时，通过对科学语义学的关联问题及其形而上学背景的分析，我们可以更加科学、合理地对语义学的“科学性”内涵进行准确定位和判断。毋庸置疑，通过上述研究工作，我们相信可以比较全面和系统地掌握“科学语义学”的基本内涵，这为科学语义学的方法论创新与发展打下了坚实的基础。



## 第一节　科学语义学的理论前提

我们对于语义学理论的研究，是在科学哲学和分析哲学的基本背景中展开的，而作为语义学的“科学性”研究方向，势必要与“科学”和“方法论”两大主题具有密不可分的纠缠关系。为此，我们必须探究语义学的“科学性”

之内涵，同时也必须明确“方法论”之于语义学研究重要性的原因及其内在关联。

## 一、语义学的“科学性”要求

一般而言，“科学性”是指理论、概念、论证的逻辑性、明确性和完整性，而“科学性”的要求和原则是指理论、陈述、说明和解释应当遵循一定的程序和规范，其研究方法具有可操作的普遍性和有效性。因此，语义学研究的“科学性”要求是与“科学主义”的主张截然相反的，也就是说语义学的“科学性”要求是一种动态的、有条件的、相对的规范性，而“科学主义”则是一种绝对的、极端的和决定论的思想，这一点与主张“经验证伪”科学方法的波普尔的观点是一致的：“科学知识借助于尚未被证明的预言……在猜想和解决问题的过程中进步。”① 由此出发，在本书中我们所讨论的“科学语义学”，或者说语义学的“科学性”就意味着它本身是一种处于不断修正过程中的、动态的和发展的学问，我们认为这是对于语义学“科学性”进行理解和判断的基本要求。因此，本书中所讨论的语义学的“科学性”就意味着：第一，“科学语义学”这一范畴是指相对合理的、完善的和系统的语义学理论研究趋向与模型；第二，科学语义学的理论应当符合一般的“科学性”原则与要求，即明确性、完整性和有效性等特征；第三，科学语义学必须能够对于“意义”、“真理”和“指称”等问题给出恰当的解释与说明，同时也应当明晰与其相关的界域，并确定其恰当的形而上学本体论背景；第四，语境论思想基础上的语义学研究符合了语义学“科学性”探索的内在要求，是科学语义学发展的必然趋向。此外，实在论语义学与反实在论语义学的论争与借鉴，以及内在论语义学与外在论语义学的有机融合与统一，为语义学的“科学性”发展注入了强大的动力。同时，科学语义学在哲学的“解释学转向”和“修辞学转向”的过程中，以及在英美哲学传统与欧洲大陆哲学传统加强对话与融合的过程中，也不断地获得了新的启示与经验，这为科学语义学方法论模型的提出和发展奠定了重要基础。

为了对于“科学性”的本质和要求进行更加深刻的揭示，我们有必要首先从“科学”这一概念开始进行考察。所谓科学，也就是“以范畴、定理、定律形式反映现实世界各种现象的本质和运动规律的知识体系”②。对于“科

① Popper K R. *Conjecture and Refutation*. London：Routledge Publication，2002：xi.

② 冯契编．哲学大辞典．上海：上海辞书出版社，1992：1193.

学”而言，由于在16世纪以后源自于实验和观察的“科学”力量被无限地凸显出来，并且在自然领域和社会领域占据了尤其重要的地位，因此“科学”也就逐渐等同于“正确”、“客观”、“有效”和“可靠”，而人类一切的知识都被贴上了“科学”的标签，似乎这就是保证知识真理性的唯一路径。这种科学主义的认识论在逻辑实证主义时期达到了巅峰。20世纪后期，源自于逻辑实证主义的崩溃和对于科学主义狭隘性的强烈反思，以库恩（T. S. Kuhn）、波普尔和费耶阿本德（P. K. Feyerabend）等人为代表的科学哲学家们开始发起了向传统唯科学主义普遍科学观的猛烈批判，这使得“科学”不再无限制和绝对性地向一切认识领域泛滥，而是逐渐回归到了其本来面目，由此人类逐渐对于科学本身具有了更加全面、更具合理性的认识。当然，这种对于“科学主义”的批判并非要将科学本身置于万劫不复的地步，也不是要将科学完全抛弃，而是要将科学立足于人类存在的生活世界之中，将其作为种有“主体”参与的、与世界当中多种要素相互配合与协调的、在人类的整体和系统思维中发挥了重要力量的客观存在。事实上，这种对于科学“沙文主义”和“霸权主义”的颠覆，恰恰使得科学回归到了与其地位相适应的人类理性空间之中。当然，科学与非科学因素的共同作用、内在关联，并没有削弱科学本身的应用价值与存在地位，我们理应为“科学”注入更加丰富的内涵，这种内涵就包括了“价值”、“意义”、“合理性”等属人性的范畴。为此，我们必须清醒地认识到，“科学语义学”这一范畴实际上既非“科学”本身的语义学分析与考察，也非单纯地将语义学限定于传统狭义的“科学”范畴之中进行研究。正是由于这个原因，我们必须将“科学主义的”与“科学性的”区分开来，语义学的研究尽管不能重蹈逻辑实证主义的“唯科学”经验论的覆辙，但是它也不能否定逻辑法则、规律在思维当中的有效性，特别是定义、概念和推理等逻辑思维在语义学研究过程中的重要性。



此外，科学语义学的范畴有别于历史上语言语义学、纯粹逻辑语义学和各种以语义学为名称的文化、历史和社会的符号意义理论。我们知道，语义分析方法作为系统科学方法论的重要组成部分，在历史上哲学和科学理论的演进过程中潜移默化地发挥着作用，特别是在20世纪以来科学哲学和语言哲学的发展过程中成了理论解释和评价过程中不可或缺的一个重要方面。早在20世纪前期，塔尔斯基就提出了“在科学的基础上建立语义学”的问题，而语义学研究与“科学方法”也有着内在的关联，所谓科学方法就是“人们为获得科学认识所采用的规则和手段系统……科学方法既是科学认识的成果，又是科学认识的必要条件”[①]，这意味着语义学研究要在科学的方法论立场上进行深入挖掘。

我们认为，科学语义学的范畴蕴含着在语境论的背景中，在规范语义学和自然语言语义学合理张力的基础上，在正确处理意义与真理、意义与心理意向、语义和语用等问题的过程中所形成的动态的、规范的、结构性的语义分析理论。一句话，“科学语义学”本身意味着科学与人文的贯通、客观性与属人性的联结，以及它们之间的恰当张力，同时也蕴含了“合理的”、“完善的”、“具有发展前途的”等意蕴，这就为语义学的发展给出了全面而充分的发展空间，有助于我们对未来语义学的发展前途进行深刻的剖析与展望。因此，“科学语义学”的这一丰富内涵特征恰恰契合了当代科学哲学的发展潮流与研究趋势。

## 二、科学语义学的“方法论”特质

就方法论而言，科学语义学应该也只能在一种“方法论”的立场上才能凸显其研究的意义和价值。所谓方法论，就是“关于认识世界和改造世界的方法的理论……哲学方法论就是一定的世界观原则在认识过程和实践过程中的运动，表现为方法”[②]。应该指出，科学语义学研究的这种“方法论”定位是与其研究对象密不可分的。众所周知，意义、指称与真理是科学语义学研究的重要主题，而科学语义学的这些研究对象并非独立的学科分支与领域，而是与理论的分析、构造和解释具有千丝万缕的联系。20 世纪初的语言哲学和分析哲学虽然最终没能完成摆脱“哲学危机”的历史任务，但它所启示和强化的语义分析方法却成了留给在其之后哲学研究的最大遗产。20 世纪中后期以来，哲学研究沿着多维的发展路径得到了充分、繁荣的发展，而语义分析方法却如同血液一样，以不同的角度和方式弥漫、渗透到了哲学研究的各个领域、论题和立场之中，例如，语义分析方法的应用能够深入地考察理论、命题与其相对应的实在之间潜在的、具体的和结构性的内在关联，从而对理论意义的解释给出恰当而合理的说明；语义分析方法能够从句法和语义的双重层面上揭示出科学理论语形构造的系统性和统一性；语义分析方法深入而

① 冯契编．哲学大辞典．上海：上海辞书出版社，1992：1196.

② 《中国大百科全书》总编辑委员会．中国大百科全书（哲学卷 I）．北京：中国大百科全书出版社，2009：203.

全面地展现了人类对于语言的表达和理解能力，“语义能力是我们整体语言能力的核心”[①]。可以看出，语义学研究的触角是灵活而多变的，所涉及的范围和领域是丰富而广阔的，所具有的发展空间也是动态和多维的，这些特性为其“方法论”的研究提供了充分而坚实的保证。在此，本书所讨论的“科学语义学”即“科学的语义学”，而“方法论”本身就是语义学的主要内在特征，这样“科学语义学的方法论”就成了“科学的”、“语义学”和“方法论”三位一体的完整表述：“科学的”是对语义学研究的本质要求，而“方法论”则是语义学研究的基本内涵和特征。因此，恰恰是在语义学科学方法论的系统性、统一性和整体性方面，我们还需要继续研究和加以推进。

严格来说，科学语义学并不是传统意义上所认为的一门完整学科，它只是诸多哲学分析工具中较为有效的一种分析方法，只有在方法论的意义上才能凸显出科学语义学作为一种横向的研究方法在理论构造和解释中的重要意义。这种语义分析方法的横向扩展性就表现在它不仅紧密地结合了相关的具体学科，不断地从各门具体学科的发展当中汲取营养，充实和完善自己的分析视域，而且将建立在具体学科基础上所形成的统一和整体的分析思维贯彻到各门具体学科的本身实践当中，这深刻地体现了近代以来人类科学和理论发展的必然趋向。因此，我们将科学语义学的研究与发展定位在“方法论”的层面上，既是恰当的，也是合理的，这种源自于不同研究领域的方法论“凝聚”与“提炼”，最终还将被应用于各种具体学科、领域的发展之中。特别是在20世纪科学哲学的发展过程中，它作为一种有效的分析方法不仅被语言学、逻辑学、伦理学、计算机科学等学科所采用，而且将各种理论当中不同层面的问题整合与关联起来，为我们提供了对于世界解释和研究的崭新空间，并且成了哲学、科学理论进步的重要工具和动力来源。另外，科学语义学作为一种具有方法论性质的研究工具，其本身就建立在哲学、语言学和逻辑学等学科的方法体系基础之上，它吸取了各门具体学科研究方法的优势，始终保持着推陈出新的开放姿态，并且时刻关注着认知科学、计算机科学和人工智能等新兴学科的发展，从而为自己的方法论体系不断注入新的生机与活力。综观长期的语义学发展中哲学、语言学、数学和逻辑学等各种历史传统学科的渗透和融合，以及近代以来新兴的心理学、信息科学、计算机语言理论、脑科学等多种学科的交叉和



① Goddard C. *Semantic Analysis*: *A Practical Introduction*. Oxford: Oxford University Press, 2011: 1.

互动，其理论推进的深度和广度充分地表明了科学语义学在人类理性进步中所具有的重大的方法论工具意义。

## 第二节 科学语义学的理论基础

科学语义学的形成与发展并不是偶然的，对于语义学相关论题的研究，从历史上来看，几乎是在哲学、语言学和逻辑学等学科领域当中同时展开的，而在20世纪得以兴起和发展的各种新兴学科、交叉学科（例如，认知科学、计算机科学、人工智能等学科）之中，对于语义学相关论题的考察既是其研究的重要内容，同时语义学的分析方法更是成了一种它们不能回避的重要研究手段。

### 一、科学语义学研究的思想来源

必须承认的是，最早对语义学问题开始关注并进行研究的学科是传统语言学，这具有其内在的理论和历史必然性。在20世纪哲学的语言学转向之前，语义学的研究工作主要是由语言学家所展开的，甚至语义学的名称最早都是由语言学家加以确定并开始流传的，关于这一点在德语、法语和英语等不同国家的早期语言系统当中都得到了印证。例如，现代语义学的名称“Sémantique”的创立者即法国的布莱尔本人就是一名语言学家，而在德语中“Semasiologie”一词的创立者莱塞格也是语言学家。在更早的历史时期，语言学家们在对于语法、语音和词义的研究过程之中，自然地关注到了语言的意义、指称及真值等问题，但是他们从根本上还是侧重于对词汇与意义的关系，以及语词之间的内在结构进行研究。在这里还必须提到，符号学的意义理论是与语言学的意义理论之间存在很大差异的，符号学的意义理论所研究的对象泛指一切存在事物、对象的意义，而语言学的意义理论则明确以语言意义作为自己的研究目标、对象和内容。

在20世纪之前，语义学研究是混杂在哲学、语言学和逻辑学等研究内容之中的，然而即使是在早期的语言学当中，关于语义学问题的研究也没有得到重视，其主要原因在于语义学问题的模糊性和复杂性，使得主要从事句法、语音研究的语言学体系在语义学的研究方面长期停滞，已有的一些关于意义问题的研究也仅限于词义方面。另外一个原因在于，语言学本身作为一门科学学科具有实证性，在具体的研究过程中始终立足于研究对象的精确性、研究方法的逻辑性和严密性，而这恰恰是传统的语义学研究所欠缺的。正是在这一点上，利奇才迫切地呼吁与人文、社会因素紧密相关的语义学研究应该引入科学的研究方法——“假设-演绎法”，以使得语义学理论具备明确性、完整性、简明性、有效性和“客观的可检验性”。

语义学研究在语言学当中的弱势地位在20世纪后期得到了很大的改观，语言学的语义学开始逐渐关注于对自然语言的意义进行分析，其中包括了语义类型、结构、关系和特性等内容。当然，还应该认识到，对于语义学这样一种具有广泛学科交叉性的学问而言，语言学的语义学在研究过程中不可避免地要与上述一些颇具争议的问题进行正面交锋，而这些问题的解决，是在语言学内部不能单独完成的，其中的很多问题需要哲学、逻辑学等相关学科的支撑。我们也可以看到，在20世纪哲学蓬勃发展的时代背景下，语言学家们对于语义学问题的研究越来越多地借鉴了语言哲学的研究方法、技术和成就。也就是说，语言语义学的研究离开了对相关语义学问题的哲学反思和考察是不可能的，语言语义学自身的发展并不是孤立的，它与所处时代特定的科学、哲学理论背景具有密切关系。例如，在20世纪的语义学发展过程中作出奠基性贡献的一些学者，如索绪尔、利奇、乔姆斯基（A. N. Chomsky）、杰肯道夫（R. Jackendoff）等都具有语言学研究的理论背景，他们在借鉴同时期哲学思维方式和分析方法的基础上，从整体性、系统性方面力争把握语义学发展的脉络，并且对于语义学的合理性发展趋向提出了许多有益的观点，这一点需要我们倍加重视。同时，语言语义学的研究所取得的一些成果也为哲学语义学的研究提供了一定的理论支撑，这主要表现在哲学家们立足于具体的语言现象、规律和形态的分析，去解决相应的哲学语义学问题，甚至在某种情况下两者往往是纠缠在一起的，“哲学的语义学与语言学的语义学之间的这种结合特别宝贵”①。例如，20世纪日常语言学派的语义学家们就非常关注在认识论的立场上对于词汇和句子的研究，甚至陷于语言学研究的“琐碎”和“零散”当中不可自拔。



我们从现代语言学的发展来看，传统的语言学三大分支——词汇学、语音学和语法学已经逐步被句法学、语音学和语义学所取代。传统的词汇语义学重点关注作为语词单元的意义问题，以及语义的组合性和结构性特征，并

---

① P. 利科著，汪堂家译. 活的隐喻. 上海：上海译文出版社，2004：94.

且从历时态上研究词义的内在演变过程。在句法语义学兴起之后，句子的结构及其意义之间的关联就成了我们进一步研究的核心。从理论层面上来说，句子的语义要高于词汇的语义，而无论是词汇语义还是句子语义，都涉及对其结构性特征的分析，这就使得20世纪上半期到中期的结构主义语言语义学兴盛一时，结构主义语义学关注于语言内部成分、要素之间的结构性关系，认为意义的基础并不在于语言符号自身，而是语言符号之间的关联性作用。在此，我们需要指出的是，发端于语言语义学研究（例如，索绪尔最早将语言看作是语音与意义之间相互作用的内在结构）当中的这种结构主义思想扩散并影响开来，最终形成了一种颇具影响的结构主义哲学，进而从哲学的立场上促进了结构主义语义分析方法的形成，这也从另外一个侧面证明了语言语义学与哲学语义学之间并不是截然分隔的，“在当代语义学的研究中，将语言语义学与哲学语言学、语法意义与语境意义、文字表达与逻辑规则决然地区别开来是不可能的”①。其原因在于，哲学在本质上就来源于对具体现象、问题以及事物形态、特征的反思，因此语言语义学与哲学语义学在各自思想演进和理论实践的过程中，必然会在某些方面出现研究论题的交集、研究方法的接近、研究目标的一致性，这为语义学研究在不同学科领域当中的横断性方法论意义给出了最好的注脚。



## 二、科学语义学发展的动力基础

不能否认的是，语义学的兴起尽管最早是由语言学家们所提出和发展的，但是它作为一种具有相对独立性的研究论题的出现，却是与哲学的反思和研究密不可分的。语义学的哲学研究，或者说在哲学领域当中的语义学研究，对于语义学的发展，特别是对于语义学方法论的完善起到了至关重要的作用，这成了科学语义学发展的重要动力基础。哲学具有抽象性、思辨性和高度的概括性，这是它与其他具体学科的差别所在，反映在语义学当中就表现为哲学的语义学论题较之一般的语义学研究要更为根本、更为抽象和更具基础性地位。哲学家们对于语义学论题的关注，其目的不仅仅在于研究语言的各种现象类型和语法结构及其内在特征，更关键的是要通过与语言相关的意义考察，揭示我们对于自身和世界的本质认识。语言学家们的任务和目标旨在通过语言意义问题的研究更好地完善语言形式，确定语言的使用规则，促进我



① 郭贵春．当代语义学的走向及其本质特征．自然辩证法通讯，2001，6：8.

们对于语言更好地理解、把握和交流。而哲学家对于语义学问题的关注，更主要的是旨在理清借助于这种分析方法和工具，我们如何以及怎样才能达到对于心理、事物、世界、理论实体本质的认识。也就是说，哲学家们更多关注的不是语言变化的规律和形态，而是要追问意义的本质及其实现的途径、方式，是对隐藏在语言背后的人类思维、认识的深层研究，是一种有关于语言的元理论研究，这就构成了哲学语义学与语言语义学研究的根本差别，“对语言意义的逻辑基础、实现途径和解释模型进行综合研究的哲学语义学在现代语言学中愈来愈显示出其突出的地位”①。

在哲学语义学的研究过程中，我们所采用的研究手段和方法更多的是立足于哲学理性立场上的语义学问题研究，这就必然要涉及对于概念、指称及真理等典型的哲学论题展开分析。特别是哲学语义学需要追问的是意义的可能实现途径，并且从方法论上提出切实可行的方案来。在这种哲学语义学的研究过程中，有关本体论、认识论和方法论的论题被引入并反复地提及，同时各种模型化的解释和形式化的逻辑分析手段也被引入进来。另外，从语境的整体系统性来说，哲学语义学还需要对与语义问题相关的语形和语用层面进行研究，以更好地为语义学相关论题进行定位，并促进其方法论体系的完善。



我们从语义学研究的历史来看，在传统哲学当中对于语义学相关论域的涉足和重视并不比在语言学当中的相关研究显得薄弱，同时20世纪语义学的全面兴起和繁荣也正是在哲学的“语言学转向”大背景下实现的。19世纪末到20世纪初以来，西方哲学在摆脱了由数学、物理学和心理学等科学学科的发展所带来的危机和挑战之后，以语言问题这一视角为切入点，开创了新的研究方法、领域和阵地。从20世纪初至今，语言哲学的发展方兴未艾，而语义学的研究也真正地成了哲学领域当中的“显学”。其根源就在于，语言命题、表达式的分析作为一种对人的思维、认识进行研究的方法和中介，能够更为清晰地揭示出哲学问题的根源和本质，而哲学家们也普遍认为语义学分析方法的应用能够排除由语言自身的错误使用而导致的哲学困惑和疑难。以逻辑实证主义的语义学为例，尽管它表现出了与传统哲学截然不同的理论形态和面貌，并且在科学的立场上引入了复杂的逻辑形式化手段和策略，将科学的理性标准在哲学

① 郭贵春．当代语义学的走向及其本质特征．自然辩证法通讯，2001，6：8.

领域推向了极致，但是以其所采用的语义分析方法来看，其初衷恰恰是为了摆脱和解决由传统的本体论和认识论所不能解决的诸多问题。这充分体现出了其试图解决哲学“形而上学”问题的努力，这种哲学研究思想在各种具体学科当中产生了广泛而深入的影响。例如，逻辑实证主义将经验的可证实性确立为判断命题意义的依据和基础。这样，命题的真假＝命题的意义＝证实的方法。为此，逻辑实证主义认为，经验上的可证实性就等同于逻辑规则上的恰当性与合理性。这样，就使得科学的逻辑规则、形式等同于经验的意义。同时，在逻辑实证主义“统一科学”的哲学纲领之下，传统认识论当中的观念论、对应论所存在的问题自然得到了消解，语言符号的意义所具有的多维丰富的内涵也得到了揭示。通过研究逻辑实证主义语义分析对传统哲学命题“形而上学”性的摧毁和冲击，我们可以清楚地认识到哲学的语义学在推动整体的人类思维和认识论领域发展方面所带来的潜在的巨大动力和影响力。为此，石里克针对这种哲学的“语言学转向”所带来的巨大变革，颇具意味地把哲学看作是一种“确定或者发现命题意义的活动”。从思想、语言与世界之间的关系来看，传统上我们按照“世界（本体论）—思想（认识论）—语言（方法论）”这样的逻辑顺序来界定哲学的发展过程和路径，而在“语言学转向”之后，语言成了我们哲学研究的起点和前提，上述这种逻辑秩序变成了“语言—思想—世界”。这样，对于语言问题及其伴随的语言意义问题的探究，就成了哲学研究的重要基础。



总体上来看，如果把各种具体分支学科当中的语义学研究比作“船身”的话，那么哲学语义学的研究就可以被看作是“船桨”和“船帆”，它从哲学的抽象思维层面上对语义学问题展开具有高度概括性的全面探讨，这种探讨能够为各种具体的语义学研究提供具有学科基础性的方法论指导，使其能够沿着正确的发展方向前进，并为相关领域的语义学应用与研究提供思维方法的引导。例如，当代语义学的研究已经扩展到了生物哲学、计算机科学和人工智能等研究领域。对于这些研究领域当中的学者而言，哲学语义学研究的许多纲领性的著作和思想已经成为他们必不可少的参阅材料。我们在此所展开的一切有关语义学的讨论，也都是在哲学的基础和背景之下展开的。可以说，离开了哲学的语义学是盲目的、不可想象的，也是没有前途的。

## 三、科学语义学构造的基本保证

从20世纪语义学的整体发展来看，之所以取得了令人瞩目的巨大成就，其中一个重要的内在支撑就是现代逻辑技术的引入和使用。时至今日，尽管科学语义学的发展向着多维的发展路径快速前进，并且具有了多样的表征形态，但是逻辑模型的语义构造、解释和分析仍然是其不可回避的理论前提，而在我们随后所讨论的“语境论”语义学当中，逻辑语形的规范化推演也是处理语义学关联问题的必然选择。

在科学语义学的方法论研究过程中，逻辑学特别是20世纪初数理逻辑学的进步为语言符号的抽象体系表征提供了重要动力，而逻辑学的这种进步也为哲学的研究所吸收和采纳。对于哲学的语义学研究而言，逻辑学的进展使其找到了解决自身危机的有效方法论工具，从而使其认为能够在科学和精确性的基础上确立起自身的研究方向和目标，并且最大可能地消除传统哲学当中的困惑和“纠葛”。特别是哲学家们认为，逻辑学本身最大程度地体现了科学的规范化要求，这就是明确性、无矛盾性和可靠性。为此，如何像科学那样对哲学所研究的知识进行符号化演算和量化的解释，就成了哲学所面临的一项重要任务。与此同时，传统的经验论归纳思维也需要在世界整体的基础上进行逻辑的整合与分析，哲学家们认为逻辑学的规则和形式体系具有最大程度的科学性和真理性特征，因此它能够完成对于经验事实的“统一化”这一历史重任。这样，知识和理论的研究被具有严格形式的公理系统所取代，句子的成分则作为一种符号以算子的形式来进行推演，在句子真值条件的基础上，逻辑与意义之间就有了必然性的关联。例如，逻辑实证主义就将经验的可证实性等同于逻辑上的可能性，认为通过逻辑的演绎我们就可以推断命题的意义。从根源上来说，逻辑实证主义将经验的逻辑理性重构看作是保证其真理性的唯一途径。哲学家们认为，这样一种理解方式可以最大程度地聚合意义的各种表征形态，并且在此基础上保证理论和命题的真理性价值。从其历史影响来看，尽管逻辑实证主义统一科学的理性纲领最终失败了，但是它所号召的采用严格逻辑方法来对哲学命题、理论进行语义学分析的思维，仍然启迪着我们在科学语义学的研究过程中，对与语义相关的逻辑语形基础展开进一步的研究。

在自然语言语义学的研究过程中，句子的逻辑形式系统构建仍然非常重要，有关语言的意义和指称等问题在某种程度上可以通过逻辑语形的结构分析来加以解决。也就是说，语词和句子的意义依赖于作为整体的命题逻辑结构与关系，而语义理论的引入也使得逻辑语形的规范化推演具有了充分的适当性和明确性。因此，逻辑学的研究推动了哲学语义学的发展，这一点是非常确定的。

从语形与语义之间的关系来看，两者具有紧密的内在关联，而语形的规范化构造是与逻辑形式的表征不可分割的。语义表征的内容需要借助于语形的逻辑规范化构造，哲学家们认为这样就可以解决许多基本的语义学问题，例如，对于科学理论的解释就需要在哲学立场的基础上将语形和语义的分析紧密结合起来。对于逻辑语义学而言，它作为分析哲学和语言哲学当中的一种重要的理论分支，不仅仅在有关于意义外延层面的研究中取得了很大的进展，而且也对于意义的内涵意义研究作出了贡献。以塔尔斯基和卡尔纳普为奠基者的逻辑语义学超越了传统逻辑注重命题外延研究的片面性，拓宽了逻辑学的发展路径，从而使得哲学家们有可能将意义问题转化为语言的逻辑形式问题。

在科学理论的模型解释过程中，我们需要采用逻辑学的演绎规则以实现语法、语形和语义之间的有机统一。同时，在整体的模型结构中，相应的结构、功能、成分和要素与理论之间也存在着比照和应对的关系，这样我们就可以在语义分析的过程中把握理论自身在逻辑上的合理性程度，并且也可以在理论的真理与意义方面达成可沟通性和一致性。对于科学理论而言，作为其存在的是特定的语言表达式，这种表达式本质上是对于事物、现象的一种描述和刻画，它在模型建构方面具有高度的概括性和抽象性，其内在的形式系统构造力图实现语形的自洽性、完整性与语义的合理、恰当解释之间的平衡与统一。特别是在逻辑学的语义学之中，如何在真值条件的基础上合理地对理论的形式系统作出解释是一项重要任务。在逻辑系统之中，我们首先需要理清楚其中所采用的符号结构，其次我们也需要对这些符号结构、关系的句法进行研究，而最后我们还需要对句子和命题进行合理的语义解释、说明，也就是说句法、词汇和语义模型共同构成了逻辑系统之中的重要内容。

总体来看，不论是20世纪前期的逻辑实证主义，还是20世纪后期的计算和认知语义学研究，在其中逻辑分析的基础都是一项必不可少的重要内容，它为语义学的发展作出了重要贡献。因此，可以说语义学“现代性”的确立，其根本原因就在于逻辑方法和策略的广泛应用，这为语义学的发展提供了基本的理论保证，而在科学语义学的未来发展过程中，如何把逻辑学发展的最新成果整合进入语义学方法论的系统结构之中，这也仍然是需要我们倍加重视的一个方面。

## 四、科学语义学实践的重要领域

语义学的研究并不是空洞的、“形而上”的，它本身是一种科学方法论的研究。因此，语义学的研究也必然地会广泛地向一切人文和科学的学科、领域进行渗透，从而在各门具体的学科研究过程中体现出自身的意义和价值。特别是当代语义学的发展已经在各种科学理论的表征和解释过程中全面展开，这突出地表现在：一方面，语义学研究在相关的人文、社会科学领域当中得到了普遍的重视和应用，从而形成了历史文化语义学、产品语义学和社会语义学等具有特定研究对象的语义学分支，这表现出了语义学“泛化”的特征；另一方面，语义学分析方法在生物学理论、计算机科学理论和人工智能研究领域得到了采纳和应用，从而在各种具体的科学理论构建、解释过程中发挥了重要的作用。



文化语义学将语言本身看作一种文化现象的结构性内涵，而意义则是与其存在的历史、文化相互交织和影响的。在此方面人类学家和社会语言学家最早对语言的意义等问题进行了探讨，例如，英国著名的人类社会学家马林诺夫斯基就曾经关注到了意义在人类的交流和交往过程中所起到的重要作用。因此，文化语义学研究其中一个重要的出发点就是关注在人类传播、交流和交往过程中意义的转换、表征及其本质。文化语义学的研究注意到，不同的群体、种族乃至于社会，其语言、思维与其独有的历史文化之间具有不可分割的内在关联，语言既受制于文化的背景作用，同时又改造和影响着文化发展、前进的方向，因此语言既是文化的一种表征，同时也是文化的一种重要载体。在语言的系统构造和结构特征方面，文化语义学也发现了不同的文化和社会形态对于语言的使用具有一定的差异性，这集中反映了不同文化群体的思维特征和内涵。也就是说，“文化语义学……侧重系统探讨词语的民族文化语义特点，以及受民族文化制约的非理性意义的形式化分析手段”[①]。因此，文化和历史语义学实际上是要从文化与历史的共时性和历时性上去探讨语言及其意义的演变形态、规则，并且将语言置于作为整体背景的文化和社

① 吴国华，杨喜昌．文化语义学．北京：军事谊文出版社，2000：17.

会层面上进行考察，这种探讨对于民族思维方式、心理特征的理解是具有重要意义的。

总体上来看，历史文化语义学的研究与哲学层面的语义学“元理论”研究存在着一定的距离，但是两者之间也绝非是严格对立的。例如，在对分析哲学的狭隘性批判的基础上，西方的解释学传统立足于文本的历史与文化解读，强调意义理解的相对性和不确定性，这实际上是一种“后现代主义”的意义理解方式。另外，哲学层面的语义学理论始终启发和影响着历史文化语义学的具体研究，这充分显示了哲学语义学研究的引导性和基础性作用，例如，语言学家林书武就敏锐地意识到，“还应该从其他角度（例如从哲学的角度）来研究语义”[①]。因此，从历史文化语义学研究的对象和基本范畴来看，它与哲学的语义学研究在对于语言意义的本质，语言与世界的关系，语言作为符号的本质与规律，乃至于语言的认知机制等问题的研究方面存在着诸多交集。

与文化和历史语义学研究密切相关的社会语义学研究，关注社会因素在语言意义的形成、发展过程中所施加的影响和作用。与语言系统相比，社会机制是一种相对外在的基本背景，它在经济、政治和道德乃至于价值观等方面的变化与动态作用会间接地影响词义的结构和修辞。实际上，索绪尔关于“言语”之于“语言”的区分，就已经提出了语言在实际使用之中的社会性关联问题。因此，社会语义学的研究不仅要分析语言与社会的内在关联机制、规律与特征，同时也应该采用语言的事实、变迁的规律，来刻画外在的社会系统特征及语言的社会功能。

对于与意义和符号关系处理紧密相关的产品语义学而言，它为产品赋予了一定的符号性象征意义，将产品当作了一种人际沟通与传播的中介物，其目的就在于为产品消费的终端提供可能接受的意义，以实现产品推广的意图。在此过程中，产品作为结构的组成要素，必须具有一定的意义，其功能是通过产品的指称意义来实现的。从语义分析的视角来看，产品作为符号还涉及其语用的相关性，也就是说语义要受制于语用的整体作用，而产品内在的意义也应该服从于其外在意义的要求。我们可以看出，产品语义学实际上是将结构主义的思想与符号语义的理解与沟通进行了一种关联，它涉及主体在意义实现和构造过程中以语用活动

① 马清华．文化语义学．南昌：江西人民出版社，2000：4.

为基础的一种系统性工程。

此外，在生物学的基础理论研究过程中，出于对其理论语义结构解释的需要，语义分析方法也得到了深入的扩展。对于一些具有基础性作用的生物学概念而言，我们需要在生物学理论研究的过程中确定其意义并对其进行合理定位，而不同的生物学解说模型也为概念和结构提供了可供参考和借鉴的语境基础，"对理论本身进行语义分解……从而理解生物学模式作为一种不同于理化科学的特殊科学解释观的合理性"①。同时，一种生物学系统的复杂性和变动性体现在其信息的动态变化和容纳的过程中，这就使得基本生物学单元的意义变得不确定起来。因此，作为生物学理论整体系统的语义框架，意味着它有着向具有多维分析趋向发展的可能性。

在计算机科学理论和人工智能的研究过程中，由于传统的计算机理论基于句法特征的符号操作而缺乏相应的语义真理的推理可行性，相应的认知和意义分析开始被人们所重视和引入。与之相关联，如何对人类的认知模式和与意义有关的实体、属性进行理解，这是计算机程序语言的编程者们必须予以考虑的问题。人们希望计算机所操作的语言并不仅仅是简单的句法形式语言，而是应该将包括主体思维模式在内的语用因素贯彻在计算的语义理解过程之中。也就是说，我们要在计算的逻辑分析过程中加入具有整体性的和本体论意义上的语境模型。特别是对于复杂的自然语言系统而言，计算的处理过程必须将语形分析和语义分析恰当地结合在一起，以实现完整的意义"输出"。在这里，计算机科学和人工智能的语义学问题研究尽管目前仍处在一种探索的过程之中，但是它无疑为人类理解作为语言深层结构的认知机制和思维过程提供了更好的途径，同时也说明了"一种完备的语形与语义结构的关联存在，是揭示物理意义存在的前提"②。

总体来看，结合语义学研究在人文、社会和科学领域当中应用与实践的现状，我们应该认识到，一方面，语义学相关论题的研究在语言学，以及与语言学相关的研究领域之中始终存在，并且沿着自身独特的路径向前发展；另一方面，语义学作为一种方法论的研究是在哲学层面上得到提升和完善的，各种具体学科之中的语义学相关论题研究不仅在与之相关联的学科领域中具有一定的相通性和借鉴性，而且在哲学的方法论层面上也具有一定的统一性和交叉性特征。



① 郭贵春，赵斌. 生物学理论基础的语义分析. 中国社会科学，2010，2：15.

② 郭贵春. 语义学研究的方法论意义. 中国社会科学，2007，3：83.

# 第三节　科学语义学的重要论题

科学语义学的研究，并不是一种空洞的理论实体，而是一种在其内部存在着丰富内涵的方法论研究。从表面上来看，科学语义学是一种研究语言表达式及其所指对象之间关系的学问，而其实际所折射出来的是人们通过语言对于事物、世界及思想及其之间关系的认识。长期以来，在科学语义学的研究过程中形成了一些具有关键性的核心论题，这些论题在本质上都可以被看作人们对于科学语义学不同层面、特征进行认识的某种表征形态。

## 一、“意义”的关联性与丰富性

毫无疑问，意义问题是在语言学和哲学乃至于各种语义学的应用学科之中所谈论最多的一个主题，它既是在语义学的研究中最重要的一个问题，同时也是最为复杂和令人迷惑的一个问题，甚至于奎因也说：“至于意义本身，当作隐晦的中介物，则完全可以丢弃。”① 对其理论内涵不同角度、层面的解释和分析，形成了具有差异性的科学语义学理论模型，甚至于指称和真理问题在很大程度上也是与意义问题紧密关联的。对于意义问题研究所具有的这些特征而言，这既是科学语义学长期以来地位难以确立的一个重要原因，同时也是促使它在当代蓬勃发展并进而具有广阔发展空间和可能性的重要基础。

有关意义问题的研究广泛存在于哲学和语言学等学科的研究当中，同时也正是在这个问题上使得哲学和语言学等相关学科具有了可沟通的桥梁和纽带。从本质上来看，意义问题的凸显源自于人类对于语言问题的关注和重视，特别是源自于哲学的“语言学转向”所带来的巨大影响力。哲学家们之所以下大力气来在这样一个原本充满模糊性和不确定性的“茫茫荒野”② 中开辟路径，其根源就在于他们发现，恰恰是在意义问题的复杂性之中，蕴含着我们原来很少探索的、事关哲学自身生存与发展问题的重要动力因素。换句话说，意义问题处于哲学研究的“焦点视域”之中，它可以澄清一些哲学问题，并为相关问题的解决提供便利条件。

在意义的理解方面，语言学和哲学之中存在着诸多的争论。

① W. 奎因著，江天骥译．从逻辑的观点看．上海：上海译文出版社，1987：21.

② J. 利奇著，李瑞华、王彤福等译．语义学．上海：上海外语教育出版社，2005：2.

利奇从语言学的视角出发区分了七种不同的意义类型：理性意义、内涵意义、社会意义、情感意义、反映意义、搭配意义和主题意义，然而他始终坚持强调的却是“理性意义”，即“关于逻辑、认知或者外延内容的意义”①。

对于意义的直指论者而言，语词的意义是语词所指的实体或者对象。也就是说，语词与其所表征的事物之间存在着直接的关联性，而这种“关联性”就是“意义”。

对于意义的观念论者而言，意义就是作为语词与事物之间中介的思维观念，这种思想的实质就在于将语言完全绝对化和实体化了。

在意义理论的研究过程中，人们逐渐意识到，意义是可以被区分为不同的层次和结构的。例如，弗雷格区分了“含义”和“指称”，这实际上是对语言的内在结构意义和外指意义进行了区分。奥格登（K. Ogden）和理查德（I. A. Richards）关于由符号形式、所指对象和系统意义所构成的语义三角理论，实际上是将“意义”看作了一种包括意义存在的基础——语言形式，以及语言系统内在含义及外部指称等因素在内的综合体。

对于逻辑实证主义而言，由于意义是在能够判定真值的命题层面上来讨论的，因此意义就是可以证实命题的经验事实或者材料。



在逻辑实证主义意义理论的基础上，以塔尔斯基和戴维森为代表的语义学家将命题意义的可观察、可证实性标准推向了极端，从而形成了“真值条件语义学”，这种理论实际上是将哲学层面上的“意义”与逻辑学层面上的“真值条件”完全等同起来，从而认为句子的意义就是保证其为真的条件和要求，“真值条件语义学归根结底是通过说明一种语言的所有蕴含关系来解释意义的理论”②。

对于实用主义和以语用价值为导向的语义学家而言，语词的意义体现为其起作用的方式和效果。在这方面，维特根斯坦后期的语言游戏理论对这一趋向作出了较有影响力的说明和解释，而日常语言学派则将话语的意义与语用相关的言语行为关联起来。

此外，认知和意向主义者认为，意义就是讲话者心理或者意识当中的一种“指向性”活动和过程，在这种过程中意向活动与意向对象具有了关联性，因此意义就是这种意识活动中意向性的表现。

毋庸置疑，关于“意义”的诸多争论显示了不同学科背景和研究视域在

---

① J. 利奇著，李瑞华、王彤福等译．语义学．上海：上海外语教育出版社，2005：33.

② J. 利奇著，李瑞华、王彤福等译．语义学．上海：上海外语教育出版社，2005：111.

这一问题上的“投影”，这充分说明了意义问题结构的复杂性及其内涵的丰富性。为此，我们可以从几个不同的方面来进行初步的概括和梳理：首先，意义问题是与心理、社会和文化背景、因素紧密相关的，它具有相对的不确定性和动态性特征，而语义学研究当中的“语义”则将其关注的焦点放在理论的真值方面，它强调具有真值的语言如何实现其意义。因此，意义的内涵要比语义更为丰富，范围要更为广阔，语言和理论意义的实现本质上是在语境系统中作为一种具体性、历时性和条件性的存在。在这一点上，利奇对于“意义”的理解无疑是深刻的，他认为意义不仅要与语法联系起来，而且还必须与语用学联系起来，“这个理论（意义理论）必须是能说明语义描述性质的一个更有概括性的理论的一部分”①。无疑，利奇在此所提到的这种“更有概括性的理论”必然地指向了具有科学理性结构的语境论思想。其次，意义的理解和实现并非一种漫无边界的“泛文化”存在，它本身所依托和依赖的实体在于理论形式本身及其所提供的有限性内涵，因此意义在语境之中的构造也必须服从于一定的“规范”。最后，不同的哲学世界观背景和认识论趋向为意义问题赋予了多样的理解形态，然而这种意义问题的分析本质上是为其理论立场和基础作辩护的，它与其理论的解释和构造相伴随而存在并且渗透于其中，因此“意义”问题的研究在此就成了一种重要的方法论工具和手段。

在科学理论的解释过程中，理论和概念的意义天然地“大于”其指称，其原因就在于“意义决定了指称概念的内涵和外延”②。在语义分析的过程中，从能指到所指之间存在着包括表征形式和表征内容在内的多种系统要素、结构成分，这些要素和成分的不同聚合、分类关系就形成了相对应的不同意义内涵。也就是说，意义是在特定的语境系统之中相关结构和要素关联的表征形态。总体上来说，我们认为：①语言或者概念的意义不是独立存在的，它具有特定的形而上学背景，对于意义的恰当把握有赖于我们首先为意义问题选择理性的基础和背景。从当代科学哲学的发展现状来看，科学实在论和语境论是这种理性把握能力的必然选择，因此“语义学以言说对象为取向，形成‘本体论-语义’分析”③。②意义问题不是独立存在的，它在本质上既与句法结构的形式系统性具有内在的关联，同时也与外在对象的语用特征和社会性特征具有紧密的联系。也就是说，意义是在语形、语义和语用的关联

① J. 利奇著，李瑞华、王彤福等译. 语义学. 上海：上海外语教育出版社，2005：123.

② 郭贵春. 科学实在论教程. 北京：高等教育出版社，2001：227.

③ 殷杰. 语境主义世界观的特征. 哲学研究，2006，5：98.

性结构基础上产生和造就的，“语形的规范化推演要服从于意义的社会文化建构，而语义学的意义分析要深入到语形的规范要求中”[①]。③意义是与主体的理解和认知活动相关联的，是一种“属人”的活动和过程，意义不是僵化不变的实体和类型，而是一种建立在主体理解的基础上有主体参与构造的动态活动，这是关于意义最为核心的特征。

## 二、“指称”的动态性与非确定性

指称问题是语义学研究的核心问题之一，它关注于“所指关系”，即意图表明语言与事物之间是如何发生有意义的联系的，“在语义分析方法的具体展开和实现过程中，必然要引申出对科学理论术语的指称及其意义的揭示”[②]。因此，指称问题与意义问题密不可分，或者说两者是同一个问题的不同方面，甚至有人把指称理论划入意义问题的研究界域之中。为此，奎因把意义和指称问题的研究看作语义学理论的两大重要内容，“语义学在两个方面与语言表征相关：意义和指称”[③]。从概念指称关联的丰富性上来说，其根源就在于概念所存在的语形系统具有高度的抽象性特征，而这种丰富性和多样性所导致的非确定性也赋予了意义以实现的多种可能性。



传统上，狭义的指称理论所强调的是语言与实在之间的对应关系，例如，早期的分析哲学认为通过精密的形式体系构造，就可以在表达式与对象之间建立起牢不可破的关联，从而确定语词相应的指称。这一点也是导致语义学研究长期停滞的重要原因，“注重整体上作为语法构成的语义学，而忽略了作为语词指称的语义学”[④]。例如，弗雷格在“指号、含义、指称”之间建立起了对应关系，在此“含义”作为中介使得指号连接了实在。从逻辑学上来进行表述的话，含义就表现为命题，指称则表现为真值。罗素则认为，通过逻辑分析可以对指谓词组进行还原，由复合命题还原为简单命题，并且通过“亲知原则”来确定其指称，而作为直接指称的是“专名”，作为间接指称的则是“摹状词”。

我们可以看出，尽管在20世纪初哲学的“语言学转向”为语义学的发展

① 郭贵春．语义学研究的方法论意义．中国社会科学，2007，3：87.

② 郭贵春．科学实在论教程．北京：高等教育出版社，2001：224.

③ Bunnin B，Yu J Y. *The Blackwell Dictionary of Western Philosophy*. Oxford：Blackwell Publishing Ltd，2002：633.

④ 郭贵春．科学实在论教程．北京：高等教育出版社，2001：346.

带来了契机，但是由这种狭隘的静态指称理论研究所暴露出来的问题却是：分析哲学家们过于迷信对于语言的批判和分析，他们认为通过这种语言的批判性活动就可以达到明白无误的思想和观念，并且确定语词的指称。历史地来看，这种分析哲学时代的指称理论给予我们的教训就在于，语言本身并不具有本体论的特殊性地位，因此它与实在之间的同构性关系也是不可想象的，语言本身处于动态的语用、语境和文化、社会的背景之中，因此这种追求确定性所指的指称理论必然难以逃脱失败的厄运。

在逻辑实证主义之后的日常语言语义分析，将指称确定的基础划定在人类的自然语言和生活世界之中，他们认为语言的形式规则和语法的依据就在于其语用的过程之中，这样指称在意义的实现过程中就占据了重要的地位。事实上，意义本身就是根植在变动的、具体的、丰富的语用过程基础上的。因此，本质主义和客观主义的指称方式是不可取的，“丰富的语境本身已经为语词的指称设定了灵活的、生动的、可变换的可能世界”[①]。对于奎因而言，指称问题并不具有确定性的基础，其原因就在于指称的对象是始终处在变动的过程之中的，事实对于指称的行为具有开放性和无限性，这种指称过程之中的规律是难以理解的，由此他走向了“指称怀疑论”。对于以克里普克和普特南为代表的具有自然主义倾向的因果历史指称理论而言，专名的指称是在具有因果性的历史链条之中传递的结果，也就是说指称依赖于社会共同体的交往过程。

事实上，无论是何种指称理论，它们在认识论上都涉及如何看待和处理以主体为基础的语言与世界的本质及其之间的关系问题。指称问题关注的是有意义的语言是如何与世界之间建立起关联的。也就是说，指称为作为思想表征的语言探求实现的路径和方式。因此，在意义与指称的关系中，意义要天然地比指称具有更多的内涵，意义代表着向语言内在方面的探讨，而指称则涉及语言的外延。在意义明确的前提下，指称域也具有相对的确定性，这样意义就可以在具体的语境条件下成为指称确定的条件。相对来说，意义与指称处在一种张力关系中，意义在语言的逻辑层面上越是抽象，指称就越“大”，而意义在语言的逻辑层面上越是具体，指称就越“小”，因此意义相对于指称而言其变动性和灵活性更小。从这个角度来说，指称问题的研究不仅有助于意义问题的研究，而且它在对于意义问题的探讨过程中也必将占据更

① 郭贵春．科学实在论教程．北京：高等教育出版社，2001：350.

加重要的位置。

## 三、“真理”的规范性与构造性

真理，即“truth”，它在哲学上表述为真理，而在逻辑学中则表述为真值，即“truth value”，它在本质上体现了一种对于对象、事实的把握和理解，“陈述的真值本身就是一种语义状态”[①]，因此它成了语义学研究的重要论题之一。从本质上来看，真理问题之所以在语义学研究中占据着重要的地位，是因为它最为鲜明地体现了人们对于语义学研究的初衷，即它不仅较为恰当而深刻地切中了“语言表达式及其所指对象之间的关系”这一语义学研究的本质，而且也最为集中地展现了人类对于语言、思维与世界之间关系的理解和把握。

尽管真值概念是在逻辑学的界域中作为一种命题演算的分析手段而出现的，但是它在本质上却与哲学的真理问题具有深刻的关联。对于语义与真值之间的关系而言，命题的真值需要对其本质和特征的语义进行探讨。从逻辑学与哲学的关系来说，逻辑学中的真值与哲学中的意义始终处在一种对立和关联的矛盾关系之中；一方面，真值不同于意义，真值所体现的只是逻辑判断方面的真假关系，而意义则具有远超过真值的丰富内涵；另一方面，逻辑学的体系创新也试图对真值的内涵进行扩展，并对有关“意义”的不同层面问题加以涵盖并予以解决。因此，逻辑学的研究将真值问题的考察作为对意义问题进行解读的有效方式。也就是说，真值和意义之间处在一种张力关系之中。例如，以弗雷格和卡尔纳普为代表的语义学研究传统试图在真值理论的基础上建立意义理论的大厦，之后的塔尔斯基和戴维森等人则继续推进了这方面的工作，这表现在“真值条件意义论”的提出和应用。在此，对于“意义”问题而言，它的条件和内容构成了真值的重要基础。我们从真值理论和意义理论各自研究的历史来看，真值理论的研究必定要涉及对意义问题的探讨，而在很多情况下，对意义问题的研究则未必会涉及对于真值的讨论，这一点在传统的大陆哲学研究传统当中表现得特别明显。

对于真理的本质理解的不同，会形成不同的真理理论，诸如真理的符合论、实用论和融贯论等理论都是对于真理本质问题的一种解释模型。真理的符合论强调理论的原子命题作为分析的基础可以与现实形成对应关系，早期



① 王航赞、郭贵春．当代语义学研究的几个相关性问题．哲学动态，2010，1：66.

的分析哲学大都持有这种观点。例如，以亨普尔和纽拉特等人为代表的真理融贯论认为，真理就是在命题的逻辑推理、分析和判断与其信念之间的一种融贯特性。这种真理融贯论的认识论基础就在于，世界可以被看作理性逻辑自洽的完整实体，真理不可能独立自存，它必须在命题与其他命题融贯的基础上才能具有真理性。相反，以皮尔斯、奎因等人为代表的实用主义真理观则强调真理概念的有用性、实用性，他们认为只有在行动和实践中，有用的真理概念才具有真理性，在此理论、概念的有效性与其真理性之间就建立了直接的关联。

历史上，塔尔斯基的真理论对于语义学的发展作出了重要贡献。其原因就在于，塔尔斯基真正以演算的形式语言为手段，采用递归定义等语义分析方法，从而对于真理概念作出了相对严密和完善的界定，“我们的讨论将环绕着真理的概念，主要问题是给予这个概念以一个满意的定义，即一个实质上适当而形式上正确的定义”[①]。从语义逻辑的角度来看，塔尔斯基认为具有真理性的命题是在相对于“对象语言”的“元语言”层面上进行界定的，这就使得真理定义的完备性、适当性具有了充分的保证。我们可以看出，塔尔斯基真理论的典型特征就在于，其最大程度地采纳和运用了语义学的研究方法，即通过概念内涵的澄清和消除歧义，来解决由于逻辑悖论而导致的真理基础不稳固的问题。

客观上来说，塔尔斯基开创性的工作为整个20世纪语义学的飞跃式发展奠定了基础，尽管他与自然语言的语义分析刻意地保持了距离，但他还是使得真理作为语义学概念基本形式的规范性得到了保证。在塔尔斯基工作的基础上，戴维森力图弥补由于严格逻辑语形构造而带来的在自然语言研究方面的意义“缺失”。这实际上体现了语义学研究在走向成熟过程中的一种自然性选择。传统上认为，命题的真假判断是以其意义的理解为基础的，而以戴维森为代表的真理论则认为这一研究真理的方法论路径是可以被颠倒的。也就是说，我们可以将真理的断定作为对意义问题开始研究的前提。这深刻地表明了意义与真理问题尽管处于不同的论域之中，但是两者之间却实在地存在着可沟通和协调的管道。

在语境论的视野中，真理脱离了其狭隘性和僵化性，而具有了与主体的关联性特征，从而在整体论的基础上为真理赋予了语用的构造性特征。这样，

---

① A. 塔尔斯基著，李振麟译．真理的语义概念与语义学基础．国外社会科学文摘，1961，6：2.

真理就成了一种语境关联结构之中的存在，“不是真理具有任何独立于语境的意义，而是只有在动态的语境中才能展示真理的存在”[①]。可以看出，随着人们对于真理本质的认识更加全面、更加科学和更具合理性，它必将为语义学的发展提供更为坚实的保证。

## 四、“隐喻”的开放性与创造性

隐喻是通过“言语”意义的扩展和深化而与语义学的研究论域发生关联的，或者也可以说它是通过“语用的意义”层面而进入到了语义学的研究视野当中。哲学家们普遍认为，通过对于隐喻问题的分析和探讨，可以更好地对意义问题进行理解。也就是说，隐喻问题可以成为意义问题研究的逻辑前提：“我们不一定要有了完整的意义理论再来谈论隐喻，语言哲学家……希望从这个特定的现象来澄清意义。”[②] 因此，从某种意义上来说，“应该把隐喻归入语义学的专有名词”[③]。在哲学的解释学传统中，隐喻的意义构造成为一种便利的方法论工具，它与逻辑实证主义的“真值条件”意义理论形成了鲜明的对比。因此，在语义学的研究过程中，隐喻问题的凸显是与意义问题的整体性和扩张性相关的。在逻辑实证主义的语义学理论中，隐喻问题并没有生存的空间和市场。相比较于真理的客观性和科学性而言，人们认为隐喻的使用是与传统的真理观相悖的，因此对于隐喻的使用就被划入了“形而上学”的无意义范围之中。相反，由后期的维特根斯坦所代表的日常语言学派所开创的语义学“语用化”的分析路径，则为隐喻问题在科学哲学领域之中的全面复兴奠定了基础。随着当代语义学的研究视域更具开放性和动态性，人们逐渐意识到，隐喻是有关意义领域的一种客观性存在，它的产生和存在有着人类思想结构方面的深层原因。对于隐喻现象的研究，有利于我们更加全面地揭示“意义”的本质、内涵及其结构性的特征。



另外，隐喻问题的研究与语言的修辞学传统有着关联，它主要涉及语词意义的不同象征，即语词在使用过程中所发生的意义的变化和转换。在理论的文本解读过程中，“意义”超越了语词的意义本身而实现了意义的重构和再创造，而在语境的视域当中，这种意义是具有以语境为背景的条件约束性的，隐喻意义的实现就依赖于这种语境背景之中要素与对象的组合。其根源就在

---

① 郭贵春．科学实在论教程．北京：高等教育出版社，2001：363.

② 陈嘉映．语言哲学．北京：北京大学出版社，2003：363.

③ 涂纪亮．当代美国哲学论著选译（第三辑）．北京：商务印书馆，1991：92.

于，人的思想、观念具有极大的丰富性特征，为此我们有必要去拓展语词的意义，以更好地适应思想和观念的表达、实现。从本质上来说，隐喻作为思想和语言载体之间相互作用的活动可以产生新的“意义”内涵，它在作为表象的语言表达背后所隐藏的是思想的活动过程。同时，由于隐喻问题涉及不同语词、概念之间的心理表征和认知机制的活动过程，这就使得隐喻的意义具有了复杂性和变动性。

此外，20世纪后期语义学研究中隐喻问题的被关注与认知科学的研究密切相关。认知科学将概念本身看作基于人类的知觉经验而产生的，而思维概念的意义则是在以身体为基础的经验过程中产生的。从语境论的视角来看，由隐喻所产生的意义是在语境的结构性关联过程中酝酿和造就的，当然这种意义的“增添”并不是凭空产生的，它源自于语词和句子的外延意义对于其内涵意义的弥补，人们可能依据具体的语境情况“重塑”和“再造”语词、句子意义在语用中出现的“空白地带”。从理论、概念的演化、发展来看，每一个隐喻语言的意义都是基于原初语言的意义而来，而更新的隐喻也必将会补充和修改已经规范化了的隐喻意义，“上述过程描述了意义是如何被选择从而构成隐喻的……潜在的含义范围即是一个从中选择和重组意义的域”[①]。这样，语言隐喻意义的流变和演化就形成了一幅循环往复的理论图景。在此过程中，由语形、语义和语用相结合的语境为隐喻意义提供了基本的框架和条件，这决定了隐喻意义的层次、特征和范围。也就是说，脱离了隐喻存在的具体语境，其意义的转换和传输就失去了基础和根基。

随着对隐喻现象的揭示和对隐喻问题研究的深入，隐喻分析在科学哲学中逐渐具有了重要地位，其典型特征就表现在：科学的概念、范畴通常源自于自然语言中的概念、范畴，在这种概念和范畴的转化及其“语义上升”的过程中，科学概念的意义会偏离其原有的意义内涵而产生高度的抽象性和概括性，而原有的意义内涵则作为一种潜在的意义基础包含在科学概念、范畴的可能世界意义图景之中。同时，句子在不同的语境系统之间的空间转换会带来隐喻意义的产生，因此我们不仅应该对隐喻意义的发生结构、过程进行考察，而且应该对这种语义转换的内涵与特征进行精确定位。例如，以亚里士多德为代表的隐喻的比较理论认为，隐喻的目的在于反映事物之间的类似

① C. 霍斯曼著，高华译．隐喻的主要理论及指称述评．国外社会科学，2007，5：107.

程度并进行比较，而另一种隐喻的语义替换理论则认为，隐喻的本质就在于通过语词在句子之中的替换而实现意义的更替。可以看出，无论是隐喻的语义比较理论还是隐喻的替换理论，两者都承认了隐喻意义发生的自然性和因果性特征，它们都具有典型的目标指向性。相对来说，另外一种隐喻的语义偏离理论则认为，隐喻的产生根源是对于语言规则的违背，因而隐喻意义的产生是一种人为的操作结果，它作为一种隐喻产生的过程会自然地导致矛盾和问题的产生。

通过对于隐喻的语义结构进行综合考察，我们可以发现，隐喻语词的意义虽然会与其原初的意义发生偏离和不一致，但是新的语境基础却可以对意义填充新的意向内容。这充分表明了在科学理论、假说和模型的语义构造过程中，通过隐喻的操作和使用可以有效地增进其理论基础的牢固性，同时也可以加强其理论论证的力量。在科学理论的构造过程中，隐喻将所要把握的对象、事实的特征转换成为一种意义的表征，在其中并未涉及意向性意义的增损，而是通过一种结构性要素的排列和布置体现出差异化的、能够服从于理论要求的意义形态来。因此，在语用的隐喻过程中，意义在语境要素和结构的交流和互动过程中产生了新的意义内涵，而在隐喻的对象语言中新的意义内涵是基于其原初内涵而产生的，这样隐喻便具有了形式语义研究所不具备的功能和作用。正是由于这个原因，它在语义学研究中的方法论作用逐步得到了强化。



## 第四节　科学语义学的理论定位

在语境的结构性系统当中，语形、语义和语用分析之间既有交集，也存在着差异。因此，分析和研究与语义学相关的语形和语用界域，对于语义学的自身研究而言具有重要意义。一方面这是由语义学研究本身的发展要求所决定的，语义学路径的拓展不可避免地要与涉及语形和语用的论题相关联。另一方面，对于语义学相关界域的澄清和说明，也有助于我们在语义学方法论的研究过程中更加合理地整合相关论题，从而将其纳入统一和系统的方法论体系之中。同时，语义学研究的关联性特征及其所倚赖的语境论基础进一步凸显了语义学研究的形而上学背景，为此我们有必要对这种语义学方法论研究的本体论基础进行探讨。

## 一、科学语义学的关联性问题

从语境的角度来说，与语义关系最为密切的就是语形和语用，这两者不仅构成了与语义相互关联的“边界地带”，同时也是影响语义理论趋向的重要因素，因此语形和语用与语义关联界面和侧重点的不同就造就了不同的语义理解形态。

事实上，无论是语言学中的语法，还是逻辑学中的语形，它们都具有相对严格的规范性特征。语形本质上相对于语义处在“元理论”的层面上，二者之间具有一定的对应关系，然而这两者并不是严格对应的。在乔姆斯基看来，其转换生成语法所主张的是形式系统的精密性——“语法自决”，因此他认为语义具有极大的模糊性，与语形根本无关。我们知道，语形学的基础是逻辑，其表征就是形式系统的逻辑性。正是由于语形的这种内在特质，所以它能够在其简单性原则和抽象性原则的基础上包含比语义更加丰富的内涵。如前所述，意义是语义学研究的核心论题之一，而意义的构成也包含了语形的要求，因而语形便具有了“语义”的成分或者要素。在这种语形和语义相互关联的结构之中，如何理解语形的规范性结构对于语义学解释的作用和影响是一个非常重要的问题，“一个完备的语形与语义结构的关联存在，是揭示物理意义存在的前提”[①]。对于理论表征的语言而言，语形与语义是不能完全分割的，它们之间的内在关联性实际上所反映的是语境所“输出”信息的复杂性和完整性特征。为此，利奇提到了在自然语言中句法和语义相关联的过程，这种过程可以概括为“两个因素：(a) 把信息线形化；(b) 取得表达的简洁性”[②]。在这里，利奇通过这两种特征充分说明了句法（语形）相对于语义所具有的典型特征，同时也说明了句法之相对于语义建立的途径、方式和根源。从语义与语形的比较来看，两者实际上各自具有自身独特的规范性结构和规则，“研究语义的一个重要原因就是要能够解释一句话的语义描述与……句法层次上的表达之间的关系”[③]。也就是说，在与语形相关联的层面上，语义研究的其中一个目的就在于说明语言的概念形式、范畴、规则是如何被应用于达到认识、理解和交往的目的。对于具有形式化体系的命题而言，其意义的理解就建立在句法和语义有机联结的基础之上，这样就使得命题在





① 郭贵春．语义学研究的方法论意义．中国社会科学，2007，3：83.

② J. 利奇著，李瑞华、王彤福等译．语义学．上海：上海外语教育出版社，2005：285.

③ J. 利奇著，李瑞华、王彤福等译．语义学．上海：上海外语教育出版社，2005：252.

形式化构造的过程中，能够展现意义存在的背景和空间。同时，在自然语言的分析过程中，语形结构通过语义的解释和说明能够达到对于对象、世界和事实的准确理解，因此自然语言语义学的研究非但不能排斥理论的形式系统性，反而正是在这种形式系统性的基础上，它才能够得到长远的发展。此外，在逻辑实证主义那里，意义问题被转化为具有逻辑必然性的语形探讨，这样语义学的研究就更加与表述真值的形式内容、规则和语法具有了关联。

从本质上来看，语用是与语义有着紧密关联的界域。在语用学的研究方面，皮尔斯（C. Peirce）和莫里斯（C. Morris）做了奠基性的工作，他们对"语用"作出了初步的界定。从那以后，人们一般把语用学作为研究语言表达式与解释者之间关系的学问。实际上，语用学与语义学同样关注于意义问题，语用学所要揭示的是语言意义在有主体参与的语用过程之中的多样性、丰富性和结构性，"语用学的对象域处于语义学外部，主要研究语境起作用的方式"[①]。当然，语用学所探讨的意义在其内在结构方面是属于"言语"层面的，它区别于"语形-语义"关联的"语言"层面。对于意义存在的不同类型和结构内涵来说，自然语言中的句子本身具有一定的抽象实体性，它在语形的层面上具有特定的规范性，而在实际使用的语境之中，它则变得生动和丰富起来。在这一点上，利奇对于语义学与语用学之间的关系进行了生动的刻画，他将其区分为三种原则：第一，语义原则（语用学应该归入语义学）；第二，语用原则（语义学应该归入语用学）；第三，互补原则（语义学和语用学是互不相同但又相互补充的研究领域）。[②] 实际上，具有相同或者类似研究对象与内涵的语义和语用研究之间并不具有绝对的界限，它们的区别与对立都是在统一的语境基础上由其不同侧面的关联特性而生成和引发的。例如，语用学对于意义的讨论涉及讲话者、讲话者的意图，以及语言的行为特征。在这里，如果我们从语境论的思想来看待语义与语用之间的关系问题的话，可以说，语义的研究并不等同于"意义"的研究，语义学在与语形的关联过程中是围绕"真值条件"而展开的，而语用的研究则涉及主体在意义实践过程中的综合因素，它赋予了语义学的"静态"意义观以更为丰富的内涵和可能性，而语境的基础则避免了语义和语用之间链条的断裂。

在此，对于语义学和语用学的比较而言，两者实际上各自体现了某种具有差异性的认知模式。随着逻辑实证主义的衰落，意义的确定性问题重新得



① 郭贵春．科学实在论教程．北京：高等教育出版社，2001：241.

② J. 利奇著，李瑞华、王彤福等译．语义学．上海：上海外语教育出版社，2005：454.

到了关注，正是由于传统的真值条件理论在意义解释问题上的无效性，20 世纪后期在语言哲学领域当中才逐渐兴起了“语用学转向”。然而，站在科学语义学研究的立场上，我们毋宁说这种转向只是一种“语义语用化”的趋向性特征。当然，不同的立场和着眼点会产生不同的理论关照面，然而从西方语言哲学研究的习惯和传统来看，语义学的研究在理论层面上的确比语用学得到了更多人的关注，并且以它为焦点展开了从思维、认知到语言形式和结构等多角度、多侧面的研究，这充分体现出了语义学研究在人类认识领域当中所具有的核心地位。特别是传统分析哲学的衰落并不等同于语义分析方法的衰落，语义分析方法在当今世界哲学领域的方新未艾，充分说明了它在联结逻辑语形构造、语义解释和语用语境分析方面所具有的重要基础地位。也就是说，语义学的研究具有语用学研究所不具备的功能和结构，如果我们简单地用语用学的研究来“统率”和“辖制”语义学的话，是不切实际的。

可以看到，当代逻辑学研究向纵深方面的拓展和推进同样显示出了其试图改造自身，扩展其范畴、规则与概念可容纳性的鲜明特征，为此诸如认知逻辑和道义逻辑等新兴的逻辑学假说模型不断显现。因此，逻辑学的研究通过更具动态性和开放性的语义解释来把握意义之复杂性特征，这充分显示了逻辑学的“真”对于哲学之具有语用内涵的“意义”的追索和迫近。然而，逻辑语义学的研究本质上仍然无法摆脱其静态、排斥语用的根本属性，这从另外一个方面说明了语义与语用之间尽管存在着相互渗透和融合的管道，但是任意的混淆和有意的界限模糊既是不可取的，也是不可能的。

总之，语义学和语用学之间的分隔并非处在对立和对抗的情势之下，同时两者之间也并不必然是一种其中一方以另外一方为“依托”与附属的关系，它们都统一于包含主体认知机制在内的语境化过程之中，“似乎经常不一致的研究意义的逻辑方法和语用方法最终得到调和”①，而上述我们所说的语义学在语言哲学研究领域之中的“核心”地位也只有在一种具有理论相对性的认识论层面上才具有意义，否则就是不可想象的。

## 二、科学语义学的本体论背景

语义学研究的本体论和形而上学背景长期以来遭到人们的忽视，这在很大程度上与逻辑实证主义所遗留的“本体论搁置”思维具有很大的关系。人

① J. 利奇著，李瑞华、王彤福等译．语义学．上海：上海外语教育出版社，2005：482.

们主观上认为，语义学的研究是一种纯粹科学意义上对于概念、语言及其对象之间精确性关系的探讨，这种探讨只存在于方法论的工具意义层面上。事实上，在哲学的层面上，如果把语义学的研究定位为一种方法论的研究的话，我们根本无法阻止理论的本体论及其形而上学背景在认识过程之中的“渗透”与影响。尽管我们在很大程度上不愿意承认这一点，但是语义学所存在的本体论基础构造，却恰恰是主导语义学在历史上发生方法论“转向”的深层根源。无论是逻辑实证主义语义学的没落，还是20世纪后期自然主义、历史主义的语义分析趋向的出现，乃至于当代认知语义学和计算机语义学的兴起，其背后都隐含着本体论和形而上学背景的基础性推动作用。

对于理论的形而上学命题而言，语义分析方法可以合理地探讨其内在的结构、要素及其含义，从而实现对于命题的解释和理解。从语义学的历史实践来看，尽管逻辑实证主义排斥了“无意义”的形而上学命题，但是其语义分析方法却对于科学理论的解释、构造具有重要价值，例如，表述为“真”的命题或理论本身就体现了一种对于实在对象的合理把握。因此，逻辑实证主义对于“形而上学”问题的排斥，与其说是一种基本的世界观背景，不如说是一种认识的方法论手段和策略。也就是说，语义学的研究并不能避免对于意义、真理和指称等问题本质的探讨，这种形而上学论题的回避恰恰显示了逻辑实证主义所建立的基础并不稳固。



我们知道，康德曾经对形而上学问题与数学和逻辑之间的关系进行了论证，他的目的就在于论证先天综合知识的可能性，然而逻辑实证主义却力图表明逻辑和数学的本质就在于其分析性，因此它们是可以具有真理性的。这样，康德的形而上学性判断在逻辑实证主义那里就完全破产了。在逻辑实证主义看来，数学和逻辑学属于一种“后天综合”的事实，由此传统的经验论立场就得到了坚持。但是，问题在于，逻辑实证主义的经验论立场过于极端化了，“以逻辑共设为模型铸造意义共设，就牺牲了分解的涵义结构”①。也就是说，逻辑实证主义的意义理论是有缺陷的、不完整的，而康德的“先天综合判断”在某种程度上就恰恰指明了“形而上学性”设定在理论研究过程之中的可能性和必要性。这种必要性体现为，在对于意义问题的认识过程中，我们必定要涉及对于实在性的判断，以及认识能否和如何认识实在的问题。在这里，卡茨认为，“形而上学的惨淡局面……把哲学命题想成是必须得言及

① J. 卡茨著，苏德超等译. 意义的形而上学. 上海：上海译文出版社，2010：412.

自然世界中的某物，就像自然科学中的真命题一样”[①]。可以说，在这一点上，卡茨的认识是犀利的，他敏锐地意识到了逻辑实证主义简单“驱逐”形而上学的狭隘性，为此他发出了感慨的声音：“语言转向探索了伟大迷宫中各种形而上学道路的一条有希望的替选道路……现在我们不得不回到形而上学道路的探索”[②]。

20 世纪后期以来，语义分析的形而上学背景和本体论基础得到了更多的认识与理解。特别是自 20 世纪七八十年代以后，在世界范围内的语义学研究普遍对于形而上学的传统问题采取了更加宽容和理性的态度，从而为更加合理地构造语义学理论的方法论体系铺平了道路。从语义分析的本质上来说，逻辑实证主义反形而上学纲领、路线的失败并不意味着语义学事实的推演不存在本体论和形而上学的预设，在这里关键的是我们采用何种立场和态度来对于语义学研究的形而上学这一背景进行理解、分析。从本质上来说，对于意义的解释及在真值处理过程中关于语言与实在之间关系等问题的研究，不可避免地会涉及关于意义的本质等形而上学的论题。例如，英国哲学家达米特就认为，“在这个意义上，真理与意义理论相关联，从而涉及形而上学的基础性部分”[③]。也就是说，语义学理论内在地蕴含了形而上学的图景、含义。为此，波普尔也针对作为逻辑实证主义语义学基础的经验性立场，从科学性理解的角度出发肯定了形而上学的命题意义，“事实上是具有重大意义的形而上学思想……解决了用我对归纳问题的解决办法所未能解决的一些问题”[④]。也就是说，就可证伪性而言，它只是科学划界而非命题意义划界的基础，而形而上学命题存在的意义在于，它作为一种基本的背景假设能够为真理和意义的分析提供科学的合理性支撑，反过来意义和真理的分析也为形而上学问题的解决开辟了路径。

如上所述，意义问题在内在结构上形成了与形而上学论题的紧密关联，因此如何确定形而上学的合理性基础就成了非常重要的问题。在这里，语义学研究绝不可能重归于狭隘的形而上学实在论窠臼，因此当代语义学的研究迫切地意识到了实在论与反实在论的对立、斗争，在当代语义学研究领域势

① J. 卡茨著，苏德超等译．意义的形而上学．上海：上海译文出版社，2010：439.

② J. 卡茨著，苏德超等译．意义的形而上学．上海：上海译文出版社，2010：444.

③ 李红，韩东辉．今日英国分析哲学掠影．哲学动态，2007，3：29.

④ K. 波普尔著，邱仁宗译．无尽的探索——卡尔波普尔自传．南京：江苏人民出版社，2000：159.

必具有重要的基础性地位。就达米特的理解而言，实在论与反实在论长期对立的根源在于双方解决问题的路径与态度存在很大缺陷。实际上，我们如何在科学理性的基础上将有关事物本质、存在的着眼点转化为命题的语义分析，并由此出发对命题意义表述的形态、方式进行区分、划界，这才是形而上学命题解决的关键所在。因此，在达米特看来，形而上学问题确实是与意义问题密切相关的，“基本部分的形而上学与意义理论密切相关”[①]，“所有这些形而上学问题都有赖于有关我们语言的正确意义理论的问题”[②]。在这里，意义理论作为语言哲学的基础理论，不可避免地会受到本体论和形而上学思维的渗透，其根源就在于语言哲学对于实在和事实等问题的考察本身就具有形而上学的基本色彩，因此逻辑实证主义拒斥形而上学的态度只是表明了一种逻辑语义理解的“单向”思维，本质上是非科学的。

在对语义学研究的本体论基础进行探讨的过程中，我们的目的只是要说明，语义学作为一种方法论的研究，尽管其已经显示出改造我们知识和重建科学理性的重要推动力量，但是它本身却很难超越其“方法论”的界域。也就是说，语义学方法论的研究必然要依托于一定的本体论基础，否则它的方法论构造就是苍白的、无力的。我们上面已经谈到了把语义学建立在语境论基础上的可能性和必然性问题，事实上正是由于语境存在的本体论特性才为语义学方法论的理性构造提供了坚实的理论依托，为此我们有必要做一个简要分析。



历史地来看，语义学研究的“语用化转向”就已经预示了将语义学研究的方法论之“铆”确立在语境基础上的必然性趋势。在对于语词和命题意义的探讨过程中，内在包含了语形、语义和语用结构在内的语境论思想，为语义分析的规则、对象和过程提供了一种潜在的本体论支撑作用。语境的系统性和结构性特征不仅避免了“语形-语义”分析，以及“语义-语用”分析过程中的片面性和狭隘性，而且使得我们能够在语境结构要素的关联性过程中去把握“意义”，这就使得意义问题的研究不再是孤立的、无根的，“意义”从此被赋予了更多的丰富性和可能性。当然，“意义”在语境系统之中的构造性和“组合性”特征并不是任意的，它取决于语境在动态发展过程中的“规范性”。在这里，正是由于语境与意义之间非线性的关联，使得语境成了意义

---

① 李红，韩东辉．今日英国分析哲学掠影．哲学动态，2007，3：29.

② M. 达米特著，任晓明等译．形而上学的逻辑基础．北京：中国人民大学出版社，2004：318.

的实在性基础。因此，作为本体论的语境实在性不仅有效地整合了语形分析与语义分析各自的方法论优势，而且将意义的心理表征和心理操作层面也纳入到了语境的系统性结构之中，同时在语言背后所隐含的历史和社会的因素也会在这个过程中进入到意义的内涵结构之中。

在这里，我们必须指出，历史上关于“语境”的理解存在着诸多的争论，语言学家、社会学家和哲学家往往对于这一概念存在着不同的理解。例如，语言学当中的“语境”概念就与哲学当中的“语境”概念存在着一些差异。在利奇看来，有一种很普遍的观点认为，语境只是一种“观察的语境”，而意义则是从这种可观察的语境中推演出来的——“假若从思想、概念或者内在的思想状态来讨论意义，意义便被置于科学观察的范围之外……根据语言行为的表面的和可以观察到的相互关联的事物来研究意义”[①]。因此，利奇在此所提到的这种语境观正是他所要批判和否定的一种“粗糙”的语境论思想，而他对语境论的设想就是“语境论……使研究者把注意力集中在对语言材料的精确研究”。可以看出，利奇的“语境”思想仍然是在语言学的界域之中所展开的一种探讨。这从一个侧面反映出，我们所要探讨的科学的语境论思想恰恰必须具有适当的本体论特性，而对于这种本体论特性的理解和表述内涵不同，就往往导致对于“语境论”的认识存在着各种差异，这就使得“不同的语境会形成不同的本体论立场，从而语词及其所指的对象就会具有不同的意义”[②]。就这一点而言，这从更深层次上说明了语义学本体论基础、立场存在的可能性和必然性。





① J. 利奇著，李瑞华、王彤福等译. 语义学. 上海：上海外语教育出版社，2005：87.

② 殷杰. 语境主义世界观的特征. 哲学研究，2006，5：94.

# 第三章

# 科学语义学的发展趋向及其表征形态

在 20 世纪后期紧随哲学的“语言学转向”之后——无论是哲学的“解释学转向”还是哲学的“修辞学转向”，它们都并不意味着哲学研究的整体路径和主流视野完全趋向于某一个方法论侧面或者极端。恰恰相反，它们是在“语言学转向”所强调的“符号的和形式的”语境特征、内涵和基础上增添了新的内容，扩展了新的视角，并且使其方法论结构更具系统性和包容性。实际上，在哲学的“解释学转向”和“修辞学转向”过程中，对于语言问题的重视，以及与之相伴随的语义分析方法的应用，已经成了一种它们不可摆脱的，渗透、贯穿于其始终的重要特征。这反映在语义学研究方面，就是由强调语形构造的狭义真理观和意义理论而走向语形、语义和语用分析相结合的语境论的语义分析方法。由此观之，我们对于哲学的“转向”本身并不能狭隘地加以理解，实际上这种“转向”更多体现的是哲学的某种“反思”和“进步”，以及哲学研究视域的进一步扩展和延伸。这直接导致了语义学研究在与注重语用特征的社会整体语境解释和极具批判性特征的修辞语境相结合的过程中，获得了更具系统性、全面性和综合性的方法论背景，同时也启发了我们将语义分析方法奠基于包容了科学性因素与人文性因素、理性因素与非理性因素的语境论思想基础之上，这已经成了一项我们不能回避的必然选择。

应当指出的是，在 20 世纪语义学研究的理性进步过程中，有两方面重要的发展趋向必须引起我们的注意：一方面是实在论语义学与反实在论语义学的论争与借鉴；另一方面是内在论语义学与外在论语义学的对峙与融合。历史地来看，这两方面重要的发展趋向伴随了整个20世纪语义学兴起、发展与成熟的过程和阶段，我们可以从20世纪各种语义学思潮、流派及其演变趋势的背后发现这两方面内在维度的论争与协调。例如，实在论/反实在论语义学更加侧重于本体论层面的论证与辨明，而内在论/外在论语义学则更加侧重于认识论层面的分析与强调。当然，语义学研究的本体论和认识论立场总会通过各种途径和方式渗透到语义学的方法论构造过程中，从而使得语义学研究展现出不同的方法论路径和趋向来——本体论和认识论要通过方法论来进行表征和实现，而方法论则依托于本体论和认识论作为基础——这充分说明了语义学研究的本体论、认识论和方法论在本质上的统一性特征。就语义学的科学方法论研究来说，无论是实在论/反实在论语义学之间的论争，还是内在论/外在论语义学之间的争辩，都极大地推进了当代语义学研究的整体进程。因此，正是在这两方面的论争过程中，语义学研究的主题得到了进一步的深化，语义学研究的论域得到了进一步的扩展，语义学研究的方法论得到了进一步系统化的构造。从这个意义上来说，语义分析方法已经并将继续为相关本体论和认识论问题的求解作出贡献，这为语义学作为一门方法论意义上科学学科的发展提供了极大的动力。

事实上，无论是实在论与反实在论之争，还是内在论与外在论之争，它们都在历史上一直存在并延续至今。问题在于，自从20世纪初分析哲学和语言哲学逐步兴起并占据世界哲学舞台的重要地位之后，关于本体论和认识论问题的论争就再也不能回复到以往简单的和机械的实体论与形而上学的认识论之中去了。如何从人类语言出发去揭示出思想与实在、现象之间的神秘关系，成了语言哲学研究的初衷和目标。哲学的思维方式由此发生了转换，通过对“语义上升”的分析方法的采纳，以求更加科学、合理和精确地解决有关人类思维与认识领域中的重要哲学命题，这成了科学哲学家们所肩负的神圣“使命”。在这一过程中，由语义分析方法的广泛应用而引发的科学语义学研究作为一种横断性的方法论工具，得到了分析哲学家和语言哲学家的普遍青睐。时至今日，语义学的研究仍然持久而深入地与实在论/反实在论和内在论/外在论之间的论争存在着紧密的关联。

值得注意的是，从实在论/反实在论或者内在论/外在论论争中内部双方的各自割据到双方在一定程度上立场的“缓和”与借鉴，经历了一个长期此消彼长、否定之否定的过程。在此过程中，当代语境论思想的引入成了科学实在论语义学日趋重要的一个发展趋势，而将语境论的思想奠基在实在论的立场上所产生的语境实在论的语义学研究趋向，则使得传统的实在论语义学在与反实在论语义学论争的过程中，一方面具有了更具系统性和包容性的理论平台，从而扩展了自身理论解释的空间和效力，另一方面也使得反实在论语义学的极端立场得到了“弱化”，并且其在方法论方面的经验和优势也得到了进一步的提升和整合，这为构建统一的、完善的和科学的语义学方法论体系作出了重要贡献。同时，在语境论的视野当中，内在论语义学实际上更多地强调了语形-语义的关联界面，而外在论语义学则更多地强调了语义-语用的关联界面，因此两者之间在一定程度上存在着可协调、沟通和互补的可能性与必要性。如上所述，在本章中我们希望通过对语义学发展历程中这种内在维度的论争和融合的趋势进行考察，以便更好地揭示出语义学“科学性”研究的合理发展趋向。

## 第一节　科学语义学与哲学的“解释学/修辞学转向”



西方哲学在20世纪中后期经历了两次“转向”，即哲学的“解释学转向”和“修辞学转向”。在这两次转向的过程中，逻辑实证主义语义学理论的缺陷和问题得到了充分的揭示，而科学语义学科学方法论的内涵则得到了进一步的丰富和扩展。因此，从20世纪前期哲学的“语言学转向”所带来的语言哲学和分析哲学的兴盛，到20世纪后期哲学的“解释学/修辞学转向”所带来的科学理性和人文理性的交汇融合，恰恰推进了科学语义学在统一方法论层面的提升与整合，这一点充分证明了科学语义学作为一种方法论工具贯穿和渗透于整个人类认识过程、领域的强大力量。

### 一、“解释学转向”与科学语义学的发展

客观上来说，哲学的解释学传统是一种发端于德国、法国等欧洲大陆国家的人文主义思想源流，而20世纪后期解释学与语义分析方法的融合则体现出了对逻辑实证主义以其“现代性”特征为标志的语义学理论的一种“逆反”。事实上，哲学的“解释学转向”所提出的初衷就在于，如何能够打破由“语言学转向”所带来的哲学困境，以及实现对于“语言学转向”的超越。当

然，这种超越并非要简单地抛弃掉“语言学转向”所带来的一切理论成果，而是要有选择地摒弃掉“语言学转向”的“科学主义”不良倾向，从而在语言的理解和解释过程中将一切句法和形式规则的意义解读置于语用的实践过程之中。也就是说，如何打破逻辑规范的约束而走向文化和历史的“文本”解读、理解，深入挖掘“意义”结构之中语用的“属人性”内涵，就成了哲学“解释学转向”所关注的重点和强调的重要方面，“解释学重点研究话语的内在过程……即对于符号体系的使用”①。正是从这个角度来说，哲学的“解释学转向”为科学语义学的研究带来了新的思考，增加了新的意蕴，并且进一步丰富了其方法论的策略和手段。

从哲学解释学与语义学研究渗透、交叉与融合的历史来看，一方面，解释学传统与科学语义学研究在现代意义上的融合最早可以追溯到施莱尔马赫（F. Schleiermach）和狄尔泰（W. Dilthey）。例如，施莱尔马赫强调文本意义理解的历时性原则；狄尔泰则与施莱尔马赫共同主张文本意义解释的整体性原则——“解释学循环”——语词意义的理解与作为文本的整体意义相互作用和密切互动。另一方面，海德格尔（M. Heidegger）本体论的解释学最早在英美分析哲学和语言哲学之外唤起了人们对于语言问题研究在哲学层面上的重视。然而，在海德格尔那里，所谓意义问题的研究却是与关于存在的形而上学精神思辨紧密联系在一起的，因此海德格尔从根本上反对语言的形式化和符号化，以及语言作为思想研究的工具性意义。

相对于海德格尔而言，伽达默尔（H. G. Gadamer）的解释学在一定程度上受到了现代英美语义学研究的“感染”与影响——尽管这种影响仍然是相当有限和微弱的。例如，伽达默尔关注于对概念意义的分析和理解，他认为脱离开历史和本体论背景的考察，概念在经验实证的层面上是无法得到真正理解的。其原因在于，概念是思想和哲学研究的基础，而概念意义的理解和辨明则是实现哲学目标的重要途径和方式。在这样一种概念考察的过程中，辞源层面的历史要素和概念结构的语义分析各自发挥了作用，并且在这两者之间实现了有机的结合与协调。其中最重要的是，概念的意义是与自然语言的具体语境分析密切相关的，在以主体为基础的语言经验过程中，意义的理解借助于语境而得到了“重解”和“翻译”，这一过程既是一种对于语言原初意义的追索和探究，同时也是一种富有创造力的意义构造活动。实际上，对

① Gadamer H G. *Philosophical Hermeneutics*. California: University of California Press, 2008: 82.

于动态化和语境化的理解过程而言，语言成了一种参与到生活当中的实践活动，并且由此成了我们的一种存在方式和生活状态的体现。在这里，伽达默尔深刻地揭示了意义存在的根源，即意义需要去“发现”，而非一种“发明”，这样自然语言才能够真正符合语言的本质特征，而逻辑的形式体系显然并非属于语言的系统，它只是一种出于解决问题而采取的操作手段和技术。另外，在伽达默尔的解释学体系当中，概念的语义分析受到了“冷落”，这种原因与他所坚持的传统“现象学-解释学”的思维具有很大关系。这种看法认为，语言是作为一个整体而存在并发挥作用的，因此语言的概念更多的是在精神的思辨层面上存在的，而并非一种可以在逻辑形式上进行还原的原子意义单元。相比较而言，以罗素和弗雷格等人为代表的分析哲学则对哲学形而上学命题的“模糊性”本质表现出了担忧，因此他们坚持认为概念的精确分析是哲学改造自身和摆脱危机的重要手段，是一切认识的起点，而在伽达默尔那里，这种担忧并不能够成为问题。当然，伽达默尔也深刻地认识到了语义学研究的重要性，“语义学最重要的价值在于它使得世界与符号之间的同一性被完全打破了”[①]，然而基于他自身的立场和倾向，伽达默尔最终走向了对于语义学（分析哲学）的批判态度。或者说，在伽达默尔的内在思想结构与潜意识中，他对语义分析这一方法的应用从根本上持有一种抵触和批判的态度，这与其“本体论-非实证”的研究路数是完全一致的，这一点与重视逻辑分析和形式理性的英美语义学研究形成了鲜明的对比。也就是说，在伽达默尔的语义学思想中，解释学研究的大陆哲学传统保留得更为纯粹，这与分析哲学所采用的语义分析技术本质上是刻意保持了一定距离的，“解释学……把语义学分析的全部结构都融合在翻译和理解的过程中”[②]。



与伽达默尔的解释学深受海德格尔存在主义哲学的影响不同，利科（P. Ricoeur）的解释学思想却是与现代分析哲学和语言哲学的研究具有千丝万缕的关联——无论是在肯定还是否定的意义上。例如，利科既反对符号学的语言形式研究，同时也反对语言的逻各斯中心主义，他强调“书写”的优势地位，认为“本文”能够通过语境化的解释而建立起系统的意义结构。在“本文”概念的分析与理解过程中，语言的结构语义分析和语境的系统性解释都

---

① Gadamer H G. *Philosophical Hermeneutics*. California：University of California Press，2008：82.

② Gadamer H G. *Philosophical Hermeneutics*. California：University of California Press，2008：94.

发挥了重要的作用，因此“本文”解读和理解的真正实现需要两者之间的协调和统一，“我们需要寻求一种介于理解和解释这两种态度之间的互补性”①。对于“本文”这一概念而言，利科坚持从整体论和结构主义的视角对其加以理解，他认为“本文”作为一种“能指”，其本身的语境化理解和“再语境化”的解释是一种可能世界的状态选择问题，这就使得在语用语境的背景中，“本文”的意义具有了动态性和开放性特征。当然，这种开放性是相对的，它与“本文”的结构形式规范性两者之间形成了一种合理的张力，这种张力体现了理论的说明与理论的解释之间的矛盾统一关系。与之相关联，人类的行为和活动、“事件”同样可以作为一种“本文”的结构而得到解释，这种解释在整体上将“自我”的主体性和语境的具体性包括在内，从而形成了涵盖本体论、认识论和方法论背景的意义理解模式。对于文本与话语（discourse）之间的关系，利科认为文本作为话语表征的形式和中介具有其存在的特定价值，它是意义“物质化”的一种载体，而这种在文本中所固定的意义是反映“事件”和话语的特征与内涵，而非规范的语言。因此，在文本的阅读和理解过程中，原有文本作者的意向性不再存在，而主体在新的语境中则会产生新的意向性意义。也就是说，作为“话语”的意义和指称都是在具体的语境中实现的。



必须指出，20世纪后期哲学的“解释学转向”的确是继承了早期海德格尔和伽达默尔等人的解释学思想，然而以利科和阿佩尔（K. O. Apel）等人为代表的“解释学”研究却并不是简单地重复早期解释学家的工作。如果说伽达默尔的解释学在一定程度上还是处在一种相对独立的理论发展状态之中的话，那么利科等人对于解释学的理解就不得不面对人们对于逻辑实证主义的“遗产”进行继承和批判的问题。不可否认，“解释学转向”在后分析哲学时代对于历史主义主张、实用主义精神和自然主义倾向的强调，的确形成了与传统分析哲学和语言哲学截然不同的理论风格与旨趣，然而这种转向和改变却非意味着分析哲学的终结——特别是语义分析方法的应用已经成了利科和阿佩尔等人自觉而又自然的一种理论工具。因此，我们既可以说“解释学转向”是对传统分析哲学路径的一种“校正”和“反叛”，也可以说分析哲学实际上在解释学研究所带来的这种“转向”过程中获得了新的生命力，这是同一个过程的两个不同的侧面，同时也是一种矛盾而又统一的综合体，这进一



① Ricoeur P. *Hermeneutics and the Human Sciences*. Cambridge：Cambridge University Press，1981：43.

步显示了“分析哲学的发展方向是日益趋近解释学”①。此外，从解释学与语义学之间的关系来看，一方面，语义学研究与解释学研究的根本区别就在于，语义学侧重于对命题（句子）整体意义的研究，而解释学则侧重于对语词、概念意义存在的文本进行研究。另一方面，两者之间的本质相关性就在于“语义学能够为解释学服务”②，同时它可以成为解释学研究的基础，而解释学研究则可以成为语义学研究的扩展和补充，“解释与理解的秘密归根结底是语言意义的秘密”③。

事实上，不论是在英美哲学的科学理性传统中，还是在欧洲大陆哲学的人文理性传统中，对于语言问题的关注和重视自从进入20世纪以后就早已成了一种共识，所不同的只是理解的方式和路径有所差异。例如，英美语言哲学往往体现为“认识论—方法论”的语义分析路径，而欧洲大陆哲学则往往青睐于“本体论—认识论”的语言思维方式，这两种在不同文化、社会语境中所产生的理论方法的差异性，在对于意义和真理等语义学主题的研究方面表现得最为明显。也就是说，欧洲大陆哲学并不像英美哲学那样把语义分析仅仅看作是一种工具，而是希望通过对语言“意义”的理解来揭示隐藏于其背后的本体论和认识论背景，即本体论和认识论背景往往是与“意义”理解本身融为一体的。我们认为，解释学方法在对于理论、语言意义的理解过程中，深入到了哲学问题的本体论和形而上学层面，这与语义学研究的英美传统可以形成有力的互补与支持。



总体来看，尽管哲学的“解释学转向”并非当代语义学研究唯一的思想背景，同时我们也并不能将其作为语义学发展的最终方向，但它的确为语义学的发展指出了颇具意义和价值的理论趋向，并且开拓和扩展了语义学研究的理论空间，这主要表现在以下一些方面。

（1）“解释学转向”启发和影响了语义学的自然性研究。对于语义学自然性特征的重视，是人们对早期分析哲学进行批判的产物和结果，例如，传统语义学研究局限于语言符号的静态结构分析，其结果就表现为真假判断，这种判断完全是以规范的形式体系作为依据的。相反，解释学研究强调文本意义的构造在整体上依赖于其存在的具体语境，这使得语义的形式系统层面和

---

① 李红．分析哲学和解释学的融合．自然辩证法研究，2001，6：2.

② Thiselton A C. *Thiselton on Hermeneutics：Collected Works and New Essays*. London：Ashgate Publishing Limited，2006：191.

③ P. 利科著，汪堂家译．活的隐喻．上海：上海译文出版社，2004：6.

语用解释层面在语境中自然地融为了一体。在这个过程中，解释学研究力图揭示与认识的多维内涵相关的概念结构通过何种途径能够与语义结构相关，同时也希望表明心理意向渗透于语义结构之中的可能性与必然性。例如，利科否认语言结构作为意义载体的确定性特征，他认为语言的意义既包含着句子本身的意义，同时也包括了在“事件”中主体意向性的意义，这种意向性是存在于句子之外而由主体和语用的语境之间的相互关系所生成的一种产物。

（2）“解释学转向”推动了科学语义学的“语用化”研究路径。解释学研究强调在具体的语境中来确定句子或者命题的意义，即通过语义分析和语用分析的结合来实现命题内容在语境之中的确定，“由于解释学模型的参与，语用学模型强调了语境和解释过程中非语义信息的重要性”①。在统一的语境系统中，语义分析向语用维度的倾斜和“接近”，既说明了语义学研究相对于语用学研究所具有的不可替代的作用与价值，同时也从深层次上反映了科学语义学实现其自然性扩张的必然选择。例如，利科对于语言和话语的区分实际上反映了在广义的语言系统中语形与语用的差异性，作为语形的语言具有抽象性和统一性，而作为语用的语言则具有具体性和变动性。我们知道，在语境系统中，规范语言和自然语言各自具有其独特的价值和特征，而利科语义学的鲜明特征就在于，他将文本的意义内涵与话语而非形式的“语言”相关联，这就使得以文本为载体的意义呈现出一种以主体的语用为特征、不断运动、变化和在实在世界当中的语境流转特性。

（3）“解释学转向”激发了科学语义学研究系统结构之中“主体性”地位的回归。解释学研究强调自我存在相对于意义的优先地位，而文本意义的理解与解释也是以“说话者-听话者”和“作者-读者”关系为核心的，这一过程鲜明地突显了语义分析过程中主体的存在价值，即主体作为本文所理解意义的承载者，必然会将其价值趋向投射到具体的意向语境之中。我们知道，科学语义学研究的根本任务就在于理清语言与世界之间的基本关系、结构和特征，而其本质则是对人如何去认识和理解世界方式的一种揭示和阐明。因此，对于科学语义学理论的内在结构而言，脱离主体的严格形式，科学语义学研究至少是存在缺陷的、不完整的，而解释，学研究所强调的这种主体性地位的存在则为具体的和实在的语境基础上意义的理解与交流提供了中介和桥梁。

（4）“解释学转向”推进了语义学研究过程中本体论、认识论和方法论的

① Stamenov M I. *Current Advances in Semantic Theory*. Amsterdam: John Benjamins B. V, 1992: 114.

联结。本体论和形而上学背景是语义学研究的重要基础，从20世纪后期“解释学转向”的理论特征来看，以利科和阿佩尔等人为代表的解释学研究，并没有固执于文化和历史的意义理论之中不可自拔。相反，他们积极借鉴了英美语义学研究的丰硕成果，并将其与解释学研究的目标结合起来，这就使得作为方法论的语义分析与认识论的“理解”，以及对于世界的本体论“解释”之间建立起了紧密的关联。例如，尽管利科将语义学的方法论研究置于非常重要的地位上，但他还是坚持认为语言意义的分析、理解和解释都是与哲学的本体论研究不可分割的，“我还是计划去探索另外的路径，以不同的方式将解释学问题与现象学关联起来”①。

（5）“解释学转向”促使理论意义的说明与理解形成了内在的统一。我们知道，意义的理解是解释学研究的根本任务，而解释学对于本文意义的理解具有丰富的结构性和层次性，它与对于理论纯粹的逻辑语义分析有着很大的不同。在这里，解释学的意义理解有着语境的具体性和整体性特征，离开了这种解释的具体性，意义的理解就将成为一种抽象的思辨。也就是说，对于理论和事物的说明与理解，必须与解释的动态性和开放性结合起来，这种解释的意义既要服从于理论自身说明的规范性，同时也要具有超越理论意义本身的无限性。相对来说，分析哲学所强调的语义分析方法能够对理论和命题的语义图景进行恰当的说明，同时也能够对理论的真理性内涵进行充分的揭示，而解释学方法则将意义的说明和理解统一在了解释的过程之中，这使得事物因果关联的客观性意义和意向行为的主观性意义联结在了一起。在这一点上，利科和阿佩尔都持有同样的观点，例如，利科认为，“解释是理解和说明的统一”②；阿佩尔也认为，“理解与因果说明……可以互相补充”③。

（6）解释学理论与语义学方法借鉴与融合的深层意蕴及其最终归宿是“语境”的语义分析趋向。以利科和阿佩尔为代表所主张的解释学与语义学的融合，使得语义分析的时空性特征、认识论过程和文化社会的背景等语境因素系统地结合在了一起，这在客观上符合了20世纪后期从注重语形的经验语义分析转向整体论的语义分析取向的历史趋势。其原因在于，对于文本或者



① Ricoeur P. *The Conflict of Interpretations*. London：Northwestern University Press，1974：9.

② Ricoeur P. *Interpretation Theory*：*Discourse and the Surplus of Meaning*. Texas：Texas Christian University Press，1976：74.

③ Apel K O. *Understanding and Explanation*：*A Transcendental-Pragmatic Perspective*. Massachusetts：Massachusetts Institute of Technology，1984：236.

言语的解释及其意义的理解本身就是在语境系统之中生成的，这种解释既需要保持与语形或者语法结构的一致性和符合性，同时也会由于语用语境的作用而使得语义内容超越形式的规范性，两者在具有整体性、系统性和结构性的语境基础上达成了统一。

综上所述，随着语义分析方法在当代解释学研究中的深入渗透和应用，句法结构和语义结构的关联性分析得到了进一步的强化，而作为方法论层面上的科学语义学和解释学的功能性价值也得到了更加紧密的结合与提升。因此，从 20 世纪后期语义学方法论研究的理论实践来看，正是由于“解释学转向”所带来的强烈影响和冲击，才促使科学语义学研究的理论域面更加宽广、方法论形态更加多样，这一点已经成了一种我们不能回避的历史事实。

## 二、“修辞学转向”与科学语义学的走向

20 世纪后期以来，人们对于逻辑语义学的兴趣更多地转向了对于自然语言语义学的研究，这种变化带来了哲学的“语用学转向”，以及对于修辞学研究的关注。实际上，修辞学问题本身就是语用学研究的重要内容，它反映了语言符号及其语义之间的内在关系，而鉴于语义分析与语用分析之间的密切关联，修辞学的研究在与语义学融合与渗透的过程中，也能够为传统语义学方法论的扩张作出贡献，因此“语言哲学的研究由语义学的局限性而走向修辞学具有某种必然性”[①]。历史地来看，科学意义上的修辞学研究从“解释学转向”中受益颇多，而“修辞学转向”本身就是哲学的“解释学转向”推进到一定阶段和发展到一定程度的产物，“解释学和修辞学就如同一个硬币的正反面”[②]。因此，“解释学转向”给予科学语义学研究的启发同样也被修辞学研究所继承和沿袭。对于哲学的“修辞学转向”而言，一方面它深刻地浸透着解释学模型的方法论特质，另一方面它又扩张了解释学研究的论域。这种“转向”带给科学语义学研究的“超越性”就体现在：①解释学研究中存在着不同的意义理解模式，它体现了对于意义的“发现”，而修辞学研究则希望在劝导和论辩的基础上实现意义的公共性理解，它体现了对于意义的“发明”，这种“发明”表现在意义的构造既是由修辞的主体所实现的，同时也是由修辞的受众所共同参与的，这是一种双向互动和交流的过程。②解释学研究反

① 郭贵春．科学实在论教程．北京：高等教育出版社，2001：251.

② Worsham L，Dobrin S I，Olson G A. *The Kinneavy Papers：Theory and the Study of Discourse*. New York：State University of New York Press，2000：156.

对意义的形而上学背景和理性预设的前提，它关注于意义理解和解释的“过程”，而修辞学研究则承认在相对的和有条件的边界、范围之内存在着有价值趋向性的意义预设背景，它关注于意义理解和解释的“效果”。③解释学研究在对理论、文本意义的理解过程中，存在着“释义学循环”，而修辞学研究则从“修辞主体-修辞受众”的交往关系出发，在一定程度上超越了“释义学循环”的约束，将意义的理解推向了更为开放、更加“有理由”的广阔领域之中，并且使得与意义理解相关的科学与人文、理性与非理性等多重界面和要素得到了统一和整合。

（1）修辞学与语义学的关联和互动。对于修辞学与语义学的研究视域是否能够发生关联的问题，归根到底在于我们采取一种什么样的态度和方式去对于语义学的研究对象及其特征作出解读。如果我们从“语形—语义”的分析路径出发而仅是对规范语言或者理想语言进行研究，那么修辞学就自然地会被隔绝在语义学研究的界域之外。相反，一旦我们进入了自然语言研究的广阔领域之中，由“语义—语用”的分析路径出发就不可避免地会导向或者产生修辞学研究的问题。其原因在于，类似于类比、隐喻等修辞学问题本身就是自然语言的重要特征表现，而这些问题的理解又是与语义分析方法的应用与展开过程紧密相关的。本质上来看，哲学层面上的修辞学和语义学研究都可以归属于语言哲学的范畴，两者实际上是从不同的角度出发揭示了语言不同侧面的特征，因此它们在语言问题的研究中既存在着一定的关联，同时也具有其独立的价值和功能，这表现在：一方面，“修辞学理论……能够具有语义学研究的基础”[①]；另一方面，通过语言修辞手段的介入和展开，理论的意义能够得到进一步的揭示和阐明，同时它也为符号意义的创造性理解赋予了可能性，因此修辞学方法的应用，能够使得理论在其确定语形规范下的不同意义理解层面之间建立起一致性和可通约性。



从语义与修辞之间的关系来看，自然语言的语义层面是修辞解释的前提和基础，而修辞的过程也恰是对自然语言语义信息的再加工和再处理的过程，因此语义构成了修辞学展开的重要内容。对于语义自身而言，它不仅仅存在于自然语言的浅层结构当中，而且还存在于自然语言的深层结构之中。因此，自然语言的语义结构既包括了作为其“核心”的理性规范信息，同时也包括了处于“边缘地带”的情感和审美等非理性信息，而后者对于前者可以起到

① Bramer G R. Truth and harmony as rhetorical goals. *The English Journal*, 1970, 6: 828.

一种调整和补充的作用，这正是修辞方法相对于语义本身而言所具有的独特价值。特别是一旦进入了语用语境的界域当中，语境的具体化和功能化作用必然会使得修辞方法能够在言语意义的理解中充分发挥其作用。另外，语义修辞也使得语词的能指与所指之间能够通过隐喻和类比等非逻辑形式的路径建立起彼此沟通的语义管道，并且使得语词的所指具有了开放性的选择空间，从而深化了对于语词意义的解释和理解，为语词意义的深层内涵挖掘提供了可靠的方法论途径。

值得注意的是，由修辞学与语义学的关联视域出发，逐渐形成了“修辞语义学”与“语义修辞学”的不同研究领域。对于前者而言，它是从修辞学的视角、方法和论域切入到语义学研究的主题、对象之中，本质上属于语义学研究方法的一种扩张和深化，它关注于在修辞现象和问题背后语言意义转换、变化的本质与特征；相对而言，后者则是将语义分析方法应用到修辞学问题研究当中的一种表现形态，因此它仍然归属于修辞学的研究领域之中，其主要目的在于通过对语义特征和关系的应用，而对自然语言语境中的“言语单位”作出合理配置或选择，由此获得更佳的表达效果。目前来看，这两方面的研究已经引起了语义学家和修辞学家们的共同关注与重视，而这也证明了语义学研究与修辞学之间切实地存在着可沟通和协调的契合之处。



就修辞语义学研究的本质与特征而言，它是以具体的和语境的语用分析为背景而展开的一种语义分析活动，因此它需要兼顾符号化的形式语境、外在化的社会语境，以及修辞语境等多维背景。在这里，一方面，修辞的语义分析不能脱离开语义的语法形式和深层结构，这决定了它具有一定的“边界”和范围。另一方面，通过劝导和隐喻等修辞行为和活动，语言的意义又具有了可理解和沟通的一致性。也就是说，修辞学方法更为本真地揭示了其基于主体间人际交往的深层内涵，它对于语义学研究的重要主题——“意义”的理解而言更具哲学意蕴与价值，并且进一步开拓了语义学动态性研究的路径与空间，这表现在：①修辞语义学研究从非形式的层面上扩展了意义问题的多维存在类型与特征，并且使得真理成了一种基于“发明”和“建构”的社会共同体存在。②修辞语义学研究力图揭示文本意义理解过程中读者与作者在价值和信仰等方面的可协调性特征，而命题或理论的意义则能够通过修辞的论辩加以澄清。③修辞语义学作为一种自然语言语义学研究当中的重要范畴，它反对逻辑实证主义单纯形式理性的分析方法，认为我们有必要对自然语言意义的模糊性和多义性特征进行研究，其中最重要的就是对意义表征的修辞策略和方法进行考察。

总体上来说，哲学的“修辞学转向”能够为语义学研究带来启发和推动作用的根源就在于，它“在方法论的意义上，集20世纪哲学发展中‘语言学转向’和‘修辞学转向’的合理成就（于一体）”①，因此哲学“修辞学转向”的过程实际上也是一个语义学方法论提升与整合的过程，这表现在修辞学研究将语义分析方法与其他的科学和哲学研究方法结合起来，从而能够对科学和哲学论题进行多角度、多侧面的研究，“修辞学所研究的不仅包括语法和句法，而且还有语义学和语用学”②，在此过程中心理的、情感的、逻辑的和历史的等多方面要素被整合进来，这为统一的科学方法论研究作出了贡献。在这里，修辞学与语义学的融合，或者说修辞学研究对于语义学方法论的启示和影响，充分地说明了语义学作为一种科学方法论的“理性”规范性与其“合理性”要求之间并不存在着截然对立或者隔绝的障碍，因此语义学的方法论研究应当实现“有理性”与“有理由”的统一，而语义学方法论的“有理由”特性与要求恰恰是修辞学研究所能够提供和满足的。

（2）修辞语义学与逻辑语义学的互补和“共生”。从修辞语义学与逻辑语义学的关系来看，修辞学所主张的是“有理由”，即符合语用的实践需要，而逻辑学所主张的是“有理性”，即思维方面的合理性。然而，两者之间仍然是有联系的，这表现在修辞语义分析必须以逻辑和语法为基础，而语言的逻辑和语法规则、现象有时候又会以修辞的形式表现出来。这就是说，语义分析的修辞维度及其逻辑特性处在一种相互关联和制约的张力关系之中。我们知道，在逻辑实证主义那里，语义分析被严格地限定在逻辑的形式规范之内，尽管理论的逻辑结构和关系的“内在”研究非常重要，然而在理论的语义分析过程中，对其解释、应用和论辩的“外在”要素、层面的研究也不可或缺，在这里修辞学的引入恰恰能够弥补传统逻辑语义学研究的不足，“（修辞意义理解的标准）不同于逻辑所依据的意义的简单同一性标准”③。例如，对于语言的结构性功能而言，它既包含了具有某种确定性信息的“意义”，同时在语用之中它还具有一定“意义的效果”，而这种效果恰恰是在与语言相对的言语修辞中体现和发挥作用的，它是语言符号意义的一种具体表征。



---

① 郭贵春．科学实在论教程．北京：高等教育出版社，2001：34.

② Simons H W. *The Rhetorical Turn: Invention and Persuasion in the Conduct of Inquiry*. Chicago: The University of Chicago Press, 1990: 267.

③ P. 利科著，汪堂家译．活的隐喻．上海，上海译文出版社，2004：107.

事实上，语义逻辑的严密性并不能排除修辞表达的灵活性和相对性，在修辞表达的过程中，所指与能指之间也并不具有映射和对应关系，而是会依照修辞语境的变化发生语义的转换。也就是说，修辞语义分析的语境背景既包括了主体的修辞策略、目标，同时也包括了修辞的受众和交流环境，而逻辑形式体系的不完备性和不协调性本质上也为修辞语义分析提供了可能性与必要性，"（逻辑）证明是在一个封闭的单义性的系统内展开的……而（论辩涉及的）命题是不确定的和多义的"[①]。因此，一方面，各种类型的修辞要素在语境的基础上具有了结构性和系统性，它们共同参与到了语境的语义分析过程之中。另一方面，在语用的语义分析过程中，修辞的作用就在于它能够为语形和语义的完备性提供更加充足的支持，这使得概念意义的理解联结了语形分析和语用行为阐释的双重层面。

历史地来看，哲学的"解释学转向"就已经打破了真理一元论和绝对真理观的狭隘性，而"修辞学转向"则进一步强调了真理的主体理解之于真理认识的决定性，它保证了真理在主体间社会交往和实践基础上的可推演性特征。特别是具有后现代性特征的修辞学认为，真理是一种具有非确定性的、由主体所参与的、在特定语境中作为一种"主体间"交往的产物，而真理的普遍性和客观性是值得怀疑的，这样修辞分析就成了真理表达、构造和证明的一种重要方法。也就是说，修辞学方法在哲学领域中的引入，使得语义学问题的解决获得了更加便利的途径和条件。具体来看，修辞学的真理构造既包含了逻辑理性的推理作用，同时也包含了情感和审美的辅助功能，这使得我们对于真理的认识在经验的层面上更加具体和灵活。在对于理论修辞方法的应用过程中，经验的约束性和强制性不再具有绝对效力，相反真理的公共性认识和交流则成了我们追求的目标，而这种目标同时也蕴含着对于真理的一致性意见，"修辞学的目的在于交流真理和实现协调"[②]。当然，从修辞的角度来看，概念和理论的真理性在公共层面上的可评价性和可交流特性并不能与真理本身完全等价，而修辞力量的参与和作用仅仅是达到真理普遍认识的其中一种路径，这一点使其与深具后现代性特征的社会建构论的观点区别开来。在这里，真理的修辞学研究将语义的因果性、逻辑性与真理性都看作是一种相对性的存在，它在本质上反映了语言作为一种主体"生活方式"已经参与到了事物真理性的构造过程之中，这使得我们能够通过形象的语言思

① C. 佩雷尔曼著，许毅力译．逻辑学与修辞学．哲学译丛，1988，4：60.

② Bramer G R. Truth and harmony as rhetorical goals. *The English Journal*, 1970, 6: 826.

维对抽象的和形式化的真理进行理解。

（3）隐喻分析与语言意义的多维扩展。隐喻问题是修辞学研究当中的重要内容，隐喻不仅是一种修辞学的重要现象和内容，而且可以成为一种哲学和科学理论研究的重要方法，“在所有语言现象中，隐喻是最让人费解的意义之谜”①。不论是对隐喻问题的修辞学阐释，还是对于隐喻问题的语义学分析，它们都内在地要求一种对于隐喻意义进行详细说明的理论，“应该把隐喻归入语义学的一个专有名词”②。也就是说，在语词的隐喻表达意义背后，读者需要通过语义替换和分析去追索隐喻词背后作者的原初意义，这一过程就是语词意义的编码和解码的过程，这意味着我们需要对语义转换的具体过程，以及语义转换的结果进行深入考察，其最终目的就是实现语义理解的适当性。特别是在隐喻语义分析的内在机制中，隐喻目标的实现需要在不同的语义场之间实现一种转换，即在“喻体”和“本体”语义学之间进行“映射”的操作。在这里，隐喻方法的应用使得语义的生发性和创造性特征得到了很好的展示与说明，而语言概念的内涵在此过程中也能够得到更为全面的理解，因此，一方面“隐喻是一种语义事件”③，另一方面“隐喻也是语义学的一种创新”④。



当然，对于隐喻语言的语义分析而言，一方面它必须要依赖于语形作为其载体，另一方面它也要借助于语用以获得发挥作用的效力，然而它最终的发展方向仍然必须要以融合了语形、语义和语用界面的语境作为基础，这使得隐喻具有了一种朝向语境而生长和发展的内在趋向性。因此，正是语境的背景作用和联结特性，使得隐喻过程和语义分析之间具有了彼此渗透与融合的可能性。在语境系统中，隐喻的意义一方面对应于特定的语境“事件”，另一方面它也借助于语境要素的选择和指派而具有了一定的规范和“边界”，“隐喻的这种普遍存在源于意义的语境定理……思想之间的交流，即语境之间的和解”。也就是说，隐喻意义的理解需要遵守一定的规则，然而这种规则是在语境中蕴含和存在的，隐喻的意义表明了说话者的话语含义，它与文本意义处在一种相分离而又有所牵制的关系之中，语境的条件和规则赋予了隐喻

---

① P. 利科著，汪堂家译．活的隐喻．上海：上海译文出版社，2004：6.

② 涂纪亮．当代美国哲学论著选译（三）．北京：商务印书馆，1991：85.

③ P. 利科著，汪堂家译．活的隐喻．上海：上海译文出版社，2004：134.

④ P. 利科著，陶远华、袁耀东等译．解释学与人文科学．石家庄：河北人民出版社，1987：13.

意义选择的规范性和具体性，它为语词概念的“重解”和“构造”提供了基本条件。在这里，隐喻意义的理解必须以相关的语境条件作为基础，而隐喻的意义产生于不同语境条件下对于语句解读的差异性和协调性，这是隐喻表达和理解的基本前提。同时，隐喻的创造性作用和生发性特征使得意义能够处在一种以具体语境为基础的、不断生成和转换的过程之中。可以看出，隐喻功能的发挥使得语词的意义在直观的基础上具有了深刻的扩张性和创造性特征，而这种扩张性和创造性却是在现实的语境中存在和起作用的，这充分地证明了隐喻的语义分析不可能脱离隐喻的具体语境而独立存在。

（4）修辞语义学的“后现代性”本质与特征。回溯历史，西方哲学中一直潜存的“逻各斯中心主义”一直延续到逻辑实证主义的理论传统中，这使得与之相伴随的语义学思想也带有了浓厚的基础主义和本质主义倾向。与之相对应，20 世纪后期的西方理论界发起了“消解中心”和“解构本质”的后现代主义哲学运动，而在其中修辞学与语义学方法的广泛应用与相互推动，一方面成了促进后现代主义思想形成与发展的强大动力，另一方面它们自身也深刻地受到了后现代主义思想的感染与熏陶，从而使其显示出了具有“后现代性”色彩的发展趋向和特征。例如，德里达利用“分延”（difference）和“撒播”（dissemination）等修辞学概念、术语来揭示文本结构背后所潜存的意义，“散乱的多义性和文本撒播……这种分延是与意义的创造紧密相关的”[①]。他认为，意义并不存在于“能指”当中，而能指与所指之间也并不具有确定性的关联，相反我们有必要去创造一种具有永恒性和无限延续性的文本“互文”（inter-text）理解方式，这样有关意义与指称的二元对立结构就在语言修辞分析的过程中实现了“超越”。对于利奥塔（J. F. Lyotard）而言，他的修辞学研究集中地展现了其在与语义学的关联过程中具有“后现代性”特征的思维倾向，这主要表现在利奥塔对于“崇高”概念的理解和认识过程中。利奥塔认为，对于“崇高”和“审美”这样一些概念而言，它们本身就是修辞学研究当中的重要内容，特别是在艺术与诗歌等修辞学载体中，“崇高”与“审美”成了这些语言文体展开的主要手段，“崇高的来源：修辞格、词语的推敲、陈述时的语音语调和演说的结构”[②]。本质上来看，“崇高”具有一种追求理性真理的特性，然而它本身却是不确定的，因此理性只是某种形而上学的幻象，“当演讲的崇高性可以证明思维与真实世界之间的不可通约

① Derrida J. *Dissemination*：Chicago：the University of Chicago Press，1981：385.

② J. 利奥塔著，罗国祥译．非人——时间漫谈．北京：商务印书馆，2001：106.

性时，它就是真的"[①]。可以看出，利奥塔这种对于"崇高"概念的分析和判断过程打破了理性真理的一元论和统一论，它所主张的是真理的差异性、不确定性和向非理性视域扩张的开放性特征。

在此，我们应当指出，具有"后现代性"特征的修辞学与语义学的联结具有其历史的必然性，因为修辞学方法的突显和应用本身就是"后现代性"语义学思想的重要特征，而这在传统上以理性主义和科学主义为主张的语义学"现代性"研究中是不可想象的，具体来说，有以下几个方面：①"修辞学转向"打破了将意义等同于客观指称的做法，认为确定性的意义本身并不存在，所存在的只是公共意义的理解和认同。对于这种公共可理解的意义而言，论辩说理和修辞劝导的方法在其中发挥了重要的作用，这就使得修辞的语义分析摆脱了意义的预设论和基础论而关注于意义产生与创造的过程，并且使得意义成了一种现实而具体的存在。②在文本意义理解和解读的基础上，修辞学的作用使得解释的主体参与到了对于文本意义"合理性"的构造过程之中，并且更进一步凸显了意义理解的"主体性"内涵。也就是说，具有"后现代性"特征的修辞语义学反对意义的共识原则，认为这种"共识"背后潜藏着现代主义色彩的知识和科学统一论思想。③"后现代性"修辞语义学既反对语义原子论和还原论，同时也反对狭义的意向和心理语义论，而是在包括了本文、主体、对象和交往因素的系统语境基础上将意义看作是一种"境遇性"的产物，这使得语言意义的理解具有了极大的动态性特征。④传统真理观的本质就在于它设置了"科学"与"叙事"之间的绝对界限，然而其合法性却并未得到证明，因此它是一种有关真理认识的"暴政"，而具有"后现代性"特征的修辞语义学强调真理是一种语境的产物，话语的意义并非严格依据具有"优先性"地位的真理而产生。

（5）修辞语义学研究的认知[②]和语境基础。对于修辞学、语义学与认知思维之间的关联性结构，我们可以从两方面来进行考察：一方面，在修辞语义分析的过程中，客观地存在着主体认知的层面、要素及其作用，从认知方法的视角上对于相关的语义学问题进行考察成了修辞语义分析过程中一种不容忽视的重要路径选择。另一方面，在认知的语义分析过程中，修辞学的手段、策略及其方法也必然会被引入和渗透进来，这成了认知语义学研究实现其目标的一种重要途径和方式。因此，无论是从修辞学的视角对与其相关的



① J. 利奥塔著，罗国祥译．非人——时间漫谈．北京：商务印书馆，2001：107.

② 对于语义学研究的"认知"模型，我们将在下述第五章第一节中进行更加深入的剖析。

认知语义分析进行考察，还是从认知方法的视角对修辞语义学进行研究，它们都必然会涉及修辞、语义与认知之间的关系，这是同一个问题的不同侧面，或者说是同一种现象的不同表征，“认知修辞学试图在文本分析的层面上建立起认知语义学与修辞学理论之间的一种关联”①。这一点表明，语义学的研究不是孤立的、单独存在的，而是与认知和修辞等多维界面之间存在着“纠缠”关系，而这也是实现其方法论扩张的重要前提与基础。

对于认知语义学而言，理解被其看作是语言的主要功能，而语法则为心理情境理解提供了前提和基础，在此过程中话语因素和修辞风格产生了特殊的心理和情感框架，因此认知语义分析可以渗入到句法和语法术语的修辞界面当中。本质上来看，符号的意义只有通过主体的认知解释才能够实现理解，这样我们就不能局限于传统的修辞心理描述，而是必须对主体在话语中运用修辞的方式及其路径进行研究。在这里，修辞作为一种认知行为和活动，其目的同样是为了达到对于事物意义的理解。我们知道，认知语义学将语言符号与对象世界之间的关系置于人的认知过程（人类的理解、推理和想象）之中进行考察，而修辞学研究则关注于在具体语境之中语言的使用对于修辞者或者语用主体的影响，这就使得修辞的过程会涉及主体对于概念结构的体验特征，同时也会将语义构造与思维机制中的概念化过程关联起来，“在文本分析的层面上存在着认知语义学和修辞学理论的关联”②。可以看出，在此过程中，修辞学的情感、心理等因素自然地渗入到了认知活动的展开过程中，这使得修辞作用能够借助于认知分析而与语义学发生关联。此外，对于真理问题而言，修辞作用和活动的目的并不仅仅在于实现真理性认识的表达和理解，而是会参与到产生和创造真理的过程中，这使得真理认知成了一种人类实践性的活动。因此，认知语义分析在修辞学研究中的引入和应用使其论域得到了扩展和深化，解释力得到了加强和巩固，这一点是确定无疑的，“认知语义学为修辞学理论与分析提供了一种有用的框架”③。

从理论归宿上来说，无论是20世纪后期的哲学修辞学研究还是哲学语义学研究，其最终发展趋向都会指向语境论的研究路径。这是因为随着修辞学

① Hampe B，Grady J E. *From Perception to Meaning*：*Image Schemas in Cognitive Linguistics*. Berlin：Walter de Gruyter GmbH & Co. KG，2005：443.

② Hampe B，Grady J E. *From Perception to Meaning*：*Image Schemas in Cognitive Linguistics*. Berlin：Walter de Gruyter GmbH & Co. KG，2005：443.

③ Hampe B，Grady J E. *From Perception to Meaning*：*Image Schemas in Cognitive Linguistics*. Berlin：Walter de Gruyter GmbH & Co. KG，2005：445.

或者语义学研究界域的不断扩张，它们必然会和与其相关的其他语境要素、层面发生关联，正是这种关联性特征指引了其方法论的进一步提升与整合，其最终目标都是旨在拥有更强的理论解释力和更大的方法论应用空间。因此，修辞学方法和策略在哲学、科学领域中的深入扩张，既是科学哲学“后现代性”的重要特征，同时也是推动科学哲学在“后现代性”层面上向前发展的重要动力，它使得语境论思想进一步得到了具体化和现实化，“修辞学……从方法论的层面上强化了科学语境的分析意义和作用”①。特别是随着修辞学与语义学研究视域、方法的深入融合与联姻，或者说在语义学问题研究中对于修辞学手段、策略的越加重视，相关的语境结构要素已经成了不可分割的内在整体，这潜在地为作为理论研究基础的、统一的和系统的语境论思想引入铺平了道路，由此语境论基础上的语义学研究就成了我们所面对的现实的理论选择。从语境、修辞与语义之间的关系来看，修辞和语义都是在语境基础上存在和起作用的，修辞是语境基础上语义问题研究的一种路径和方式，而语义则从根本上决定着修辞的范围和程度。在具体的言语行为活动中，言者和听者对于修辞手段的应用目的都在于实现语义的理解，而语境则为语义和修辞的协调与统一提供了具体的和实践的依据。因此，尽管修辞学和语义学同样关注于在语境中语义的阐释方式及其特征，然而修辞学主要致力于消除在交往中语义的模糊性和误解，“语境意义的定理使我们能通过语境理解隐含在语词意义中的话语的缺乏部分”②。



## 第二节　实在论语义学与反实在论语义学的论争与借鉴

当代实在论语义学与反实在论语义学的论争兴起于哲学“语言学转向”的背景之下，由此实在论与反实在论的传统表征和论证形态发生了极大的转换。在此过程中，语义分析方法的应用成了两者展开论争的一种基本而重要的方法论工具，同时语义学的论题在此背景下也展现出不同的发展路径和趋向。然而，从语境论的视角来看，实在论语义学与反实在论语义学具有差异性的分析取向，实际上是各自切中了语义学论题的不同侧面和维

① 郭贵春．科学修辞学的本质特征．哲学研究，2000，7：20.

② P. 利科著，汪堂家译．活的隐喻．上海：上海译文出版社，2004：112.

度，两者在方法论层面上的相互借鉴和补充促使科学实在论不断地调整其应对策略与理论方法，同时重解并整合其内部结构，这不仅为科学实在论从方法论意义上进行辩护提供了有力的支撑，而且为其持续性的发展注入了强大的动力。

## 一、实在论语义学与反实在论语义学论争的由来

实在论与反实在论之争具有悠久的历史，例如，古希腊朴素的物理实体概念与非实体概念之争、中世纪唯实论与唯名论之争、17—18 世纪客观经验主义与主观经验主义之争，以及近代康德的“物自体”与黑格尔的“绝对理念”之争。然而，在漫长的历史进程中，实在论与反实在论之间的争论并没有得到一个确定性的结果，反而使得两者各自具有了蓬勃的生命力和发展空间。

19 世纪末到 20 世纪初，哲学的发展经历了一个巨大而深刻的变革，这一变革就表现在哲学抛弃了传统的“形而上学”问题之争，转而从语言分析的层面上试图消解和重构哲学研究的问题域，同时现代逻辑技术的发展也为这一系统工程提供了可能性，由此语义分析方法在哲学研究之中的重要地位就开始凸显出来。在分析哲学和语言哲学的时代背景下，语言成了研究思想与世界之间关系的中介和桥梁，而语言意义的理解则成了揭示思想本质和内涵的必由之路，“我们把通过语言对思想的研究归结为对意义问题的研究，因为只有当我们理解了一个句子的意义时，才能理解这个句子所表达的思想”①，这就意味着传统本体论和认识论问题的求解及其存在形态具有了新的表征路径、方式。

实在论语义学与反实在论语义学的论争具有深刻的历史必然性。一方面，语义分析方法成了两者论争的手段、方式，以及捍卫其立场的有效武器，以至于成了实在论和反实在论为了维护其自身存在地位和加强论证力量不可忽视的一种重要方法论工具。另一方面，在新的时代背景下，对于真理、意义和指称等语义学相关论题的研究日益具有了不同的路径选择，而实在论与反实在论的基本立场则从根本上为语义学相关论题的解决提供了重要的“形而上学”背景，这导致对于语义学相关论题的研究趋向最终被分属于实在论和反实在论的两大阵营之中。当然，最为重要的是，在实在论语义学与反实在

① A. C. 格雷林著，林明译 . 分析哲学：“实在论”与“反实在论”之争 . 哲学动态，1987，6：16.

论语义学犬牙交错的激烈论争过程中，语义学的研究得到了最为强烈的关注——语义学研究的论域得到了扩展，主题得到了深化，方法论体系得到了完善，这使得它在20世纪后期的哲学研究中由一种有效的分析方法而最终作为系统方法论正式确立了其存在的合法地位。

在逻辑实证主义的反实在论衰落之后，如何继续对各种形式的反实在论作出反击并捍卫实在论的立场和地位，成了许多实在论者们共同思考的问题。然而，实在论者们清醒地认识到，若是回复到以往简单和朴素的认识论辩护立场上来，这并不能从根本上动摇以逻辑实证主义为代表的反实在论的根基。为此，他们认为，有必要借鉴正是由逻辑实证主义所信奉和推崇的语义分析技术，并将其编织进自己的方法论体系之中。由此，实在论者们开始了向科学实在论转变的历史进程。正是在科学实在论形成、发展与走向完善的过程中，语义学的研究发挥了重要而不可替代的作用，这成了科学实在论立场上的语义学兴起与发展的重要时代背景。

实在论语义学与反实在论语义学在意蕴上与语义实在论和语义反实在论存在着不同之处。实在论语义学与反实在论语义学的理论关照面在于实在论或反实在论立场是如何渗透、影响和作用于语义学的研究过程之中的，其主要研究对象和核心是“语义学”，即具有实在论或者反实在论立场的语义学的研究路径、特征及其表现形态。相对来说，语义实在论或者语义反实在论区别于认识论等其他对于实在论和反实在论进行研究的方法论路径，其核心在于实在论和反实在论本身。当然，一般来说，通过语义分析方法与实在论和反实在论的结合，一方面实在论和反实在论存在、发展的内在形态有了很大的改变，另一方面也使得语义分析方法获得了借以实现其“模型构造”的本体论基础，这就为实在论语义学或者反实在论语义学的形成提供了重要的前提。对于语义实在论而言，它肯定了理论命题的真值特性，认为语词、命题是实在地与外界对象、存在相关联的，也就是说语词和命题能够具有作为其表征的客观内容。对于语义反实在论而言，命题、陈述的真值是在我们认识之中来实现的，为此我们必须寻求断定这种真值的经验依据或者理由。本质上来看，实在论语义学和反实在论语义学之间的论争具有形而上学问题求解的理论目标指向，而在其中语义学分析的核心论题“真理”和“意义”理论则鲜明地体现了对于这种形而上学基础背景进行探讨的不同路径和趋向，而这也是当代实在论与反实在论不约而同地将论争的目光和视角转向语义学论题研究的根源所在。

## 二、实在论语义学与反实在论语义学论争的内涵

20 世纪实在论语义学对于自身立场的辩护及其科学性基础的构造，是在反对反实在论语义学的过程中逐步形成和确立起来的，而当代科学实在论基础上的语义学理论也经历了一个与反实在论语义学针锋相对的论争历程。早期的反实在论者弗雷格强调概念与范畴的实在性特征，他认为“指称”要依赖于“含义”，而含义则是与世界中的实在事物相对应的。从逻辑上来说，句子含义可以表示为命题，而指称则是句子的真假赋值。这样，弗雷格就将句子的含义与其真值条件关联起来了。特别是弗雷格坚持了与后来的罗素和维特根斯坦相一致的意义叠加与组合原则，即复合命题意义存在的基础就是简单命题的意义。为此，维特根斯坦也认为，命题的意义就是与世界当中实在的事物或者事态的对应，“命题是现实的形象，因为只要我们理解了这个命题，则我就能知道它所叙述的情况”①。在逻辑实证主义的阵营中，卡尔纳普展示出了其反实在论语义学的坚定立场。对于卡尔纳普而言，他认为应当将其逻辑句法学的研究与语义学的研究结合起来，并且在其句法“宽容原则”的基础上建立起真理和指称的概念，从而消除语义悖论，建立起语义学分析的逻辑模型。历史地来看，卡尔纳普的这一工作极大地推进了塔尔斯基语义学的研究进展，为当代语义学的反实在论倾向奠定了基础。

在当代实在论语义学与反实在论语义学的论争过程中，戴维森与达米特之间的论战典型地反映了当代实在论语义学与反实在论语义学在吸取历史经验和教训的基础上，积极借鉴不同哲学流派和哲学趋向，从多方面拓展自己的发展路径，完善自身方法论体系的努力。戴维森的实在论语义学强调了语言与实在的同构性特征，即认为语言的意义能够真实地表征实在的特征。从理论内核上来说，戴维森的实在论语义学思想与塔尔斯基的语义学思想一脉相承，其中比较鲜明的差异就是戴维森将“意义”与“真值”概念的界定方式和路径进行了颠倒，即以“真值界定意义”取代了以“意义界定真值”。也就是说，意义理解的基础就是真值条件，因此句子意义的提出也就等同于其真值条件的确定。戴维森主张句子的意义成分论，即整体语句的意义取决于其构成语词的意义，对语词意义的分析必须以句子构成的结构性规则作为基

① L. 维特根斯坦著，郭英译．逻辑哲学论．北京：商务印书馆，1985：40.

础，“只有通过给出那种语言中的每个语句和语词的意义才能给出任何一个语句或语词的意义”[①]，这样借助于真值条件我们就可以达到对于意义的认识。我们知道，塔尔斯基从语义构成的规范性入手，认为具有不确定性内涵的自然语言会产生悖论和问题，而戴维森则认为通过限制量词的辖域和有序的推论步骤，最终可以达到对于自然语言意义的说明。在这里，戴维森的自然语言语义学立足于上述实在论语义学的基本立场，肯定了其作为意义承载者的实在性特征。总体上来说，一方面，戴维森的实在论语义学摒弃了早期真理符合论的狭隘性。在整体论原则的启示下，他主张人们对于语言事实的信念应当服从于作为整体的人类信念集合，而信念之间的“融贯”就可以产生真理性的判断，“使说话者的信念与解释者的逻辑标准一致起来，从而相信说话者具有很明白的逻辑真理”[②]。那么，语句在信念的基础上是如何能够被判断为真的呢？戴维森将这种判断的依据推向了作为信念存在基础的表达者的共同信念背景，即整体上意义的一致性或者近似性。因此，戴维森的意图在于打破早已为人们所诟病的“语言图像论”，重建语言与世界之间的联结管道；另外，戴维森的反实在论立场必然会产生认识的客观主义倾向，在这个过程中，主体的认知和判断能力完全处于模糊地带之中。因此，尽管戴维森的实在论语义学采取了全新的论证方式，然而他却仍然无法避免和摆脱真值条件理论和真理符合论的合法性问题，其本质是与意义和真理之间的深层结构、关系具有紧密关联的。



针对戴维森具有实在论倾向的语义学思想，达米特在反实在论的立场上对其进行了坚决的回击。基于其直觉主义的数学理论，达米特认为对于实在论语义学进行有效批判的关键就在于，揭示其所接受的真假二值判断原则的狭隘性。也就是说，达米特认为无论实在论语义学具有什么样的基本形态，它归根结底都会由真假判断而导向客观主义，“陈述的真值都归因于独立于我们关于它的知识的某种实在”[③]。那么，如何对“真”作出解释和说明呢？达米特认为，必须将对于真的判断置于我们的认知过程之中，真理本质上就是一种认识过程中“证实”的产物，因此真理的本质与其认识过程是不可分离的。对于达米特而言，命题和表达式的真必须具有为人们所证实和判断为真

① A. P. 马蒂尼奇编，牟博等译．语言哲学．北京：商务印书馆，1998：133.

② D. 戴维森著，牟博译．真理、意义、行动与事件．北京：商务印书馆，1993：181.

③ M. 达米特著，任晓明、李国山等译．形而上学的逻辑基础．北京：中国人民大学出版社，2004：8.

的依据，真理并非一个先验式的概念，而是产生于语言的实践过程之中，因此在自然语言的研究中真理概念能够具有应用的有效性。在此，达米特清楚地意识到了由先验性真理到实在事物特性的推演过程中存在着悖论。实际上，达米特的所谓“证实”（justification）本质上具有“构造”和“辨明”的意味，它所反对的是真理的客观性本质。在有关意义的问题上，达米特认为语言意义的理解等同于对于“意义”知识的掌握，同时按照其“可显示性”原则，这种理解必定是公开的和可以交流的。换而言之，达米特的语义学思想注意到了语言形成和发展的具体过程，以及在对于语言进行认识和理解过程中的背景性条件、要求，并且他将意义的获得与主体的认知状态和过程有效关联起来。特别是达米特意识到了意义问题在实在论与反实在论的论争中所具有的核心地位，他认为直接询问命题和语言表达式的意义是无用的，我们应当询问的是有意义的语言命题、表达式是如何进行理解的。也就是说，我们需要对意义的理解和认识过程进行分析，搞清楚意义是如何被构造和“证实”的，同时我们也应该更多地展现意义背后所隐含的态度和行为类型，“意义理论……有责任说明某个人对一种语言的理解意味着什么”①。这有助于解决实在论与反实在论的“形而上学”立场之争。总体来看，一方面达米特的意义构造理论站在反实在论的立场上批判了狭隘的柏拉图主义所产生的客观主义倾向，而强调意义的理解也具有直觉和思维活动决定性的特征。另一方面，达米特的反实在论语义学论证使得反实在论具有了全新的和完整的表征形态，这使其能够更加深刻地揭示出反实在论相对于实在论的方法论优越性。

通过对以达米特为代表的反实在论语义学和以戴维森为代表的实在论语义学进行比较，我们可以看出，对于意义、真理和指称等语义学核心论题的研究，已经成了当代实在论语义学与反实在论语义学论争过程中不可回避的重要趋势，这深刻地说明：一方面，语义学的研究在这种论争的过程中得到了深化和扩展，语义学研究的方法论路径得到了多维度的探索；另一方面，作为“中性”的语义分析方法与实在论和反实在论的论争深刻而又必然地结合在了一起，这使得语义学的研究自然地“沾染”了实在论和反实在论所带来的形而上学背景趋向，这无论是对于实在论和反实在论本身，还是对于语义学研究的未来发展趋向，都产生了深远而重要的影响。

---

① M. 达米特著，任晓明、李国山等译．形而上学的逻辑基础．北京：中国人民大学出版社，2004：89.

## 三、实在论语义学与反实在论语义学论争的核心

实在论语义学认为，语言能够建立起与外界事物之间的指称关系，对于这种关系的不同解释就形成了不同的实在论语义学形态。实在论语义学研究的目的在于通过对语言的分析，来达到对于实在结构、特征的理解和把握，认为真理判断的依据在于不依赖于我们认识和理解的实在性对象，即真值条件本身具有超验性的特征。这样，在真值条件方面能够加以证明的真理命题作为我们知识大厦的基础，是与实在的世界和对象相关联的，其原因就在于事物存在的客观性特征使得句子的真假二值原则具有了不以我们的认识而变化的确定性。因此，实在论语义学侧重于考察“普通的经验意义和分析陈述所具有的那种特殊意义之间的区别”①。

在分析哲学和语言哲学的背景下，反实在论语义学本身并不具有绝对的意义，它也并不必然表现为对于实在论的全盘否定，而是会针对实在论语义学的种种特征相应地提出自己的反对意见。对于反实在论语义学而言，其重点和实质就表现为对于实在论语义学的一种“反叛”和对立情绪。反实在论语义学对于理论、概念的可观察性和经验性特征提出了怀疑，它认为理论和科学是具有条件性的，它们本身是特定语境之中的一种模型与解释，其意义只有在理论的比较和约定的基础上才能够体现出来。另外，反实在论语义学把矛头对准了实在论语义学所坚持的真值条件理论，认为真值条件并不具有绝对的适用性，例如，某些非对应实在、事实的句子就不可能通过真值条件来进行判断。也就是说，实在论者所强调的真值条件在实际应用当中根本无法检验，它超出了我们的理解范围，因此句子的真假并不具有独立性，而句子使用的意义也是无法把握的。在语用过程中，还存在着有意义的“虚假”专名及其规则的存在，这是实在论所坚持的真值条件理论难以作出合理诠释的。此外，如何将真值条件理论进行有选择的替换，也是反实在论语义学思考的重要问题，为此不同的反实在论者们提出了不同的论证方式。例如，卡尔纳普强调在“语言框架”之中的语词具有特定的意义，而名称则需要通过对可观察现象的还原式对照来界定其含义——这种真值条件语义学本质上具有客观主义的真理符合论特征。对于真理的认识而言，反实在论语义学强调它是一种推理或者证明的过程，在命题和句子的逻辑推理过程中并不会首先



① 陈波．实在论和反实在论的逻辑观．湘潭师范学院学报，1999，5：9.

先验地假定真理概念的存在。因此，将真理确立为意义理论的核心是不切实际的，而句子的真假判断必须具有与我们的经验认识和理解能力相关的理由。也就是说，真理与正确的可断定性是不同的，而真理的本质与真理判断的理由、依据之间也是存在差别的。

对于反实在论语义学的倡导者而言，他们认识到了建立在真理概念基础上意义理论的不可靠性，因为我们的认识能力并不具有把握句子真理的可能性。正是由于这个原因，经验论的反实在论语义学认为可观察现象与理论构造的对应性是可疑的，例如，在不可观察现象的可能世界理论中，就存在着如何对于现象进行恰当选择和评判的问题。另外，反实在论语义学认为语言的意义建立在主体自身的理解基础上，它与语言之外的世界根本无关，语句的意义依赖于其使用条件，而真理则服从于规范的语义规则。也就是说，独立于我们认识和经验的判断真假的事实并不存在，实在论者的这一理论前提必须要具备由主体所参与的“可发现”和“可认识”的可能性。因此，反实在论者认为与语言真假相关的事实“必须是我们可以发现的、可以接近的、可以研究的”①。

从实在论语义学与反实在论语义学的比较来看，实在论语义学本身预设了形而上学的本体论立场——真理是独立于认识的实在，而反实在论语义学力主从认识论的路径上对于实在论进行批判。在实在论语义学与反实在论语义学的论争过程中，意义问题与真理问题不可避免地成了其论争的核心。从本质上来看，“意义”与“真”都与人们对于语言的认识和理解紧密相关，“真理”是“意义”的基本前提和保证，而“意义”则是“真理”问题研究的目的和趋向。在这一点上，实在论者们认为我们对于意义的理解，不可避免地要假设世界存在的客观性或者真理无关于主体认识的先验性特征，而反实在论者们则主张意义的理解具有典型的“属人性”特征，因此真理的构造是不可能脱离主体的认识和理解而存在的。毋庸置疑，意义问题是实在论语义学与反实在论语义学之间论争的核心，而真理问题在两者之间的论争中也占据着重要的地位，“正是本体论和语义学这两个方面的联系产生了真理的问题”②。在此，从意义与真理之间的关系来看，实在论语义学通常表现为“意

① A.C. 格雷林著，林明译．分析哲学：“实在论”与“反实在论”之争．哲学动态，1987，6：18.

② A.C. 格雷林著，林明译．分析哲学：“实在论”与“反实在论”之争．哲学动态，1987，6：19.

义（确定性）——真值条件——真理”的分析路径，而反实在论语义学则往往表现为“真理（确定性）——真值条件——意义”的探讨方式。总体上来看，一方面，反实在论语义学对于真假二值原则的否定动摇了实在论语义学存在的基础，并且将语义学研究导向了动态性和开放性的研究视野之中。另一方面，反实在论语义学对于实在论语义学的否定和拒斥则体现出一种分析哲学的批判精神，在某种程度上它是促使实在论语义学不断前行的动力，而当代科学实在论语义学的形成与完善恰恰证明了这一点。

## 四、实在论语义学与反实在论语义学立场的“弱化”

实在论语义学与反实在论语义学之间并不具有严格而森严的壁垒，两者在一定程度上具有一种融合与借鉴的关系，这一点已经被当代实在论语义学与反实在论语义学论争的历史所证明。我们从当代著名的实在论者或者反实在论者的语义学思想来看，完全彻底的语义实在论立场是不存在的，两者都表现出了某种“弱化”和“接近”的发展特征，或者说两者都以某种方式和路径影响、渗透进入了对方的理论构造过程之中，这充分体现出了当代语义学方法论在打破传统的基础上寻求对话、沟通和理解，从而实现系统方法论构造的一种希望和努力。



对于具有语义实在论立场的普特南而言，他充分反思了自己前期以“因果历史指称理论”为代表的实在论语义学思想，“一个大而复杂的表征系统……与它所表征的东西之间也不具有内在的、固有的神秘的联系”[①]。普特南认为，对理论、语言与实在之间的关系完全从对应论和决定论的意义上去理解是有失偏颇的。也就是说，理论与实在之间并非单纯是一种“逼真”的实践过程，为此我们有必要对真理的认识过程进行考察。那么真理性的认识过程是如何完成的呢？一方面，普特南认为我们应该将真理概念与“合理性”概念联系起来，这样“用以判断什么是事实的唯一标准就是什么能合理地加以接受”[②]。也就是说，在真理的认识中可以有“价值事实”或者“信仰观念”的存在。另一方面，普特南认为真理就等同于一种理想化的“证实”。这种“证实”并非是要完全回复到逻辑实证主义的立场上去，而是从更为基础

① H. 普特南著，童世骏、李光程等译．理性、真理与历史．上海：上海译文出版社，1997：10.

② H. 普特南著，童世骏、李光程等译．理性、真理与历史．上海：上海译文出版社，1997：2.

和更具方法论的意义上，把真理看作是一种在逻辑上能够具有证实可能性的认识。我们知道，实在论语义学将意义理论的核心看作是具有真假二值原则的真理，这样就能够从本体论的视角上使得真值条件脱离于我们的认识之外，并且将其置于客观性的立场上。对此，普特南认为，真理发展的形态及其可能性不是简单和僵化的，因此实在论语义学的“意义”理论是不可接受的。这样，普特南就为“真理”赋予了相对性和动态性，他认为对于真理问题的研究必须深入到对于“真理”形成过程的考察之中。从这一点上来说，逻辑实证主义的证实性标准不仅过于狭隘，而且恰恰是一种“排斥真正的哲学理性的哲学”①。因此，在合乎哲学理性的层面上，真理的“理想化证实”不仅是适当的，而且它真正地把逻辑实证主义所信奉的关于真理的证实性问题和真理的判断问题区分开来，使得真理不再是一种既定的“目标”，而是成了一种具有过程性和可能性特征的存在。

从科学哲学的立场出发，普特南将理论和认识的真理性条件看作是一种具有变动性的过程，因此所谓真理“理想化的证实”，并非是要完全脱离于“证实”之外，而是为“证实”赋予了一种条件性和认识论意义上的灵活性。我们可以看到，普特南的“强”语义实在论立场的确是发生了某种“转换”，这一点在其关于概念构造、理解的“生活世界”思想之中得到了鲜明的体现，“我们试图去采纳‘可接受’和‘多元论’的思想”②，“我们希望我们的思想和我们的世界观能够互相支持”③。也就是说，概念本身就是与我们生活的世界自然地融为一体的，真理的实在论“符合”必须在打破身心二元对立的基础上来理解，并且应该把真理与概念的分析和理解结合起来。这充分体现了普特南企图打破实在论的“符合论”，超越反实在论的“相对主义”，并且从真理的语用化和语境化理解的崭新维度上“重解”语义实在论立场的艰辛努力。

上面我们以普特南实在论语义学立场的“弱化”为例，对于当代实在论语义学参照和借鉴反实在论语义学的总体趋势进行了说明。我们的目的在于，指出这种实在论语义学研究方向的转换并非是独立的个案，而是广泛地渗透在当代实在论语义学的研究过程中。实际上，无论是奎因的自然主义语义学，还是福德（J. A. Fodor）的意向语义学思想，无不

① 郭贵春．科学实在论教程．北京：高等教育出版社，2001：296.

② Putnam H W. *Pragmatism, An Open Question*. Oxford：Blackwell Publishers Ltd，1995：1.

③ Putnam H W. *Pragmatism, An Open Question*. Oxford：Blackwell Publishers Ltd，1995：22.

体现出当代实在论语义学向整体化的、语用化的和自然化的语义分析路径探索的趋势，而这恰恰是当代反实在论语义学所极力主张和认可的重要理论域面。

在反实在论语义学看来，如何在逻辑实证主义和历史主义留下的遗产中开辟出新的发展路径来，成了他们谋求具备与实在论语义学论争地位的重要任务。对于持有反实在论语义学立场的达米特而言，他并未完全反对在一定范围内采用经验可观察的方法来对命题意义的真假进行判断，为此他主张我们应该采取一种“适当”的语义学模型对观察命题进行解释，“这种推广的结果也就确立了一种新的证实主义形式”[①]。特别是达米特认为对于真理概念的正确理解能够有助于我们分辨命题的真值条件、命题态度和命题存在的意向性背景。例如，数学命题的真值判断具有一种以语境为基础的语义“关联”特性，而并非仅仅是一种基于逻辑语形和句法层面的认识。这一点充分表明，以达米特为代表的语义学家们所主张的反实在论语义学并没有走向完全的反实在论极端立场，他们与极端的反实在论语义学所主张的对于“真理”概念的抛弃态度还是刻意地保持了一定距离的。



对于具有反实在论思想背景的范·弗拉森（Van B. C. Fraassen）而言，他的“构造经验主义”在语义规定性的层面上试图对经验主义濒于死亡的境地进行改革。从其理论本质来看，范·弗拉森所提出的“构造经验主义”的概念是要表明，科学理论的“经验适当性”（empirical adequacy）可以成为我们认识成功的一种可选择的途径，它作为语义和语形在认识层面上的特定关联，不仅使得理论联结了具有可观察性的“现象”，而且使得理论经验意义的完整性得到了保证，“经验适当性是一个理论真理唯一确切的标准”[②]。出于对逻辑实证主义语义反实在论立场进行批判的目的，范·弗拉森认为理论的构造与实在之间存在着具体的、丰富的、结构性的关联特征。对于科学真理的认识而言，经验对象的整合与关联只是我们在认知模型之中的一种假设，“倘若一个模型具有与可选择的事件过程一致的部分，那么在该模型与实在之间就可能存在着完全的一致”[③]。在此，范·弗拉森将真理本身与“经验适当性”进行了区分，他认为一方面我们可以通过命题与实在之间的对应关系来确定命题的真理性，另一方面“经验适当性”相对于真理却是我们

---

① 任晓明、李旭艳．达米特的语义反实在论．科学技术与辩证法，2004，5：62.

② Van Fraassen B C. *Images of Science*, Chicago：The University of Chicago Press，1985：41.

③ 郭贵春．科学实在论教程．北京：高等教育出版社，2001：319.

必须要坚持的一种“信仰”，“唯一可以被接受的信仰就是理论的经验适当性”[①]。我们可以看出，从科学哲学的理性进步上来说，范·弗拉森的这种“经验适当性”实际上是希望用超越逻辑标准的动态性来弥补传统经验论真理标准的狭隘性，而这种可能性和必要性已经被科学理性的发展和进步所证明。

此外，劳丹（L. Laudan）的“规范自然主义”试图从科学理性的方法论路径上“拯救”经验观察的有效性。劳丹发现，经验的规则对于科学认识和科学理论的进步具有重要的意义，为此我们有必要从经验的立场出发而构建起理性的方法论规则，“方法论的研究最主要的目标就在于寻找最适合于自然世界研究的有效策略”[②]。然而，劳丹在对于科学哲学的理性进步进行考察的过程中，“又不自觉地预示或者暗含了另一种经验主义的工具理性范式”[③]。他认为，只有在经验归纳和研究的基础上，才能对理论的历史发展作出更好的解释和说明，从而使得“把科学的目的性仅仅看成了一种意境取得的、完全支持归纳结论的条件”[④]。可以看出，这在某种程度上体现了劳丹将“规范性”与“自然主义”结合起来的理论初衷，同时也表明了劳丹试图调和语义实在论与语义反实在论立场的努力。毋庸置疑，这恰恰展现出了当代反实在论语义学在面对实在论语义学的攻击和挑战之时所采取的一种应有的“让步”和反思。



总体来看，当代实在论语义学立场的“弱化”表明，实在论者们在哲学的“解释学转向”和“修辞学转向”的背景下进行了深刻反思和积极回应，以便于他们在方法论层面上进行适度的“退却”。其原因就在于，实在论者们发现随着对于语义学相关论题的研究向纵深方面的扩展和深化，已有的语义学方法论“工具库”已经难以适应科学理论解释、说明和构造的发展趋势，这充分说明了人类理性的发展已经摆脱了单一的和直线式的探索方式，开始向着综合的、结构化和系统化的路径全面迈进。因此，实在论语义学的这种策略性的“让步”和“转向”不仅是出于与反实在论语义学论争的需要，而且更是为了在更大范围内拓展自己的生存空间和维护自身合法地位的必然



① Van Fraassen B C. *Images of Science*. Chicago：The University of Chicago Press，1985：29.

② Laudan L. Progress or rationality—the prospects for normative naturalism. *American Philosophical Quarterly*，1987，1，27.

③ 郭贵春．科学实在论教程．北京：高等教育出版社，2001：311.

④ 郭贵春．科学实在论教程．北京：高等教育出版社，2001：312.

选择。

## 五、科学实在论语义学与语境实在论语义学的“超越”

20世纪后期以来，在实在论语义学与反实在论语义学对于意义的本质、特征和实现过程进行论争与辨明的过程中，语义学研究的科学实在论立场得到了凝聚和提升。相比较于传统的实在论语义学思想，科学实在论语义学一方面加紧从实在论立场出发构建自身相对完备的方法论体系，另一方面它也积极地吸取反实在论语义学的教训和经验，以期能够树立和巩固自身的存在地位，从而更好地为科学理论的构造、解释和分析作出贡献。

本质上来看，科学实在论的语义学是在科学哲学的研究过程中形成和发展起来的，它涉及科学的本质和目的，以及理论与实在、世界之间的关系问题，同时还有指称和真理的本质等问题，“科学实在论与一种在明确科学理论的语境基础上命题的语义学相关”①。在此，科学实在论语义学一方面超越了传统实在论关于语义分析的经验主义立场，认为单纯依靠真值条件的经验判断并不能够对理论的真理性作出合理的解释；另一方面，科学实在论语义学也抛弃了反实在论语义学的约定主义真理观，认为类似于卡尔纳普和后期维特根斯坦的约定论真理观，使得真理服从于人们能够接受的规范的语义规则，这从根本上会导致这种真理观走向逻辑悖论的死胡同，因为约定论者既无法解释逻辑真理在认识论当中的普遍有效性问题，同时也会陷入“约定的真理本身……必然超出约定界域而到我们的直观和经验中去找”的困境之中。②为此，科学实在论语义学强烈地意识到，必须把语义分析的“本体论根基”扭转到科学实在论的立场上来，而这种立场的特征就表现在：首先，科学理论真实地或者实在地反映了不以我们的意志为转移的客观存在，因此我们应该去实在地理解科学理论并且承认它可以通过某种方式和途径被证实。其次，科学理论对于真理性的追求是有意义的，它本身在一种动态的发展和进步过程中可以对实在的世界和物理现象作出成功的解释。对于科学理论而言，科学实在论坚持它能够具有指称且具有真理性，也就是说科学理论能够对客观物理世界作出精确的描述，同时我们也能够用真假判断来对科学理论进行评判。再次，科学理论是系统的、全面的和结构性的，它不仅包括对于物理实



---

① Andreas H. Semantic challenges to scientific realism. *Journal for General Philosophy of Science*，2011，1：17.

② 陈波．实在论和反实在论的逻辑观．湘潭师范学院学报，1999，5：8.

体的研究，而且也能够胜任对于微观不可观察现象包括认知、心理和精神现象的研究。最后，科学理论的逻辑理性结构根植于科学理论的认识、理解和解释的整体背景之中，对于科学理论的分析存在于“规范的形式”和“规范形式的超越”之间的合理张力之中。

科学实在论的语义学试图表明，在科学理论的语义分析过程中，相关的本体论、认识论和方法论的要素、成分与背景能够内在地、有机地联结成为一个整体，它的意义的丰富内涵和指称关联的多样性特征得到了充分展示，而这一点恰恰是传统的实在论语义学和反实在论语义学所不具备的。在意义与指称之间的关系方面，传统的实在论和反实在论往往在预设的形而上学背景基础上提出自己的主张，而这造就了工具主义、操作主义和实证主义、历史主义等语义分析取向。与之相反，科学实在论语义学认为，指称的确定具有丰富而可扩张的条件性，因此指称概念的意义既具有一定的规范性“边界”，同时它也倚赖于作为整体的理论背景，这就为它赋予了充分的相对性、变动性和灵活性。对于理论概念的意义而言，它的结构性功能是在具体的语境中实现的，意义的这种结构具有一定的层次性和整体性，正是从这个意义上来说，“意义决定了指称概念的内涵和外延”[①]，而意义也成了“指称定位的立体坐标”[②]。因此，科学实在论语义学认为，理论概念的意义要比指称本身具有更为丰富的内涵，而在对规范主义和自然主义进行统一与融合的基础上，科学实在论语义学既承认意义联结了外在的对象与实在，同时也认为意义必然会与心理状态和意向性特征的作用具有某种关联。



从语境论的视角来看，实在论语义学基于真值条件论更多地强调了真值的语义层面，而反实在论语义学则更多地强调了真理的语形构造。然而，语形分析和语义分析在语境论的系统之中实际上是不可分割的，因此“实在论与反实在论之争的问题可以通过一种新的概念化的语境来得到解决”[③]。更为重要的是，反实在论语义学为语义分析过程中“主体性”地位的突出作出了贡献，并且将意义问题引入了认知分析和语用实践的动态性研究过程之中。为此，如何把能动的“主体”与语义学的内在结构结合起来，成了当代语义学研究需要反思的重要问题。反实在论语义学认为，意义在语境之中是基于



① 郭贵春．意义大于指称．晋阳学刊，1994，4：44.

② 郭贵春．意义大于指称．晋阳学刊，1994，4：46.

③ Cohen R S，Hilpinen R，Qiu R Z. *Realism and Anti-Realism in the Philosophy of Science*. Netherlands：Kluwer Academic Publishers，1996：11.

解释和说明的过程而产生的，在语境的交往和理解中，意义具有相对的非确定性特征。在这里，将“可理解的主体”作为研究语言与世界之间基本关系的背景，本质上推翻了理想化的语义形式规范性；同时，具有历史、文化基础的自然语言意义与形式规范的语言意义也并非是完全隔绝的，而是在两者之间存在着可沟通和可联结的管道，“在语境论语义学中，语义标准和认识论的规范标准紧密地结合在了一起”①。由此，反实在论的语义学突破了单纯真值条件语义学的局限性和狭隘性，将语言社会文化构造的具体性引入了意义的实现过程之中，这对于实在论语义学的研究具有很大的启发意义。事实上，在具有动态性和整体性的语境基础上，“真理”成了一种以主体为导向、以认知过程为中介、以自然化的交流为目标的具体活动，这样就打破了传统实在论语义学关于真理对应论和反映论的消极性。同时，真理也成了一种在语境之中特定要素的关联性存在，以及一种在人类活动中意向性状态和文化历史背景基础上的“展现”和“构造”。

在实在论语义学与反实在论语义学论争的过程中，关于语境实在论的思想逐渐突显出来，并获得了其方法论方面的比较优势。这主要表现在：首先，语境实在论使得建立在语境基础上的语形、语义和语用分析联结成了一个整体，从而使得传统的实在论语义学与反实在论语义学能够在一个共同的、可依托的平台之上进行论争，这潜在地为它们之间的渗透与借鉴提供了可能性。其次，将语境论的思想立足于实在论的背景之上进行扩张和解释，推进了传统语义实在论的科学化、系统化和整体化研究，捍卫了语义学研究的科学实在论立场，加强了与反实在论语义学进行论争的效力和作用。再次，语境实在论超越了意义的约定论和预设论，扩展了语义的结构性和整体性，使得句法和语形能够与具体的语用结合起来，这使得意义的理解能够根植于具有实在性的语境系统之中。最后，语境作为一种本体论的存在为意义的理解赋予了具体性、结构性和特定的规范性，这是语境实在性的一种表现，“语境是真实的、结构化的，这种结构能够被认知者加以模拟”②。可以看出，在语境实在论的立场上，语义分析超越了逻辑语形结构的局限，使得理论概念的形式规范性与意向语用特征内在地联结在了一起，它们共同作为语境之“网”中特定的结构性存在而具备着功能和作用。同时，语境的实在性本质也使得理



① Greenough P, Lynch M P. *Truth and Realism*. Oxford: Oxford University Press, 2006: 143.

② Oulasvirta A, Tamminen S, Höök K. *Comparing Two Approaches to Context: Realism and Constructivism*. New York: ACM Press, 2005: 195.

论与观察、外在的实体与内在的概念空间在认识论层面上达到了统一，由此“意义”作为一种有主体参与的构造性的存在便具有了坚实的背景空间。正是从这个意义上来说，传统的实在论语义学和反实在论语义学的理论趋向及其特征可以在语境实在论的视野之中得到一定的“弱化”、互补和统一。

## 第三节　内在论语义学与外在论语义学的对峙与统一

内在论语义学与外在论语义学立足于各自不同的语言哲学立场，试图对语言与世界之间的关系，以及意义的来源、本质和真理等问题作出解答，两者之间的纠缠伴随着心理主义、实证主义、历史主义和自然主义等思想流派的对立和争执，同时也与语词内涵、外延，以及含义和指称等问题的研究密切相关。在此，内在论语义学与外在论语义学作为一种语义分析的基本倾向，渗透在了科学哲学和语言哲学研究的相关问题之中。总体上来说，内在论语义学与外在论语义学之间的对立与分隔只具有相对的意义，而科学语境论思想的提出则为两者之间的融合与统一提供了重要的平台与基础。另外，内在论语义学与外在论语义学的论争是 20 世纪语义学研究领域的重要课题之一，两者之间的分隔与对立成了不同时期语义学研究的时代背景，为此古德伯格（S. C. Goldberg）认为，“没有对两者之间的争论是否存在有起码的关联给予应有的重视”①。因此，进一步从本质上厘清内在论语义学与外在论语义学的不同表现特征及其发展脉络，以期寻找适当的分析背景和基础并且实现两者之间有机的统一与融合，就成了我们所面临的一项重要而紧迫的任务。

### 一、内在论语义学的理论内涵与表现特征

历史地来看，内在论语义学的根源可以追溯到 17 世纪以休谟和洛克为代表的感觉经验主义。例如，洛克在语词与观念之间建立了对应关系，他认为语词意义的根源就在于与之相对应的观念，也即一种心理意象，这些观念的集合构成了思想的主要内容。特别是这种意义的观念论将语言作为认识的一种中介和工具，其核心就在于对客观的因果必然性——与外在的实在对象的

① Goldberg S C. *Internalism and Externalism in Semantics and Epistemology*. Oxford: Oxford University Press, 2007: 1.

关联——提出了质疑和否定。当然，为了达成交流和理解的目的，这种观念必须具有与之相对应的能够为大众所接受的语词，这样观念的形成和构造就成了语言与世界之间沟通的重要手段。19 世纪末，弗雷格在继承洛克观念论思想的基础上，试图对指称理论的缺陷加以弥补，其基本主张就是认为在语词与对象之间存在着心理表征界面——“sense”，也即在心灵中存在着概念层面这一中介，这种指称理论将意义理论的根本任务确立为寻求与语言命题相对应的实体存在，因此“形式语言是一种概念文字……直接表达事物”[①]。可以看出，从洛克到弗雷格，他们的观念论思想所具有的立场和倾向是一贯的、持续的，而且它们在本质上都可以被归入内在论语义学的范畴，其根本原因就在于这种观念论思想本质上还是一种反映论和经验论，尽管主观的思维作用和心理经验在此过程中发挥了重要作用，但是它们并不能产生决定性的影响。

进入 20 世纪以后，继承了传统经验论衣钵的逻辑实证主义，通过对“观察标准”的推崇和强调，而全面地走向了内在论的语义学研究趋向。逻辑实证主义语义观既是内在论语义学的典型代表，同时也是内在论语义学的一种极端化倾向，其指称理论认为意义就是名称与其所指对象之间的关系。实际上，这种理论预设了语言与世界和事实之间具有同构性的特征，其典型代表就是罗素的“意义与指称同一”的理论。同时，逻辑实证主义虽然摒弃了弗雷格及早期实证理论将意义看作是语词所指的狭隘思想，但它也仍然从内在论的立场出发对意义的判断和证实理论进行了阐释，并且从语言的严格逻辑语形构造出发建立起了语言与世界的绝对而又必然的对应关系，由此便使得“真值＝所指＝意义”。这样，对于意义理论的研究就转化为了对于命题真值关系的探讨，而理论概念、陈述在意义的可证实标准基础上都具有可判断的真值，由此理论的可观察命题就内在地为意义的确定提供了一种解决路径。同时，逻辑实证主义的意义证实理论认为，所有的语词都是借助于逻辑和感觉经验来界定的，在思想语言中符号意义的获得与特定的性质相关，而逻辑表征则是通过它在语言系统之中所处的地位和空间来加以判断的。总体来说，逻辑实证主义的规范语义学研究作为内在论语义学的典型代表，其特征就在于将真值条件的语义分析作为基础，通过主谓词与事物，以及它们之间的对应关系来对意义进行刻画。当然，逻辑实证主义的初衷是在反心理主义和坚



① F. 弗雷格著，王路译．弗雷格哲学论著选辑．北京：商务印书馆，1994：41.

持逻辑客观性的基础上建立其内在语义观，然而这种进路不仅导致了形而上学心理主义的狭隘性，而且还使得语义学研究完全向逻辑语形研究“退却”，从而使其走向了危险的境地。其根本原因就在于，这种真值条件语义学是以客观主义为基础的，它的主要特征有：第一，意义属于外在对象、事态的内在心理表征，其本质具有表征的系统性、结构性，与主体的思维倾向、心理想象特性无关。第二，与语言相关联的思维机制能够进行机械化的分解和逻辑操作。第三，外在对象具有脱离语言本身的独立性和自在性。因此，逻辑实证主义的这种逻辑语形的构造，并不能真正与认识论上的真理判断直接关联，这是导致它后来走向全面崩溃的根源所在。

在内在论语义学的阵营中，结构主义的语义分析从一开始就将语言看作是一个独立而封闭的系统，认为语言是文化、社会现象的活动、类型的映射与表征，而意义则是由具有一定结构性的语言系统所决定的，并且是在这种“联网”结构中被映射出来的。或者说，语词之间是通过与其相对应的结构而实现联结的，语词的意义受到与其相关联语词的整体作用和影响。例如，索绪尔强调语言的共时性研究时，认为语言作为一种客观现象具有规范性和系统性，为此我们应该研究作为整体的“语言”而非“言语”，而语言的意义就是能指与所指之间的关系。我们可以看出，从理论特征和本质上来说，结构主义的语义分析仍然是一种微观的、静态的语义学研究，特别是它立足于将语言本身作为“自解对象”，力图通过科学而精细的语言现象分析来实现对于世界的理解，这种语义分析的基本模式仍旧属于一种“现代”的语义学研究类型，它与内在论语义学的理论趋向是一脉相承的。

在对于语义客观主义反思的基础上，乔姆斯基采取了笛卡儿式的先验认识论立场，认为语义是一种纯粹心智和心理的现象，而意义则具有公共可理解的内在基础，“我们把重心放在认知科学如何诉诸心灵表征的意义来概括认知过程和行动”①，其语义学思想的内在论特征如下：第一，他坚持从认知和心理层面展开语义学的分析，认为人类具有达成意义理解的前语言能力，同时意义在语境之中具有一定的适应区间，而语言本身在思维当中也具有自洽性。第二，乔姆斯基将日常语言与形式语言划分开来，他认为自然语言尽管具有其存在的多种形态，但是它与语言思维的形式化表征之间仍然存在较大距离。因此，自然语言、语言思维、机器语言之间并不具有对应关系，这样

① A. 乔姆斯基著，宁春岩译. 乔姆斯基语言学文集. 长沙：湖南教育出版社，2002：482.

机器语言或形式语言就完全成了语言思维活动的一种模拟和表征。第三，乔姆斯基以所谓“普遍语法”的形式系统性对语言的本质进行了研究，批判了指称论和真值理论。特别是他从心理智能研究的角度出发，将语言视作一种符号和规则运算的过程，认为对于真理和意义等语义学问题可以采用形式化的方法进行思维推演。可以看出，乔姆斯基语义学的内在论特征是比较明显的，“从那些关于内在生成的认知模式的符合经验的观点出发……语义特征……的分析就距离不远了”①。

在批判逻辑实证主义的基础上，20 世纪后期以劳丹和范·弗拉森等人为代表的反实在论者从真理的内在化理解出发，为内在论语义学的发展开辟了新的生存空间。面对自然主义、历史主义，以及认知科学等新兴哲学流派和思潮的挑战，内在论语义学在坚持自己分析立场的同时，也适度地对自身的方法论体系进行微调，以更好地适应哲学发展的时代趋势。对于范·弗拉森而言，其经验主义的语义分析理论本质上是对传统经验论立场的一种补充和修正，而这种立场又在很大程度上为内在论语义学的进步赋予了新的表征形态。同时，范·弗拉森对于语义分析方法的倚重和推崇彰显了他在内在论语义学的立场上进行策略性的“退却”，以换取自身存在更大的合理性和发展空间。这表现在：第一，理论的语义分析较其语形构造具有很大的优越性，它是解决“经验论”危机的有力工具。第二，理论的语义分析能够克服其单纯逻辑语形构造和解释的缺陷。第三，理论的语义结构具有假设模型的经验构造性，“构造经验主义反对科学实在论，科学的目标就是给出一种说明可观察世界和不可观察世界真实状况的理论”②。第四，在理论模型的语义解释过程中，真理并不意味着前者与实在之间具有直接的逻辑关联。相对来说，劳丹的内在论语义学与历史主义的外在论思想保持了一定的距离，其语义学思想具有如下特征：第一，理论的解释、评价和分析是通过规范的语义自然主义认识论来实现的，“摆在我们面前的是方法论的自然主义蓝图”③。第二，反理性的经验论是劳丹对历史主义语义分析所存在缺陷应对和矫枉的基础，“方法论的合法性不能依赖于科学发展历史的合理性”④。第三，劳丹在其语义



① A. 乔姆斯基著，宁春岩译．乔姆斯基语言学文集．长沙：湖南教育出版社，2002：505.

② Shook J R. *The Dictionary of Modern American Philosophers*. Bristol：Theoemmes Continuum，2005：2473.

③ Laudan L. Progress or rationality. *American Philosophical Quarterly*，1987，1：29.

④ Laudan L. Progress or rationality. *American Philosophical Quarterly*，1987，1：23.

"规范性"和"自然性"协调的基础上，力图解决语义内在论与语义外在论之间的争执。可以看出，劳丹通过对自然主义思想的引入，不仅希望克服内在论语义学的缺陷和不足，而且希望通过这种方法论的"宽容"和"扩张"来应对由外在论语义学所带来的危机和挑战。

总体来看，无论是逻辑实证主义、结构主义还是操作主义、工具主义和建构主义等语义学流派、趋向，大体上都具有内在的语义经验主义色彩，本质上都可以归属于内在论语义学研究的阵营，其根本特征就在于它们将意义归结为蕴含于语言之中的概念理解，并且将其目标确立为对于心理表征的结构及其过程的分析。这种心理表征作为内在论语义学的核心，使得语言和观念由此占据了心理空间和实在世界两者之间的中间地带。特别是内在论语义学将意义的理解看作是一种心理事实，意义的理解与语言的结构之间并不具有共时性关系，而意义与外延语境之间也并不具有一致性。然而，内在论语义学却极有可能会导致"容器中大脑"及笛卡儿式的先验存在问题，更进一步它也会对语言的本质及其自洽性等问题产生重要影响。同时，在语义学的核心论题——真理的确定性方面，它所持有的内在还原论式的真理观的崩塌对其产生了致命一击。因此，内在论语义学从其产生到后来的修正和完善，并不能消除其固有的先天缺陷，这也是它招致外在论语义学猛烈批判的重要原因。



## 二、外在论语义学的理论特征与整体趋向

外在论的语义分析倾向在 20 世纪中后期得到了扩展和深化，其根源和立足点在于对逻辑实证主义内在论语义学的"反叛"和"转向"。正是由于对内在论语义学所采取的语义分析态度的反感，20 世纪中期以后的诸多语义学家们开始从自然主义和历史主义等立场出发去寻求新的语义学发展路径。

（1）以后期的维特根斯坦为代表的日常语言学派给予了外在论语义学的发展极大启发。在传统的经验论语义学中，其意义和指称的确定是在封闭和严格的形式体系中被赋予的，心物对立和分离的"二元论"色彩非常明显，而语词的指称则被局限于语言之内。为此，日常语言语义学从自然语言的语义分析出发突破了逻辑实证主义内在论语义分析的限制，开始向与语用层面相关的社会、文化和历史等一切外延语境因素靠拢。这表现在：第一，日常语言是意义的重要源泉，日常语言的用法具有实际的有效性，日常语言表达

式的模糊性并没有排斥其作为意义理解基础的可靠性。第二，日常语言的功能和作用是多重的、复杂的，其指称的确定只有在使用之中才能实现。第三，语言是一种行动或实践的方式，语言的意义具有开放性，它本身就存在于丰富而具体的语言活动之中。第四，自然语言的意义与真理并不等同，两者在语境之中具有变动性和相对性。总之，与逻辑实证主义的内在论语义学相比，日常语言学派在自然语言中寻求意义理解基底的做法是明智的，他们注重语言意义的意向性与语用特征，力图从自然语言本身当中去寻求意义理解的动态性和丰富性，从而为语义学研究的外在化趋向奠定了基础。例如，维特根斯坦后期就意识到了意义的内在规范性是不合理的，重要的是语词的活动类型、使用及外在解释，而这恰恰是为"意义之泉"的敞开铺平了道路。

可以看出，日常语言学派的语义学研究在传统的分析哲学内部注入了生机和活力，动摇了逻辑实证主义内在论语义学的"统治"地位，为后来外在论语义学的发展埋下了伏笔。也就是说，与意义问题相关的内涵与外延问题研究已经超越了语言问题研究的本身，跨入了语言之外的界域，而意义问题也从来都不是孤立存在的，而是广泛地渗入了言语活动、交际和思维交互作用等多重因素。因此，日常语言学派的语义分析实际上是要从自然语言当中去发掘意义的根源和本质，例如，后期的维特根斯坦就认为个体心理状态的内涵依赖于个体所处的环境、社会要素。因此，从 20 世纪科学哲学发展的总体跨度上来说，日常语言学派所持有的动态的和开放的语义学分析思维，成了 20 世纪后期科学语义学向前推进的"先声"，而其语义学研究倾向由"内"向"外"的转向，也自然地被外在论语义学所吸收，并且成了外在论语义学从历史、人文等多维度拓宽自身发展路径的重要发端。



（2）历史主义的语义分析成了外在论语义学发展的重要趋势。在逻辑实证主义衰落之后，欧洲大陆的历史主义和人文主义开始了对以科学主义为旗帜的逻辑实证主义的反思，因此历史主义的语义分析本质上是对语言哲学和分析哲学传统的一种"校正"。为此，以库恩、图尔明（S. Toulmin）、费耶阿本德和汉森（N. Hanson）等人为代表的科学哲学家们，开始从人文理性的立场出发对意义的本质和真理等问题进行研究，并且力图与逻辑实证主义的"规范语义学"撇清关系，其主要特征在于：第一，历史主义的语义分析强调"主体"在语义学分析与说明过程中的重要地位。在历史主义看来，主体的思维活动和理解过程是在语境基础上实现意义交往不可或缺的重要一环。

也就是说，主体是意义达成的能动性基础，它本身在丰富而系统的语境之中能够起到联网的推动作用。第二，历史主义的语义分析强调在语词符号的意义理解中文化和历史的渗透作用。在此，意义不再具有严格的理性规范特征，而指称也具有了变动性和灵活性。第三，与语义相关的语形构造具有了开放的推演空间和可能性，它依赖于具有相对性和具体性的文化历史条件，语用语境在这其中成了重要的基础和背景。总体而言，在理论的历史语义分析过程中，语词、命题的指称和意义更加紧密地结合在了一起，这实际上是从人文理性的角度出发，为寻求理论的明晰化和精确化理解开辟了一条新路，它能够从更加广阔的域面上拓宽语义学的分析路径。这深刻地说明，科学理论的意义具有系统性和整体性的特征，脱离了客观史实和潜在社会背景的意义是不具有确定性和真理性的。

在 20 世纪后期外在论语义学的发展过程中，克里普克和普特南等人的因果历史指称理论颇具影响，其主要特征就在于强调语词的因果历史链条对于所指的决定性作用，认为理论命题的真理性并不能够从观察过程中“自然地”产生，同时词语和命题的意义在语境之中也具有不确定性和相对性。对于克里普克而言，他将概念的意义置于文化和社会的语境范畴之中进行理解，认为语词的内涵决定其外延。也就是说，概念与其心理表征之间存在着距离，概念的形成是一种社会成员之间交际的结果，体现了绝大多数人对于事物本质、特征的理解和认识，“指称……依赖于社会中的其他成员……正是遵循这样一个历史，人们才了解指称的”[①]。与之类似，普特南的“意义恰恰不在头脑中”的著名论断鲜明地标示出了外在论的语义分析态度，他清楚地意识到了如果仅仅采用心理状态的分析对意义本身进行理解，这必然会陷入 19 世纪末早已被遗弃的心理主义的危险境地。因此，“语词的外延是由集体实践确定的，而非由个体头脑之中的概念确定的”[②]，意义本身只能在丰富的社会交往过程中进行理解和把握，而个体的思维、感知和心理状态在其中并不能够起到决定性的作用。

值得一提的是，20 世纪后期戴维森的外在论语义学理论引入了客观的人类信念界面，为语言的分析和理解建立了“本体论-认识论”的沟通渠道，同时也为外在论语义学赋予了多种形态和发展的可能性。为此，戴维森力图在语言自身之外实现对于语言的审视和观察，他强调基本的理论背景对于言语

① S. 克里普克著，梅文译 . 命名与必然性 . 上海：上海译文出版社，1988：96.

② Putnam H W. *Realism and Reason*. Cambridge：Cambridge University Press，1983：75.

的决定性影响，而对于意义问题我们也不能将其局限于狭隘的语义分析层面，而是应该在实用主义的立场上侧重于对其语用的诠释，“面向观察的是在语境之中句子的使用”①。同时，语言的意义既源自于客观存在的因果关联，同时也与主体之间约定的共同信念具有密切关系。特别是戴维森的语义学理论预设了两个前提：第一，包括与意义理解相关的主体信念在内的诸要素构成了一种相互关联的系统结构，而语义的因果关联作用是由主体、交往对象和客观实在等因素所形成的复杂机制。第二，个体之间的信念在进行语言交流和解释的过程中，必须具有约定的保真性。也就是说，语言意义所依赖的私人信念具有共同的可证实性，而意义本身与信念和真理之间具有密切关系。这样，具有实在信念内涵的命题就潜在地对应着实在和对象世界，而意义就体现在这种信念的实在内涵之中。在此，作为意义存在基础的“客观世界”，可以被看作是一种与信念相关联的存在，而其客观性本身就是在思想、信念与外在客观对象的交往过程中显现出来的。由此出发，戴维森认为意义取决于外在的事态和对象，而真值命题由于自身贯通了语言与实在，因此这样就能够建立起符合我们需要的意义图景。可以看出，戴维森的外在论语义学思想试图对语义学的本体论问题作出回答，在本质上它与其整体论思想是相协调一致的。



（3）自然主义的语义分析是促进外在论语义学发展的重要动力。20 世纪中期以后，在科学哲学的演进过程中，自然主义思想的渗透和扩张成了一种不可忽视的重要倾向。因此，自然主义语义分析的兴起具有其历史必然性，一方面它是理性的自然主义拓宽和“改造”自己的生存界域，向语言哲学的阵地扩张的必然选择；另一方面它也顺应了逻辑实证主义之后打破“符合论”和“对应论”等二元论的内在语义观，消除语义还原主义的形而上学“迷障”的历史趋势。

对于自然主义的语义学而言，它在反对经验论的基础上，坚持了理论命题的实在性特征，认为观察命题和语句与直观的感受之间具有一致性和相通性，也即“面向观察本身”。其主要特征在于：第一，自然主义秉承客观的观察和实验操作精神，反对意义的观念论和传统的指称理论，它主张把语言看作是一种公共的社会性活动，因此意义的分析、理解也必须根植于这种活动的状态和特征之中。第二，理论命题的意义关联于人类、社会的行为，其意

① Davidson D H. The structure and content of truth. *The Journal of Philosophy*，1990，6：300.

义存在的合理性是与行为事实相对应的。第三，语义分析的“语用化”倾向是与自然主义的本质要求相符合的。第四，真理的语形要求、规范不同于其语义的真理性，理论的真理性需要着重考察与理论本身相关的信息、事实和特征。例如，对于奎因的自然主义语义学而言，他认为语义分析的重点在于整体和系统的语境，因此极端的逻辑理性语义观并不符合自然的实在性特征。具体来说：第一，传统的真值理论是不可能完成指称确定的任务的，因为理论命题的意义是一种与语言的先验形式无关的后天“构造”，而理论概念、术语的意义则与实在具有因果关联结构。第二，整体的语境为指称问题的研究提供了不可或缺的重要基础。第三，语言具有文化行为特征，它必须在有人类参与的文化、历史背景下才能展开分析，这种语言行为具有一种实在的“物理特性”，也即“具有任何语言倾向的语言行为都是一种确定的物理事实”①。第四，语词或理论的意义可以经由自然化的语境在语境系统中被补充和完善。我们可以看出，奎因的语义学观点在自然主义的基础上明显地导向了外在论的立场，同时在其中也隐含了语境论的基本思想。不言而喻，自然主义的语义分析与外在论语义学在理论出发点上相同，在理论侧重点上类似，在理论特征方面相通，这也是外在论语义学倚重和借鉴自然主义思想的根源所在。



综上所述，外在论语义学的提出具有深刻的理论针对性，它主要是针对内在论语义学所面临的现实缺陷和反笛卡儿主义而提出的，认为概念在获得心理解释的同时也必须获得外部理解。例如，20 世纪后期的动态语义学在某种程度上也具有外在论的语义分析倾向，它将意义看作是一组可能信息的集合结构，认为由潜在的信息变化构成了信息语境，而传统的静态语义学则恰恰表现为一种内在论语义学。从外在论语义学与内在论语义学的比较来看，两者都涉及认识论问题研究的层面，然而两者在理论特征和分析取向等方面仍然存在着较大差异。这主要表现在：第一，内在论语义学把具有特定思想内涵的性质作为一种内在特性，而外在论语义学则将其作为一种关联特性，强调意义的情境特征和语言的生活交际功能。第二，内在论语义学对于主体的思想内涵进行了排斥，其主要表现就是真值条件理论，而外在论语义学则假设了作为语义分析主体的存在特性，强调个体状态之间的因果关联和历史关联。第三，从语义学研究的历史来看，内在论语义学往往是与语义反实在



① 郭贵春．科学实在论教程．北京：高等教育出版社，2001：150.

论相关联的，而外在论语义学则往往与语义实在论之间具有千丝万缕的联系。

## 三、内在论语义学与外在论语义学的统一

从内在论语义学与外在论语义学的比较来看，二者在理论侧重面和立足点上的不同，并不能否认它们在意义本质问题上所具有的共通性。实际上，内在论语义学与外在论语义学各自关注和强调了语形、语义与语用关联的不同界面，内在论语义学使得外在论的语义分析与心理表征和理性的语形构造结合起来，而外在论语义学也使得内在论的语义分析与语用事态和实在世界具有了更多关联，"内在论需要外在论的补充以将语义学与世界相联结，外在论也需要内在论的补充以将语义学与心理实在相关联"①。

（1）认知与意向语义分析为内在论语义学与外在论语义学的融合提供了可资借鉴的重要思路。20世纪后期，基于对逻辑实证主义内在论语义学的强烈批判和对于之后历史主义外在论语义学的全面反思，认知语义学开始迅速兴起并得到了蓬勃发展。究其根源，乔姆斯基对于心智与语言之间整体作用机制的研究给予了认知语义学很大启发，尽管其由"认知、心理机制（个体认知的共同基础）—意义—语词—实在"所展开的分析路径仍旧没有摆脱典型的先验论色彩和形式主义的桎梏，但是它仍然为认知语义学的广泛兴起和繁荣播下了火种。在理论的修正和反思过程中，认知语义学逐渐超越了乔姆斯基将意义脱离语词、实在的先验化趋向，同时也弥补了乔姆斯基关于主体意义理解的基础能够通约的武断性，并且试图对语言、意义与实在之间的关系进行更加深入、细致的剖析，这主要表现在以下几个方面。

第一，认知语义学认为语言的意义与认知活动和过程具有同构性，两者是相互对应的，语言的意义源于自我的认知和体验。正是在这一点上，认知语义学与乔姆斯基的语义学思想形成了鲜明的对比。乔姆斯基认为语言的意义是先天获得的，与外界无关，而认知语义学则强调主体在语境之中对于语言的使用、体验和认知的重要性。也就是说，意义具有脱离外界事物的、存在于心理认知之中的相对独立性，这种意义的理解能力作为一种"意向性"具有存在的公共性特征。

第二，认知语义学认为，范畴、概念等思维形式并非一种外化和脱离主体的单纯客体存在，而是应该将其囊括在统一的认知行为过程之中，这就使



① Rey G. Semantic externalism and conceptual competence. *Proceedings of the Aristotelian Society*, 1992, 66: 316.

得意义的实现不仅奠基于主体的思维与理解，同时它也连接了事实与实在。

第三，认知语义学既强调了客观实在对于意义所起到的基础性作用，同时也避免了容易陷入纯粹客观主义的缺陷，从而在有关意义的各个环节之间建立了紧密关联。在此，认知语义学兼顾了语义分析的内外因素和双重范畴，通过对双向认知行为过程的分析，它认为语义的形成既与头脑和心理对于外部实在的反映相关，同时也与由心智施加作用而形成的语言结构发生关系。在上述两者之间存在着结构性的关联，外在的语境因素为内在的认知提供了基础条件和保障，而内在的认知能力则能够施加作用于外在的语境存在，因此语义学的研究必须要关注到主体认知对于外在语境的整合、思考和分析过程。

从当代语义学研究的“认知转向”来看，它鲜明地体现了内在论语义学与外在论语义学基于自身生存困境的反思而寻求路径突破的尝试和努力，其表现就是人们希望通过对认知行为过程的整体分析来实现内在论语义学与外在论语义学的有机结合。我们知道，在心理状态和心理现象之中，意向性先天地具有一种通达外部实在的特性。然而，传统上以早期的布伦坦诺为代表的意向理论研究却将意向性视为一种单纯心理现象的内涵，认为它所指向的物理现象并不一定具有客观实在性。也就是说，传统的意向性理论完全将意向性的界域划定在了内在的心理现象当中，而与外界无关。本质上而言，这种内在论的心理语义学是非常狭隘的，它将语言、对象，以及实在等要素都置于内在的心理属性——意向性层面上进行分析，因此它最终仍然难以为意义和真理等语义学问题的解决提供合理方案。20 世纪中期以后，这种将意向性语义问题内在化处理的思路开始与自然主义和新物理主义等思潮展开正面交锋，而自然主义倾向和新物理主义的核心正是典型的外在论分析路径。正是在这种理论背景下，传统的意向语义学研究很难忽视和回避这一重要的理论发展趋势，为此它开始在自身原有的理论框架之内逐步接受和容纳外在论的分析方法，以避免走向形而上学的狭隘归宿。从语境论的视角来看，意向性特征在人类思维当中的活动使得与心理状态相关的命题态度获得了确定性的存在，而这种存在必然要突破单纯语义的界限而进入语用的实践当中，使得我们能够通过外在的活动而实现对于心理和意向特征的把握，这是一个具有互动作用的双向交流过程。在此，意向性成了特定语境之中的存在，或者说在整体的语境基础上凸显了意向性的特征和作用。同时，心理意向所具有的语义特性，归根结底是由具有实在性的命题态度所决定的，而在意向性所构成的内部空间中，命题态度与自然语言之间也具有紧密关联，它为规范的逻辑语形表达提供了基本前提。

在意向语义分析的阵营中，福德的意向语义学思想通过对实在论立场和自然主义倾向的引入，明确地指出了语义内在论和外在论结合的可能性和必要性，而这种可能性和必要性是由意向性自然化的本质要求所决定的，"必须要以自然化的方式对语义和意向性的作用进行解释"①。为此，福德认为心理意向可以借助与符号表征之间的关联而具有充分的语义特性，而语义的自然主义有必要重建心理表征的内涵，这也是其对所谓"心理意向内容"格外强调的根源所在。也就是说，我们需要对意义形成的过程进行把握和分析，它在本质上是与人的认知能力和概念化能力相关联的，"思想的产物就类似于自然语言的产物"②。同时，心理意向经由命题态度而构建起包括自我意识和概念在内的实在图景，而心理意向性的自然化不仅为语形构造划出了新的界域，而且赋予了语义理解以丰富性和完备性。实际上，心理状态具有语义关联性，而心理意向的自然化趋向提出了一种对包含了语形、语义和语用，以及人类理性、非理性等不同层面因素的语境整体系统的迫切需求。因此，福德实在论的意向语义学所采取的自然主义分析路径，实际上是在心理实在和物理实在之间达成了沟通的一致性。



需要指出的是，当代计算语义学的深入研究，在更深层次上揭示了人类意向特性和心理表征的因果性与语义性的统一，从而为内在论语义学与外在论语义学的融合提供了一个较好的模拟表征和演示平台。我们知道，计算语言表征了主体的心理空间和意向内容，它既是大脑实在的自然属性，同时也是这种属性的一种语义表征。计算过程通过大脑的认知和心理表征过程的模拟，充分揭示了主体心理意向的内在活动，而心理状态对于实在对象的表征关系则被"嫁接"和"复制"到了计算机系统的内在机制构建过程之中。在这里，计算语义学一方面更加凸显了语形与语义之间的内在关联性，另一方面计算语义学的模拟表征也与相关计算语境的实在信息结合，与事实状态紧密相连。因此，计算语义学的这种研究趋向进一步丰富了认知语义学的发展形态，同时也为内在论语义学与外在论语义学的融合提供了新的注脚，开辟了新的阵地。

（2）语境论思想为内在论语义学与外在论语义学的统一提供了重要的

① Fodor J A. Fodor's guide to mental representation. *Mind*, 1985, 373: 84.

② Fodor J A. Fodor's guide to mental representation. *Mind*, 1985, 373: 84.

理论平台与崭新的方法论路径。语境论思想认为，语形结构与语义解释和分析之间具有关联，语形为意义的确定提供了受经验检验的模型结构，而语用则能够深入到语义所不能达到的意义层面。同时，语形和语义的关联根植于具体的语用之中，语形、语义和语用分析都建立在统一的语境基础之上。另外，语用学往往与认知心理相关，它对于语义解释的基础在于命题形式，而语义学则是从理论的语形结构中导出的。因此，内在论语义学与外在论语义学的统一，在某种程度上意味着理论命题和语言的语形、语义，以及语用分析具有内在的统一性。实际上，奎因的语义整体论主张就已经为内在论语义学与外在论语义学的融合奠定了基础，其中潜在地包含了将与语义分析相关的内在的和外在的各个环节、要素和过程有机统一起来的总体趋向，这实际上是与语境论语义学的基本主张相一致的。因此，内在论语义学与外在论语义学的融合与借鉴，同时也意味着在语境基础上语形、语义和语用的真正统一。

在内在论语义学与外在论语义学的方法论融合与统一的过程中，语境论的基础性作用主要体现在：第一，语境论思想承认心理状态、类型和命题态度的实在特性，以及语义分析的内外在因果关联性，由此就可以将“外在的指称关联与内在的意向关联统一起来”①。第二，意义问题不可避免地与语境的系统性、完整性紧密相关，特别是语境的结构性特征不仅包括了与语词相对应的具有实在性特征的社会、历史条件和文化背景，而且涵盖了主体的理性、心理意向表征层面，这使得内在论语义学与外在论语义学能够在语境论的系统中有机地融为一体（图 3-1）。

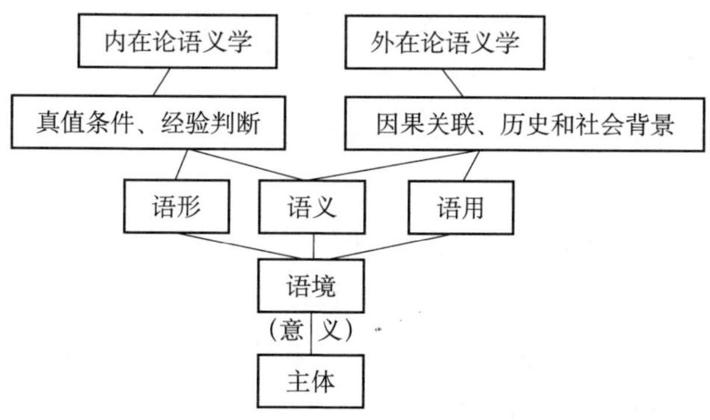


图 3-1　内在论语义学与外在论语义学的关联与统一

① 郭贵春．科学实在论教程．北京：高等教育出版社，2001：254.

在语境论的视野中，内在论语义学可以被区分为强内在论语义学趋向和弱内在论语义学趋向，而外在论语义学也可以被区分为强外在论语义学趋向和弱外在论语义学趋向。以普特南后期思想之中的语义学分析态度为例，他并没有在内在论语义学与外在论语义学之间划定严格的界限，而是强调语义分析的“属人性”，认为作为主体的人以一种能动性的存在为语义分析提供了基本的背景空间和条件，在其中包括了主体的思维、理解和意向性因素——这也就意味着普特南的严格外在论语义学立场，逐步向“有限度”的内在论语义学立场靠拢和接近。这具体表现在：第一，普特南认为自己在前期哲学研究中所坚持的命题与实在之间的简单和绝对的因果关联性是不可靠的，这种具有映射关联的“一致性”在理论实践中遭遇到了很大的困难和阻碍。第二，普特南强烈地意识到对于指称和真理等问题，必须从认识论的角度首先进行认知行为和过程的考察，也即“真理＝理想化的人类信仰”①。第三，普特南认为命题的真理具有相对性和非决定性，它依存于语境的变迁，也就是说真理既包括了语形学规范化构造的层面，同时也蕴含了源自于社会文化结构的整体要求。总之，普特南实在论的自然语言语义学超越了传统狭隘的外在论语义学窠臼，将与语词意义相关的心理态度、意向等因素纳入到了语义研究的范畴之中，力求从整体性和完善性上填充与之相对应的语词意义，同时它也潜在地为在语境论视域中把握语词的意义指出了方向。当然，从当代内在论语义学与外在论语义学的存在现状来看，极端的内在论语义学趋向和极端的外在论语义学趋向都是少数，我们所能够观察到的都是具有“弱化”倾向的语义内在论和外在论（图 3-2）。因此，对于未来内在论语义学与外在论语义学各自的发展来说，尽管双方的理论本质和立场特征不可能完全统一，然而走向融合、走向互补，在统一的语境论背景中寻求各自存在的价值并发挥相应的优势，才是二者未来发展的必由之路。



此外，在语境系统中，理论的自然化趋向及其意向性特征之间存在着内在的一致性，而具有意向性特征的心理状态与自然化的实在对象之间也存在因果关联性，因此具有自然性的实在也必然要投射到主体的意向性过程之中。在这里，意向性的自然化过程凸显了语义和语用的关联性结构作用，体现了语义研究逐渐向语用分析的边缘地带过渡的必然趋势。正是在这一过程中，语形和语义、语义和语用紧密地关联在了一起，从而为整体主义的语义观奠

① 郭贵春．科学实在论教程．北京：高等教育出版社，2001：296.

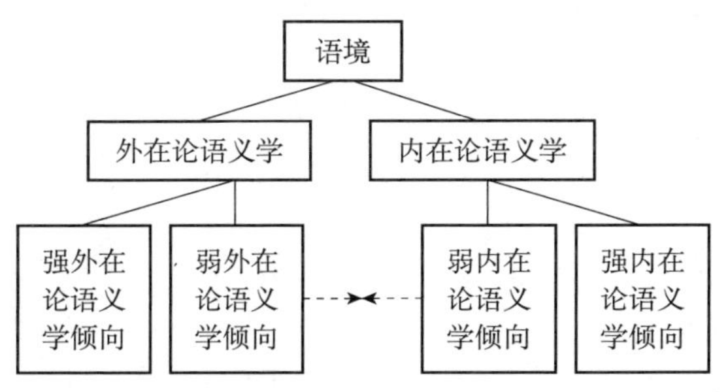


图 3-2　内在论语义学与外在论语义学立场与倾向的弱化

定了基础，而这种整体主义的语义观恰恰为语境论思想的全面引入铺平了道路。严格来说，将语义心理主义从被抛弃的命运中拯救出来，并在心理语义分析的旗帜下使其重新焕发生机的，正是对意向性问题的深入挖掘。通过对意向性问题研究的深入展开，心理主义才得以具有了自然化的实现途径和方式，这样内在论语义学与外在论语义学的论争也自然地在某种程度上得到了消解，而这种心理语义自然化的过程，同时也契合了语境要素系统化构造的整体趋向。正是在具有系统性和整体性的语境基础与平台之上，从属于认知语义学转向的意向性问题研究才为内在论语义学与外在论语义学的结合提供了重要前提。其根源就在于，语境本身为"语词、对象"之间的关联提供了动态的、多层面的实现路径，从而使得内在的心理表征能够与客观实在建立起因果关联。

总之，内在论语义学与外在论语义学的区分只具有相对的意义，面对理论解释的困境和难题，汲取了彼此思维方法优势的内在论语义学与外在论语义学在当代表现出越来越强烈的融合性特征。这表现为语义学研究在方法论上"内在"与"外在"绝对性倾向的弱化，其目的在于维持其理论解释的自洽程度，并且进一步巩固自身的存在地位。在科学理论的解释与说明过程中，尽管内在论语义学与外在论语义学分别深入挖掘了语义学相关论题的内涵深度，各自发挥了其自身的最大效力，但是两者仍然难以摆脱片面、孤立的语义分析模式，而面向当代、面向未来的语义学研究势必会打破内在论语义学和外在论语义学对峙的僵化现状，在语境论的基础上开启语义学系统方法论研究的崭新局面。当然，我们所说的这种统一是在方法论层面上的相互借鉴、相互补充，只有这样才能真正打破两者之间分隔的藩篱，构建起科学的语义学方法论体系。

# 第四章

# 科学语义学的地域传统及其融合特征

科学语义学的研究深刻地贯穿在人类思维与认知的过程之中，而科学语义学研究的传统在西方各国也表现出不同的发展形态和特征。哲学史的研究表明，语义分析的方法论思维与哲学的历史发展进程在大的方面具有惊人的一致性和协调性特征，以至于科学语义学发展的历史几乎涵盖了西方哲学史上各个重要历史时期的哲学思潮和流派。就此而言，这充分地体现了科学语义学研究所具有的普遍性、深刻性和关联性特征。当然，西方科学语义学的发展也经历了一个从蒙昧到觉醒，再从觉醒到复苏、成长和成熟的历史阶段。在此，我们选取了美国、英国、法国和德国这样四个在现代西方世界中最具有代表性的、最富有哲学研究传统的国家作为我们对科学语义学进行历史考察的重要对象。

美国是当代世界科学语义学研究领域的重镇，美国当代科学语义学的发展是世界当代科学语义学发展总体进程中的一个重要组成部分。20 世纪中期在蒙塔古规范语义学产生之前，结构主义语义学在理性形式构造和语义分析方法地位的突出方面，为后来语义学的发展作出了贡献。20 世纪中期以后，规范语义学和认知语义学研究逐渐成了美国语义学研究领域的主流。在新的时代背景下，欧美语义学传统的相互融合，规范语义学与认知语义学的相互碰撞，语义的语用语境分析，以及科学语义学的多学科扩张和多维度发展，共同构成了美国科学语义学未来发展的可能趋向。

英国语义学研究所具有的经验主义传统和科学理性思维在不同时代都得以传承和延续，并且结合不同时代的哲学主题和哲学取向呈现出了各具差异的表征方式。从最早洛克在客观经验论基础上对于意义问题的揭示与提出，到随后贝克莱和休谟从主观经验论的分析路径出发对语义学问题的持续关注，从 19 世纪末斯宾塞和穆勒对于实证主义、经验论立场的捍卫与坚持，到 20 世纪初罗素、维特根斯坦和艾耶尔等人逻辑实证主义语义学主张的正式确立，英国语义学由此完成了从近代语义学向语义学“现代性”研究的历史转变。相对于英国的逻辑实证主义语义学而言，几乎与之同步兴起的英国日常语言语义学传播和影响的范围更广、更具深远意义。日常语言语义学研究从根本上反对逻辑实证主义关于形而上学命题的意义划界理论，同时它也反对逻辑实证主义在经验的逻辑基础上进行真假判断的微观语义分析模式。为此，日常语言语义学将意义和真值理论的理解推向了语义学研究的外部，并且将其根植于动态的、丰富的语用实践过程之中。20 世纪上半期，各具不同形态和语境内涵的自然语言语义分析取向也开始迅速成长，而结构主义语义学的研究则为自然语言语义分析的系统性和整体性研究奠定了基础。由英国的日常语言学流派所开创的语义学研究开放的、多维的分析视域，在 20 世纪后期与新兴的计算机科学、信息理论和认知科学等相关学科领域实现了交叉与融合，从而使得当代英国语义学的研究逐渐向科学的、结构性的和系统化的分析路径迅速前进，而语境论思维的酝酿与提出则为英国语义学未来的发展提供了重要启示。

法国的语义学研究深刻浸透了欧洲大陆哲学与人文理性的历史传统，从而表现出了自身独特的发展脉络和内在特征。19 世纪末，以布莱尔等人为代表的法国早期语义学家将语义学问题的研究上升到了哲学理性思辨的层面，这为语义学理论的开创和发展奠定了基础。20 世纪的法国语义学研究大致上经历了从结构主义向后结构主义、解构主义的“后现代”发展趋向转变的整体脉络，其中现象学的语义分析理论和解释学的语义分析方法在这一转变过程中发挥了重要作用。

德国语义学大约从 19 世纪后期到 20 世纪初开始了其诞生、发展和趋向转变的历史进程。这一时期德国语义学的历史演进秉承了德国古典哲学传统尤其是康德哲学的思想精髓，从继承和批判的两个维度上开启了向现代语义学迈进的崭新路径。在此过程中，语义学家们在新兴的精确性科学如数学和几何学发展的影响下，主张通过采用清晰而完善的逻辑语形构造，来保证语义理解的系统性和严密性。同时，心理学方法也开始和语义学的分析结合起来，从而形成了心理和意向语义分析的早期传统。此外，以逻辑实证主义为标志的德国现代语义学在其兴起之前，从哲学、心理学和语言科学等各个学科当中吸取营养，开辟阵地，从而为现代语义学的发展和繁荣奠定了基础，其中所蕴含的心理意向分析和语境阐释等合理性思维，成了当代科学语义学方法论研究的理论先驱和历史渊源。

总体上来看，语义学在这些国家的研究传统及其发展趋势基本上可以反映世界语义学研究的总体面貌和整体进程。我们通过对这些国家语义学发展历程的考察，一方面可以对语义学研究的各种流派、思潮所存在的基本背景及其理论发展的历史空间进行合理定位，从而更好地掌握这些语义学具体研究方法的内核与特质；另一方面，我们这种对于语义学国别史的考察，也可以揭示语义学研究的英美传统与大陆传统从分隔、对立到当代逐渐走向对话与融合的历史脉络，这能够使我们明晰当代世界语义学趋向于构建统一方法论的可能性和必要性。无疑，通过对语义学研究的这种纵向和横向相结合的讨论、比较，有助于我们从哲学的立场和基础上更加合理地探索语义学统一的方法论体系，这具有深远而重大的意义。



## 第一节　美国语义学研究的路径与趋向

综观美国语义学演进的思想轨迹，它恰恰印证了20世纪哲学思维的几次转向，而这些转向对于人类理性和科学思维的进步起到了巨大的推动作用。以特征而论，一方面，当代美国语义学的主流研究呈现出规范语义学和认知语义学并立并存的局面，这与欧洲大陆的语义学研究在理论旨趣方面存在一定的差异；另一方面，欧美语义学在“学术全球化”的驱动下，加强了彼此之间的对话和交流，其中规范语义学与自然语言语义学之间的相互融合、语义学的语用化转向，以及语义学的多学科拓展等研究取向，都为美国语义学的发展注入了新鲜血液。

### 一、美国结构语义理论的兴起

在20世纪五六十年代以蒙塔古为代表的美国规范语义学兴起以前，结构主义作为一股世界性的学术潮流在很大程度上影响了美国语义学的发展动向。结构主义的语义学研究不仅在句法分析和词汇理论方面为美国语义学的发展作出了贡献，而且为语义学成为学科领域之中的重要分析工具起到了推动作用。

（1）形式理性的强化与语义分析的工具性意义。美国的结构主义语义学直接继承了索绪尔理论的思想精髓，它强调句法结构和语言形式的描写，主张对音位、语素和直接成分等结构形式进行详细的分类，把纯粹的语言形式当作语言研究的基本原则，认为可以采用形式化的或者代数的方法对语言系统进行研究，这种思想构成了美国后来规范语义学研究的纲领和旗帜。例如，以布龙菲尔德（L. Bloomfield）和萨丕尔（E. Sapir）为代表的结构语义学家们，对形式与模型结构的推崇就为后来规范语义学的建立与完善奠定了重要的思想基础。

这一时期美国语义学研究领域中结构主义思想兴起和繁荣的原因、特征可以归纳如下。

首先，逻辑实证主义与行为主义的渗透为结构主义的形式化取向提供了哲学基础。20 世纪中期以前，逻辑实证主义在英美哲学中产生了广泛影响，它站在科学主义的立场上采用了量化和标准的手段，运用逻辑和数学等理性工具对语言形式进行精密的分析。这一点对美国的结构主义思想也产生了潜移默化的影响：结构主义认为对语言的描写不是从语义上，而是从形式上展开的。布龙菲尔德也认为，现代科学知识能够精确说明和描写语言形式，从而彻底摆脱传统语言学在概念构造和分析方法方面的模糊性，如他的著名论文《一套语言科学的公设》（1926）采用严谨的数学表述方式，极大地纠正了传统语言学中存在的定义含糊、分类标准混乱以及循环论证等问题。特别是布龙菲尔德结构主义形式语义分析的思想在他的直接成分分析方法，即“IC概念”中得到了集中体现，他认为人们在言语表达中对经验的表述大多遵循二分原则，由于语言是经验的外在表述，而既然经验的表述遵循二分原则，语言形式的分析也就同样遵循二分的原则。①

其次，20 世纪初在美国兴起的行为主义理论也对结构主义语义学产生了强烈的影响。行为主义的方法论特征在于：第一，注重研究事实，借鉴自然科学的方法与成果，反对抽象分析和说明；第二，主张客观的仪器测验和观察实验方法，试图在刺激与反应之间建立直接的函数关系，并且把“S-R”即刺激-反应模式作为解释人的一切行为的公式，以达到预测与控制的目的；

① Bloomfield L. *Introduction to the Study of Language*. New York：Henry Holt Company，1914：60－61.

第三，运用物理和化学的原理建立模型理论，并且这种模型理论具有强烈的还原论色彩。例如，布龙菲尔德的结构主义思想即在某种程度上吸取了同时代美国行为心理学家魏斯（P. Weiss）的科学理念，即注重语言事实，并采用科学的观察和方法对实验对象加以研究，其语义学理论的基础就是作为讲话人的刺激和听话人的反应之间的关系，并且把词语的意义看作是一种由刺激和反应模式所构造的运作机制、过程。

综上所述，由于建立在理性主义基础上的美国结构主义的语义分析服从于经验规则和严谨程序的要求，因此它更多地呈现为对于语言形式及其外在特征的阐释、理解，并且注重严格与精确的逻辑构造。另外，可以作为佐证的是，萨丕尔的心灵主义尽管和行为主义处在相对立的位置上，并且强调对于意识的分析与研究，但萨丕尔在其代表作《语言论》之中同样考察了语言形式的问题，他认为语言形式除了具有与其本身相关联的特定功能之外，我们还应当将其作为一种规范的理论模型来加以研究。

（2）语义问题的突出与语义分析方法地位的确立。意义问题是语义学理论的核心，我们能否对语义进行科学的形式化描述，是语义学领域争论的主要问题之一。意义是人类社会复杂的现象表征，它既受到语言系统内部因素的影响和作用，同时也会受到广义的语境因素的制约和规范。在美国结构主义的发展历史中，无论是早期的结构主义者萨丕尔和布龙菲尔德，还是后期的结构主义者霍凯特（C. Hockett）、布洛赫（B. Bloch）、特雷格（G. L. Trager）、哈里斯（Z. S. Harris），以及后来的结构主义思想集大成者乔姆斯基，他们在对于语义问题的处理上均表现出强形式化的色彩。但是，另外他们也采取了极为谨慎的态度，对语义问题普遍承认，并在适当的范围内加以容纳。

在有关意义的本质问题上，布龙菲尔德认为，意义是“说话人发出语言形式时所处的场景及此形式在听话人那里所引起的反应”[①]。对于意义问题的地位，他认为意义在语言研究中“不是用还是不用的问题，而是如何恰当地加以使用的问题”[②]。因此，实际上他相当于明确承认了意义问题研究的重要价值。另外，布龙菲尔德在其《语言论》一书的第九章中专门讨论了相关的语义学问题，在其后他发表的一系列论文中又着重讨论了语义学研究的重要性。严格来说，布龙菲尔德一直主张语言研究必须包括对于语义学问题的考



① Bloomfield L. *Language*. New York：Henry Holt Company，1933：139.

② Bloomfield L. *Language*. New York：Henry Holt Company，1933：245.

察和应用，但是他始终认为语义学研究毕竟只是一种未来的事业。在布龙菲尔德之后，美国语言学家科尔纳（E. Kellner）也认为，大部分结构主义者都主张有限度地使用语义分析方法，而并非绝对地对其加以排斥。例如，霍凯特在其名作《现代语言学教程》之中，把语言区分为中心系统和外围系统，他认为只有等中心系统的研究取得更多的成果之后，我们才能够更为深入地讨论语义学问题。对于从事人类语言学研究的学者如萨丕尔而言，他认为在具体而细致的语言整理、加工和收集的过程中，语义学问题具有更加重要的地位。当然，一些语义学家，如科尔纳和哈里斯，他们在 1951 年共同出版的著作《结构语言学的方法》中，采用精密的分析手段和高度形式化的写作风格，由此导致的极端化的后果便是对语义学相关问题研究的完全排斥，这一点遭到了后来语义学家们的强烈批判。

我们认为，语义学问题作为 20 世纪语言哲学的中心议题之一，贯穿了历史上语言理论发展的始终。对于结构主义的语义学思想，我们有必要采取客观和理性的态度对其加以认识——在结构主义的研究中抛弃它是不可能的，回避它是没有意义的，我们在结构主义的思想体系当中总是可以发现它所具有的地位和所发挥的作用。问题在于，结构主义者们在着手对语言进行研究时，主要把注意力放在易于形式化操作的音位学、形态学和句法学上，而语义学研究在他们看来并不具有现实操作的可能性。

在美国结构主义语义学发展的末期，出现了乔姆斯基多元论背景的语义学研究趋向。乔姆斯基的语义学理论在美国 20 世纪后期语义学的发展进程中具有深刻影响，其原因不仅在于他在自我理论的不断更新中将语义学问题研究提到了战略性的高度，而且还在于他极具开创性地将语义学问题以形式逻辑的方式加以精确表达，这种思想成了美国后来规范语义学研究的理论先声。更为重要的是，他还提出了语义认知系统的问题，在其中蕴含了很多包括计算机语言和程序设计以及信息理论等后来成为美国语义学前沿课题的思想内容，因此，我们有必要对乔姆斯基的语义观作一个简单考察。一方面，乔姆斯基的语义学理论本身也处于一个动态的发展过程中。20 世纪 50 年代末乔姆斯基的名著《句法结构》问世，其中他主张句法研究可以不依赖语义概念而独立进行，这说明他此时尚未认识到语义学研究的重要地位。之后到了 20 世纪 60—70 年代，乔姆斯基在语义学家卡茨（J. Katz）等人的建议下，对其语义学理论又进行了两次修改，提出了“标准理论”和“扩充的标准理论”，其中他对语义学研究的所属结构进行了具体的划分，即包括了可以用形式逻辑表达的内容，以及其他的语义学问题，前者可以保留在语法体系和逻辑结构中，而后者则可以被归入语义子系统。另一方面，乔姆斯基把语义学问题研究放在人类作为整体的认知系统之中进行了考察。实际上，乔姆斯基的语义学方法论是建立在科学主义和理性主义基础上的，他认为语言不仅是一种形式表征的现象，更是一种人类深刻的认知能力的反映，作为主体的人在语言形式系统中能够建立起自然语言——可以看出，乔姆斯基的语义分析方法具有一定的认知理论色彩。同时，乔姆斯基采用数学符号和公式来建立规则、范畴，他认为我们对于语言形式可以抽象地在认知系统之外进行考察，而对于语义我们却无法将其与包括主客观因素在内的语境相脱离，即认为语义从属于认知系统。就这一点而言，乔姆斯基的语义学思想，实际上为后来美国认知主义语义学的发展，间接地提供了某种可以过渡的桥梁和纽带。

## 二、美国当代语义学研究的旨趣

20 世纪中期以后，随着人们对语义学研究重视程度的提高和理论分析的现实需要，“语义分析方法已经像血管和神经一样渗透于几乎所有理论的构造、阐释和说明之中”[①]，而美国当代语义学的研究也呈现出理论更迭频繁、学术争鸣、四方割据的局面，但是从总体上来说，美国当代语义学研究的主要领域包括两个大的方面，即规范语义学和认知语义学，这也是当代美国语义学研究的两大主流取向。



（1）规范语义学的构造与完善。规范语义学作为美国当代语义学研究领域的主力军，已经走过了几十年的发展历程。它目前在美国的发展已经初具规模，占据了美国语义学研究领域的主流地位，并且普遍得到了美国各大学和研究机构的认可，已经成了一门相对独立的分支学科，例如，包括麻省理工学院和宾夕法尼亚大学在内的许多大学都把它列为语言学和哲学专业学生的必修课程，并且出版了如道蒂（D. R. Dowty）等人的《蒙塔古语义学通论》（*Introduction to Montague Semantics*）、卡恩（R. Cann）的《规范语义学》（*Formal Semantics*），以及巴赫（E. W. Bach）的《规范语义学的非规范教程》（*Informal Lectures on Formal Semantics*）等研究著作。当然，规范语义学本身的建立也是一个不断完善的过程，从蒙塔古最初建立规范语义学的基本模型到后来克里普克等人的推进和发展，出现了诸如类型理论、模态理

① 郭贵春．科学实在论教程．北京：高等教育出版社，2001：21.

论范畴语法，以及博弈论语义学等新的学说，特别是后来帕蒂等人对蒙塔古语义学的不断完善，充分表明了规范语义学的研究具有极强的生命力和理论的包容性特征。

从本质上来看，规范语义学的核心概念是形式体系，它作为一种抽象的模型结构，具有多种可能的逻辑再造形态，而模型的抽象性则意味着这种模型结构具有更大的语义空间，进而彰显出了语义自身的可转换性。从这个意义上说，形式体系作为数学函数关系能够对命题加以整合和表征，从而使得命题只有在形式系统之中才能显示其意义，这是规范语义学作为客观主义分析工具的优势所在。例如，萨义德认为，我们可以采用外延方法来研究语义，即使用语言来描述事实和场景，也就是研究语言表达式与外部世界之间的关系①，而这一点也恰是蒙塔古语义学的主要理论基础。蒙塔古认为，我们可以采用数理逻辑演算的方法来处理自然语言的句法和语义问题，并且把逻辑作为研究自然语言的恰当工具，这一点在他的《作为一种形式语言的英语》一文中得到了集中体现，该文开篇即指出，“我反对形式语言和自然语言之间存在重要理论区别的论点”②，这是蒙塔古富有开创性的一项工作。

总体来说，蒙塔古语义学主要以真值条件语义学、可能世界语义学和模型论语义学为基础。在此基础上，蒙塔古把自然语言与其所指向的客观事态关联起来考察语义，同时也借鉴函数与集合理论来构造模态算子的语义，从而对自然语言进行精密的数学分析，这就使其语义分析的操作手段具有了明显的客观主义色彩。我们知道，客观主义主张人类所有的思维和理性都是对抽象符号的机械操作，而符号只有通过指称外物才能表征意义，这种客观主义思维已经被理论的发展证明是一种狭隘的视阈，这也是蒙塔古语义学不可避免的缺陷所在。

回溯历史可以发现，蒙塔古在逻辑语言的模型构造中所表现出的规范语义学的形式色彩，在相当程度上受到了已经日益衰落的逻辑实证主义情绪的“感染”，尽管这种语义分析的态度在很大程度上已经得到了“弱化”。例如，卡尔纳普是后来流亡于美国的逻辑实证主义者的领军人物，他认为，“如果只分析语词与指示物，便是语义学”③，也就是说，语言主要是符号与符号指示

---

① Saeed J I. *Semantics*, *M. Malden*. London：Blackwell Publishers，1997：269.

② Montague J. *Linguaggi Nella Society Enella Tecnica* (*Bruno Visentini et al.*). Milan：Edizioni di Comunita，1970：189.

③ Carnap R. *Introduction to Semantics*. Cambridge，Mass：Harvard University Press，1942：9.

物之间的联结，这种联结也是卡尔纳普语义学的核心。卡尔纳普认为，对于自然语言而言，我们必须采用人工语言对其进行摹写，从而建立起完美的理想语言，而且理想语言必须是逻辑真理，由理想语言的语义学来确定。这样，由语义学出发来构造逻辑语言，就为自然语言的形式语义学奠定了牢固的基础。可以看出，卡尔纳普的语义学具有典型的分析哲学色彩，他把真理符合论奉为圭臬，预设了语言与实在，以及命题与现实之间的同一性。实际上，在这种思维当中存在着很大的漏洞，其原因就在于形式语言的逻辑概念具有高度的抽象性，它并不与自然语言完全同构。

需要指出的是，规范语义学后来的发展虽然在理论上进行了不断完善和更新，但是其理论基础仍然是蒙塔古语法理论，这也是蒙塔古被尊为美国规范语义学奠基者的根源所在。在蒙塔古规范语义学研究的基础上，后来的卡茨与福德在 TG 语法研究中采用形式化的方法研究语义，并提出了语义成分的分析方法。① 此外，美国马萨诸塞大学的帕蒂（B. Partee）教授是国际性的蒙塔古语法研究专家和美国当代规范语义学研究的代表人物，他认为规范语义学作为一个标准的、规范化的术语，包括了蒙塔古语法及其后续理论。因此，帕蒂不仅认为规范语义学就是句法内容添加语义因素的结果，而且他还首次提出了“蒙塔古语法”的名称，将其看作是一个时代的标志。

（2）认知语义学的兴起与发展。认知语义学就是在认知科学和认知哲学的框架内，通过对心智进行经验性的研究来实现对于语义学问题的理解和解释。认知语义学的发展近年来在美国语义学研究领域异军突起，形成了一股声势浩大的思潮，1990 年美国首发了《认知语言学》期刊，2001 年 7 月在美国召开了第 7 届国际认知语言学大会，以此为契机在美国国内便兴起了全面而系统地研究认知语义学的潮流。从本质上来看，认知语义学的形成与发展弥补了规范语义学思想的缺陷和不足，树立了自己独特的研究方法和目标，并且将意向性与主体性问题研究包括在了自身理论构造的框架之内，这潜在地为语用与语境分析视域的扩张奠定了基础。因此，尽管认知语义学在理论构造和解释方面目前仍然存在一些盲区，但它确实成了美国语义学进一步发展的理论生长点。

如前所述，乔姆斯基的语义学理论实际已经初步涉及了认知语义学的基



---

① Katz J, Fodor J A. The structure of a semantic theory. *Language*, 1963, 2: 170-210.

本思想，如乔姆斯基认为语言是心理机制产生的客体，并且是人类心智能力的一部分，他本人也非常认同自己属于语义学研究认知学派的提法。然而，认知语义学却是对传统语义学特别是乔姆斯基语义学的一种革命。例如，它反对客观主义的真值论和成分论，同时也反对乔姆斯基形式主义的语义分析方法，认为语义不是客观的真值条件，而是一种主客观相互作用的结果，其根源在于由情感、意图和行为等要素所构成的经验世界。因此，与规范语义学相比，认知语义学在诸多方面形成了与规范语义学迥然不同的方法论路径和特征。

首先，认知语义学关注于概念形成的心理机制，主张对作为意义存在基础的概念进行理解，反对意义的语义原子化分析。在对于意义的本质等语义学问题的理解过程中，作为美国认知语义学奠基人的图尔明认为，语义具有与认知相关的自然属性，因此语义学所关心的应该是语言中概念内容的组织与结构，而认知语义学的研究也就是对概念内容及其组织结构的分析和认识。[①] 兰戈克（R. Langacker）也认为，语义是一种认知现象，“语义结构建立在想象的基础上，其特征在于与知识结构相关”[②]。

其次，认知语义学主张语义并不与客观世界具有一一映射的关系，它具有动态性和主观性，以及经验意义的社会性，反对规范语义学真值指派的做法。例如，图尔明认为语言陈述与客观事物之间的关系是间接的，这种关系只有通过作为语言理解基础的大脑机制才能被识别。杰肯道夫则对语义与世界之间的关系进行了认知考察，他认为语义学的认知基础是个体化的概念理解，在概念的基础上存在着心理结构层面，而语法规定则是与心理结构彼此联结的，“心理结构在人类经验和行为的构造过程中发挥了重要作用”[③]。

最后，认知语义学承认日常语言意义的丰富性，认为语言能够成为经验概括的有力工具，因此它反对规范语义学对自然语言的形式化处理方式。例如，拉卡夫（G. Lakoff）与约翰森（M. Johnson）承认语言中隐喻活动对于意义理解的作用，认为人类表达的意义存在于心理机制当中，而表达的概念





① 参见 Talmy L. *Toward a Cognitive Semantics*. Cambridge，Mass：The MIT Press，2000：409-412.

② Langacker R. *Foundations of Cognitive Grammar*. Stanford：Stanford University Press，1989：2.

③ Jackendoff R. *Language，Consciousness and Culture：Essays on Mental Structure*. Cambridge，Mass：The MIT Press，2007：3.

是隐喻性的，“概念的意义是借助于体验来获得的”①。他们进而指出，规范语义学的形式分析法和真值理论并不能涵盖真理问题的全部，作为语言基础的应该是一种认知系统，“认知语义学研究人类概念系统、意义及其推理”②，而“语言的认知研究方法能够解释形式-句法的语义学所不能解释的现象”③。

我们可以用表 4-1 对美国当代认知语义学家的主要思想特征进行一个直观反映。

**表 4-1　美国当代认知语义学家的主要思想特征**

| 项目 | 图尔明 | 杰肯道夫 | 拉卡夫与约翰 | 兰戈克 | 弗卡尼 | 斯维特森 |
|---|---|---|---|---|---|---|
| 语义特征 | 集合了心理学中的焦点与背景概念、语言表征的心理结构 | 语义理论能够解释自然语言的内在语义特征 | 意义与身体、大脑和认知相关，并非先验 | 意义等同于概念化，属于认知处理过程 | 意义是动态的认知构建过程 | 复杂动态的意义可以被系统分析，语义与认知相关联 |
| 研究对象 | 语言中的概念内容、组织形式和本质 | 概念结构、外部世界和知识系统 | 思维隐喻结构和经验概念结构 | 完善的认知语法体系 | 语用后台认知，包括隐喻和心理空间 | 认知和言语的过程，认知结构的隐喻和文化 |
| 研究手段 | 概念法、内省法和其他方法相结合 | 语法规定与心理表征、认知结构结合，内外在语义学结合 | 结合思维隐喻结构，用隐喻思维表述概念 | 句法与语义相结合，语法网络模型 | 语言与认知、交际、社会功能相结合研究 | “框架－转喻”推理进行语法加工 |



不可否认的是，认知语义学在美国当代语义学的研究领域中确实是一个极有前途的发展方向，其原因不仅在于它对传统规范语义学缺陷的深刻认识，而且更重要的是，它适应了 20 世纪哲学转向的历史趋势。例如，认知语义学家们关注于作为语义分析基础的心理意向活动及其背景知识，同时他们还对修辞学中的隐喻概念给予了普遍的重视。如果说美国早期语义学的发展是在哲学的“语言学转向”框架内的一种，那么在 20 世纪后期随着分析哲学中狭隘“语义图景”的破灭，语义学家们不得不在新的理论视野中从多角度和多侧面对语义学展开分析和研究，当然这并不是要否认语义学的方法论意义，而是要在更为广阔的视域中为语义学的发展赋予更加坚实的理论基础和解释

① Jackendoff R. *Language, Consciousness and Culture: Essays on Mental Structure*. Cambridge, Mass: The MIT Press, 2007: 3.

② Lakoff G, Johnson M. *Philosophy in the Flesh: The Embodied Mind and Its Challenge to Western Thought*. New York: Basic Books Inc, 1999: 497.

③ Lakoff G, Johnson M. *Philosophy in the Flesh: The Embodied Mind and Its Challenge to Western Thought*. New York: Basic Books Inc, 1999: 100.

空间。

## 三、美国语义学发展的可能趋向

步入21世纪，美国当代语义学在反思和批判20世纪狭隘理性主义和绝对主义思维、打破传统语义学保守性与封闭性的同时，在广阔的时间序列和社会空间上对自身的发展趋向进行了拓展，而且由于语义学研究本身所内聚的强大的解释能力，从而使它不仅在哲学、语言学、心理学和计算机科学等学科之间实现了贯通，而且这种趋势也在整体上促进了语义分析思维的扩展和深化。其中，最有前途的一个发展方向就是在整体语境的背景之中赋予语义以解释的实在性，同时也在包括了科学与社会、文化和历史因素的系统机制中，形成具体的、动态的语义分析方法。总体来看，当代美国语义学的发展呈现出批判与继承、创新与融合并存的局面。

(1) 在语义学方法论研究的内部和微观领域，美国语义学的未来发展面临着需要重新反思规范语义学与认知语义学之间的关系，以及传统的规范语义学对待自然语言语义学的态度等问题，具体来看有以下几个方面。

首先，规范语义学的动态发展及其理论创新，能够与认知语义学在方法论层面上实现彼此之间的借鉴、互补和协调。例如，认知语义学对意向性表征和心理实在问题的关注方面给予了规范语义学以极大的启发，因此科学的规范语义学已经不能再固守“逻辑推演”和“严格形式”的藩篱而必须与“心理意向”分析实现结构性的关联。在这里，规范语义学和认知语义学各自在某种程度上认识到了自身的缺陷和不足，因此两者并没有在方法论策略方面故步自封，而是相互包容和借鉴，并且从各学科当中吸取营养，力图完善自己的理论结构和方法论体系，从而加强和巩固自身存在的地位。我们知道，认知语义学是在对规范语义学进行“革命”的基础上提出和实现发展的，然而两者之间仍然具有很大的融合性。这表现在：认知语义学在对规范语义学“反动”的基础上，在某种程度似乎又矫枉过正，例如，它过于偏重对人脑结构和情感意向的分析，导致其主观色彩过重，这使其产生了较大的随机性和变动性，“在认知语义学中量化方法论的使用并不明确”[①]。为此，帕蒂认为规范语义学相对于认知语义学而言，仍然是有其意义和价值的。正如语言学作为一个整体是对人类知识的本质和获得机制进行研究一样，语义学也是研

① Glynn D, Fische K. *Quantitative Methods in Cognitive Semantics: Corpus-Driven Approaches*. Berlin, New York: Walter de Gruyter Gmb H & Co. KG Publication, 2010: 44.

究语言与人类的信仰，以及感知和行为之间关系的一门重要学科，因此规范语义学与认知语义学各自作为一种语义学的研究模式具有自身独有的价值，两者是不可相互替代的。他指出："语义学家都希望最终给出一幅令人满意的语义图景，进而展示出'语言的'语义是如何由语言使用者的语义能力与其使用语言的环境相互作用的。"[①] 从这个意义上说，作为美国当代语义学研究主流的认知语义学和规范语义学，在未来很长一段时间内仍然会各自占据自己的一席之地，但是二者仍然具有很大的互补性。

其次，规范语义学对自然语言语义学提出了逻辑语形制约的主张，同时它也与后者的"主体"实在性立场和倾向保持了适度的距离，而自然语言语义学必然会关联于语用语境，在其中就包含了文化和社会的因素，并且先天地指向了作为认知语义学研究重要特征的"意向性"活动特征。在这方面，美国规范语义学研究专家帕蒂教授认为，以蒙塔古为代表的规范语义学并非只是简单地使用现有逻辑工具去分析自然语言，而是根据自然语言的特征对逻辑进行不断完善，它与运用逻辑和数学方法去研究自然语言的传统规范语义学在研究模式方面存在着一定的差异，"自然语言完全不同于命题演算的形式语言……自然语言语义学从另一个方面体现了语义学研究的方法论意义"[②]。我们知道，在规范语义学与自然语言语义学关系处理的问题上，历来存在很多争议，例如，规范的语义系统需要保证其完全性与可靠性，而自然语言的语义学分析则具有开放性和灵活性。为此，帕蒂指出，自然语言有益于逻辑工具的完善，例如，蒙塔古曾经提出过内涵高阶类型的逻辑以描述自然语言的语义性质，此外，坎普、巴威斯和林克等人也对语义的自然性与规范性之间的关系进行过讨论。总之，自然语言表达与规范形式约束的双重要求，促使未来美国语义学的研究不得不慎重考虑二者之间的恰当关系。科学的规范语义学与认知语义学以及自然语言语义学之间的良性互动，恰恰证明了在有意义的系统语境基础之上展开语义分析的必然性，它们之间的合理张力指出了在包括语形、语义和语用分析的语境基础上进行语义学研究的可行性。

在20世纪80年代以前，美国传统的静态语义学将语言表征与世界之间的关联看作是一种静态的关系，并且把这种关系凝固和永恒化，而语义学的"动态"分析与研究对传统的静态语义观造成了极大的冲击和挑战，它证明了



---

① 邹崇理．从逻辑到语言——Barbara H. Partee 访谈录．当代语言学，2007，2：158.

② 郭贵春．语义学研究的方法论意义．中国社会科学，2007，3：79.

在广义语境基础上全面客观地研究意义问题的必要性。特别是动态语义学把语言理解为一个动态变化的过程，认为语义学不能仅仅局限于表达式的意义，而是要致力于对意义存在的话语场景和社会交际因素展开研究。例如，塞尔的意义理论把关于命题的形式构造拓展到了对于言语行为的理解当中，他不再仅仅对语言的表征功能进行分析，而且也开始对语言的社会交际和实用功能进行研究。这样通过把语言置于社会生活中来进行考察，并且强调意义存在的文化和历史的语境结构性特征，这样便能够弥补对语义进行单纯逻辑语形分析的片面性。另外，动态语义学研究者坎普也强调语言在语境之中所具有的语用交际功能，他认为掌握一种语言就是掌握如何用它来进行交流和人际互动，因此我们有必要揭示出意义与语言形式之间的内在关系。

我们认为，当代美国语义学领域的语义动态化倾向特别是帕蒂教授指出的规范语义学与自然语言语义学之间的良性互动，恰恰表明了经典语义学"意义等值于真值条件"观点的狭隘性，从而进一步指明了实现"语义语用化"转向，进而在语用语境的基础上构建起规范性语义分析理论的合理性。帕蒂认为，语义学与语用学的融合是当今语言哲学的发展趋势。他指出，语义学与语用学的首次合流出现在蒙塔古和刘易斯等人的著作中：把内涵语义最终扩展到作为整体且包含了主体和意向因素的言语行为语境之中。我们知道，20 世纪后期语言哲学的发展经历了从语义学向语用学的转向，而在语义与语用之间的关系问题上，利奇将其分为三派：第一派认为语用学附属于语义学，称为语义学派；第二派认为语义学附属于语用学，称为语用学派；第三派认为两者是不同的学科，因此它们之间在很大程度上具有互补性。[①] 在语境的基础上，"语义语用学"研究命题内容在具体语境之间的转换，即"通过具体的语用环境确定命题的内容和意义"[②]，这表明了语义学分析与语用学分析之间的内在一致性。因此，伴随着语义"语用化"的研究转向，卡尔纳普三元划分的语义学模式势必将被进一步打破，而站在语形、语义和语用相统一的语境基底上去发挥语义学的方法论意义，则必将成为美国当代语义学发展的一种潜在趋势。

（2）在语义学学科发展的外部和宏观层面，欧洲大陆语义学传统与美国语义学的研究出现了彼此之间相互渗透，以及语义分析方法多学科、多维度扩张的整体趋势。

---

① J. 利奇著，李瑞华、王彤福等译．语义学．上海，上海外语教育出版社，2005：454.

② 郭贵春．语义学研究的方法论意义．中国社会科学，2007，3：84.

首先，传统上美国语义学的发展以规范语义学研究作为主流，然而与此同时美国语义学界研究的触角也在不断向外延伸。我们知道，欧洲大陆的人文主义和非理性主义气息相对比较浓厚，表现在哲学上就是20世纪欧洲大陆传统与英美理性主义传统之间的对立和隔膜。这种哲学世界观背景的差异也造就了欧美语义学研究的不同旨趣，例如，欧洲大陆的语义学具有现象学、解释学和修辞学等人文、历史分析的研究旨趣，而美国的语义学研究则更多的是与数理逻辑和模型理论研究相关。当然，20世纪后期以来这两种研究传统之间的绝对界限早已经被打破，两者之间在一定程度上已经实现了良性的互动和交流，因此它们在研究旨趣方面就表现出了不断趋同和近似的发展特征。特别是随着信息理论和计算机科学理论等新兴学科在世界范围内的整体推进与发挥作用，欧洲大陆语义学与美国语义学在研究路径、对象和方法等方面不断相互借鉴和学习，从而共同促进了语义学的进一步发展。例如，近几十年来兴起的计算语义学就是哲学家、逻辑学家和部分语言学家合作的结果，而处于不同学科领域中的语义学家们彼此之间的交流和协作也成了一种常态化的现象。为此，帕蒂认为，在美国的规范语义学研究兴起之前，语言语义学在计算机理论研究方面除了词汇分析之外毫无进展，而直到20世纪八九十年代，美国语义学界在欧洲语义学理论的影响下，才使得传统语言语义学的研究参与到了计算的语义分析过程之中，从而极大地拓展了语言语义学研究的路径和范围。可以预见，随着学术壁垒的不断打破和理论交流的不断加深，未来的美国语义学研究必定会以更为开放的、更为国际化的视野得到全方位的拓展和延伸。



其次，20世纪后期美国语义学的发展本身已经表明了语义学作为一种分析的方法论工具的重要意义，它具有的“统一整个科学知识和哲学理性的功能，形成了把握科学世界观和方法论的崭新视角”[①]。一方面，美国未来语义学的发展必然会更加广泛地涉猎多种学科，以期丰富自身的理论内涵。例如，规范语义学就融合了逻辑学、数学、哲学、系统学等学科知识，而认知语义学更是实现了心理学、人工智能和语言学等学科之间的贯通和联结。又如，美国语言学家、哲学家和计算机工作者们近年来就已经进行了深入合作，如坎普和帕蒂（1995）、库柏（R. Cooper）和帕森斯（T. Parsons）（1976）、巴威斯（1981）等学者们就共同发表了很多有关语义学的研究著作。因此，未

---

① 郭贵春．语义学研究的方法论意义．中国社会科学，2007，3：215.

来美国语义学发展的走向已经不是单独一个学科如何应用和完善的问题，而是多种学科怎样相互融合与协作的问题，这更进一步地体现出了人类思维的整体性与系统性特征。另一方面，语义学作为一种普遍的研究方法和“分析利器”，各种具体学科必然会将其与自身学科的推动和建设结合起来，从而使其像血管和神经一样渗透于所有的理论构造、阐释和说明之中，例如，在美国工业设计领域，工程师们提出了“产品语义学”的概念，并在1984年美国克兰布鲁克艺术学院由美国工业设计师协会（Industrial Designers Society of America，IDSA）举办了“产品语义学”研讨会；萨普（P. Suppes）则致力于把句法与语义的关联性特征与集合论、自动化理论的研究结合起来；在生物学和生命科学领域，坎特伦（F. Cantlon）、布朗宁（M. Brannon）等人开始从语义和认知的角度，对神经与心理机制进行研究；在社会学领域，安德森（B. Anderson）和巴斯奇（C. Busching）等人则把语义分析方法应用到了对于社区和家庭结构的研究过程之中。

综上所述，美国当代语义学在各个语义学流派的不断推陈出新、相互竞争的局面下，语义学自身的学科地位和方法论意义得到了充分确认，并且从总体上呈现出研究思维相互融合、研究手段相互借鉴、研究领域相互贯通、研究目标逐步清晰的崭新图景，从而为世界语义学的发展作出了重要的贡献。



## 第二节　英国语义学研究的路径与趋向

英国语义学的发展与演变深受英国自身特有的哲学传统和对于语言学研究深刻关注的长期影响，这使其在不同的历史时期都内在地迎合了时代哲学的主题内涵和方向转换，从而表现出了不同的发展形态。无论是对英国语义学发展历史的内在逻辑特征进行辨析、梳理，还是对英国语义学“现代性”研究的“巅峰”——逻辑实证主义语义学进行反思、批判，都为我们全面、客观地理解英国语义学的历史成就与教训，以及它在世界语义学舞台上的独特地位提供了重要的方法论视角。



### 一、英国传统语义学的现代转型

语义学研究的经验主义传统在19世纪末期到20世纪前期的英国得到了继承和发展，在反叛以客观经验论为基础的理性传统的基础上，英国语义学研究继承了以贝克莱和休谟为代表的主观经验论传统。历史地来看，由斯宾塞和穆勒等人所开创的对于意义理解的实证主义传统，是对早期经验主义思想的直接传承，而罗素和艾耶尔等人则将语义分析置于逻辑实证的基础之上，这样就把英国哲学传统中一直存在的经验论思维推向了极端化，“逻辑实证主义……是传统之中的经验主义认识论的一种变体”①。在逻辑实证主义的理论研究过程中，语义学工具的采用在这一时期成了它实现理论证明和解释的有力手段，这表现为哲学研究采用了“语义上溯”的理性策略，将语义的分析与研究作为解决哲学难题的有效路径。正是从这个时期开始，英国语义学研究的地位开始在哲学和相关的科学研究中逐步得到了确立和巩固，而这也是英国现代语义学形成和发展的黄金时期。

（1）经验实证、逻辑性与语义分析的本质。英国实证主义哲学与逻辑语义分析在方法论上的借鉴、结合与19世纪末自然科学飞跃式发展的历史背景具有很大关系，而休谟经验主义的意义理论在这一时期也得到了继承和延续，它所具有的科学主义和实证理性精神对语义学的研究产生了强烈的影响，而它对于形而上学意义理解方式的拒斥则为英国语义学方法论的“现代性”构建提供了重要引导。总体上来说，在英国逻辑实证主义语义学诞生之前，斯宾塞的实证主义研究理路为意义的经验证实原则奠定了思想基础，而穆勒的经验语义分析思想和罗素的逻辑语义分析理论则为语义学的方法论路径开辟了广阔空间。



19世纪后期，基于科学观察和感觉经验的原则，斯宾塞反对传统形而上学的思维模式，他支持休谟关于现象世界和本体世界的区分模式，认为我们只能对可观察的现象进行把握，而无法探究世界的本质、本体，“科学的真正含义就是用来理解存在的现象领域秩序中实证和确定的知识”②。也就是说，我们只能认识现象世界经验范畴之内的东西，而经验范畴是不可超越的。因此，对于本体的实在世界，认识所能理解的范畴只是本体世界的表层现象，“客观的科学证明了这种实体并非是我们想象的样子”③。我们可以发现，斯宾塞的实证主义思想内核与之后的逻辑实证主义语义分析在路径上具有内在的一致性。

穆勒将概念和意义的理解限定在主观经验的范围之内，对于穆勒而言，

① M. 弗里德曼著，高湘泽译．重新评价逻辑实证主义．世界哲学，1993，1：19.

② Spencer H. *First Principles*. Cambridge：Cambridge University Press，2009：102.

③ Spencer H. *First Principles*. Cambridge：Cambridge University Press，2009：99.

如何在经验实证的基础上采用逻辑的思维以确定名称的意义，被其看作认识论研究的重要任务。就名称而言，在命名活动中，与对象最先关联的符号就形成了名称的形式，之后再通过群体性的交往过程实现意义的确定。在这里，我们特别需要注意辨别不同类型名词的含义和指称。理论上来说，专名具有指示性特征，其本身并无含义，而通名则既有含义也有指称。在这一点上，穆勒反对传统主观经验主义的意义观念理论，认为命题研究的对象并非是心理观念的判断，而是对真实事物、实在的一种判断，也就是说信念的基本内容是实在、事物，而非事物的心理观念。在概念理解的过程中，我们通常的定义只是名称的定义，而命题的意义说明就是解释名称的意义，“对语词的意义进行分析是对命题的意义进行分析的一个先决条件”①。因此，在概念、命题本身及其定义之间，判断与推理的基础并非是简单的定义，而是基于经验事实的理解，命题的意义就是判断名称的属性与经验事实之间的对应关系。这样，我们在观念与经验之间就可以建立起逻辑的实证关系。

罗素的实证主义语义学思想主要体现在其逻辑原子主义的意义理解过程中，其目的在于通过对概念和知识的逻辑分析寻求确定的意义，这种思想成了随后英国逻辑实证主义语义学研究的理论先声。对于名称的意义，罗素反对洛克将语词意义与观念简单等同的做法，认为观念只是语词和事物之间的一种联结和中介，而语词名称的意义就表现为所指对象，“一个命题并不是一个事实的名称”②。站在经验主义和先验逻辑的立场上，罗素认为语言与世界的结构之间具有一致性和统一性，在世界的结构当中具有基础地位的并非是单独的事物，而是包含事物性质和关系的事实。世界的逻辑基础是原子事实，与之相应的命题语言系统则以原子命题为基础，而原子事实就是与命题真假判断相对应的整体事实系统的基本事实成分，“命题对于事实的关系完全不同于名称对于被命名的事物的关系……只要通过检验命题就能确定关于世界的真理”③。在这里，事实具有的含义在于它表明了事物之间的关系结构，而原子事实就最大限度地体现了语义分析的基本原则，“逻辑原子主义意味着我们可以把语词分析为许多相互关联的组成部分”④。也就是说，逻辑原子作为分析的最基本元素构成了事物的观念，我们可以通过对于语言和逻辑的结构分

① D. J. 奥康诺著，洪汉鼎等译．批评的西方哲学史．北京：东方出版社，2005：645.

② B. 罗素著，苑莉均译．逻辑与知识．北京：商务印书馆，1996：225.

③ B. 罗素著，苑莉均译．逻辑与知识．北京：商务印书馆，1996：225.

④ Russell B. *The Philosophy* of *Logical Atomism*. London：Routledge Publication，2009：15.

析而把握世界的本质、特征。为此，罗素反对心理主义的意义理论，他认为我们应该研究语言与外部实在之间的关系，尽管我们对于意义的理解仍然不能回避其中的心理学色彩，但是采用相对确定的原则、标准以达到认识的真理是有可能的，“一种绝对标准的概念虽是幻想，然可以有相对的标准，去增进真理的可能”[①]。总体上来说，罗素在语义分析的过程中，力图建立起理想的逻辑语言，这与其有关原子事实推理的思想共同构成了逻辑实证主义语义学的重要思想基础。

（2）语义分析与逻辑实证主义证实原则的构建。从根本上来说，英国现代语义分析方法的真正确立是由逻辑实证主义实现的，逻辑实证主义不仅从内在特征上标示了哲学“语言学转向”的本质、纲领，而且使得语义分析方法普遍地与哲学问题的研究和目标的实现结合起来，“所有的哲学问题都是关于意义的问题”[②]。同时，也正是从这个时期开始，语义学的学科地位开始逐渐走向了成熟，其研究的阵地不断地得到了巩固。相对于传统的意义问题研究而言，逻辑实证主义的语义分析试图对传统的认识论思维进行全面反思，而哲学研究的内容也由此转化为命题语言和经验表述，并且通过真值判断以实现认识的目标，也就是对构成科学系统结构的命题的意义进行判断。



从理论内涵上来看，英国逻辑实证主义语义学推崇和信奉逻辑分析性的典型特征之一，就是排斥意义的形而上学背景限定，认为在证实性原则的基础上命题必须以主体经验作为判断的依据，而命题的意义就表现为逻辑上的证实性或证伪性，“经验主义（即哲学）的特点是远避形而上学，他们的理由是每一个事实命题必须论及感觉经验”[③]。这样，通过证实性原则和标准的划界，许多形而上学的命题就被推向了有意义的领域之外。在方法论上，英国逻辑实证主义语义学选择了逻辑语义分析的基本策略，认为概念、语言结构与世界、事实存在之间具有对应关系，为此我们应该借助于自然科学的精确工具特别是数理逻辑以建立科学的语言系统，这样意义的理解就能够通过语言结构的逻辑分析来加以实现。对于命题的意义而言，其中的经验内容非常重要，只有在经验上被证实了，命题的意义才能得到承认，“有意义的命题应能为感官观察所确认……从检测过的案例中获得了意义”[④]，也就是说，命题

① B. 罗素著，李季译．心的分析．北京：商务印书馆，1963：202.

② A. 艾耶尔著，陈少鸣译．哲学中的变革．上海：上海译文出版社，1985：66.

③ A. 艾耶尔著，尹大贻译．语言、真理与逻辑．上海：上海译文出版社，1983：77.

④ B. 麦基著，周德明、翁寒松等译．逻辑实证主义及其遗产．国外社会科学，1987，7：39.

的意义就体现在证实性的方法之中。

对于维特根斯坦而言，其前期的语义学思想主要形成于他在英国剑桥大学时期的哲学研究工作。在划分综合命题与分析命题的基础上，维特根斯坦认为命题从本质上反映了原子事实的存在状态，“命题是对原子事实的一种描述”①，而科学系统本身就是由有意义的命题——可被经验证实的命题所构成的。在综合命题的证实过程中，理论借助于还原方法对基础命题进行观察，因此哲学就是建立在语言基础上的一种动态的逻辑分析活动。在科学命题理解的过程中，维特根斯坦强调意义的图像理论作用，“名字……是互相联系着的，整个地就像一幅生动的图画一样地描画出原子事实来”②，也就是说，命题的意义就是它所表征的一种情态，在其中语言系统的基础就是语词的逻辑联系，因此逻辑结构就应该被看作是语言、世界的基本结构，“命题只是就其在逻辑上有秩序的而言才是情况的图画”③。在这里，维特根斯坦实际上是强调命题的逻辑结构与世界、事实的结构具有同晶性，而语言命题意义的来源就是存在的逻辑事实，“各种可能的状态之间的内部关系的存在，通过描述这种用语言表现出来的各命题之间的内部关系”。④ 我们可以看出，维特根斯坦的意义划界理论，实际上是从认识论上标示了人类在逻辑语言上有意义的可理解世界和无意义的本体、形而上学世界之间的区分，这就是维特根斯坦前期逻辑语义学构造的根本宗旨所在。

艾耶尔是将欧洲大陆的逻辑实证主义语义分析方法引入英国的主要代表人物，对于同时期石里克和卡尔纳普等人的逻辑实证主义意义理论而言，艾耶尔表示他基本上能够对其加以接受，“可证实性原则是一切的基础”⑤。他认为，对命题的形式和结构的研究与经验事实之间的关系非常密切，因此命题意义的理解必须建立在系统和整体的经验事实观察的基础上。本质上来看，这种意义理论对于我们具有重要的哲学价值，在有意义的命题分析过程中，我们应该去除形而上学的伪问题，“许多形而上学的言辞与其说是发表这些言辞的人为了有意识地企图超过经验界限，不如说是他犯了逻辑错误”⑥。对于命题意义而言，建立在可证实性原则基础上的命题必须经由经验的逻辑性来

① L. 维特根斯坦著，郭英译．逻辑哲学论．北京：商务印书馆，1985：40.

② L. 维特根斯坦著，郭英译．逻辑哲学论．北京：商务印书馆，1985：41.

③ L. 维特根斯坦著，郭英译．逻辑哲学论．北京：商务印书馆，1985：41.

④ L. 维特根斯坦著，郭英译．逻辑哲学论．北京：商务印书馆，1985：47.

⑤ L. 麦基著，周德明、翁寒松等译．逻辑实证主义及其遗产．国外社会科学，1987，7：38.

⑥ A. 艾耶尔著，尹大贻译．语言、真理与逻辑．上海：上海译文出版社，1983：31.

进行检验，也就是说真理判断的标准就存在于命题与事实的一致性关系之中，“如果与一个给定的命题相关的观察符合于我们的希望，那个命题的真实性就被肯定”①。因此，从这个意义上来说，逻辑实证主义语义学的主张具有优越性，“它令人们对精确性更加强调，对模糊性强烈反对。它类似于一道命令，促使人们去观察事实，去伪存真”②。

纵观英国语义学思想演变、延续的历史进程，我们可以发现无论是17—18世纪英国经验主义意义理论的提出与应用，还是19世纪后期到20世纪初期英国实证主义、逻辑原子主义、逻辑实证主义的语义学研究路径的发展，尽管由于基于不同的时代主题和各具差异的哲学目标而使得英国语义学思想研究呈现出多样的表征形态、面貌，但是各个时期的语义分析方法在寻求突破的同时，其背后都隐含着科学、理性推动力的整体作用，这充分表现了语义分析方法作为一种人类重要的理性工具在哲学和相关科学研究中所具有的效力与作用。具体来看，经验主义意义理论兴起的时代正是文艺复兴运动之后英国自然科学、实验理论和经验理论蓬勃、繁荣的发展阶段，由培根（R. Bacon）所号召的实验科学理性精神和霍布斯（H. Hobbes）的自然主义物质理论，充分展现并影响了之后英国经验主义哲学的研究态度和方法，因此我们才能在不论是客观经验主义还是主观经验主义的意义理论中发现将感性经验、印象作为意义决定标准的基础主义倾向。19世纪末到20世纪初，近代科学的发展在作为工业革命策源地的英国取得了新的飞跃，物理学、数学和逻辑学各自在整体科学发展的基础上克服了自身存在的危机，显示出继续推动人类理性发展的强大力量，而传统的哲学研究在研究对象和领域被相关科学学科剥蚀的同时，还面临着这些学科对其自身存在地位的严重挑战，这就是逻辑实证主义语义学提出的基本时代背景。因此，对于语言问题研究的重视使得英国哲学从传统的认识论研究开始了向语言学转向的伟大变革，而正是从这一时期开始，语义学作为一种分析方法紧密地与逻辑实证主义试图完成的哲学使命和目标结合起来。本质上来说，英国逻辑实证主义语义学的缺陷在于其实证原则、标准被无限制地推向了极端，并且它们被作为一种绝对的、唯一的和不可动摇的判断标准来展开对于命题意义的分析。这种分析倾向的教训在于，语义学的研究不可能脱离主体、意向和直观而独立自存，否则这种实证性的标准同样容易成为逻辑实证主义所批判的形而上学思维方式



① A. 艾耶尔著，尹大贻译. 语言、真理与逻辑. 上海：上海译文出版社，1983：111.

② B. 麦基著，周德明、翁寒松译. 逻辑实证主义及其遗产. 国外社会科学，1987，7：43.

的“复归”和保留。正是从这个意义上来说，逻辑实证主义语义学在英国的地位确立既是17—18世纪英国经验主义、理性主义、科学主义发展的最高成就，同时自其诞生之日起就已经在其内部埋下了理论崩溃和“被颠覆”的导火索，这就是逻辑实证主义语义学的历史命运。

## 二、英国自然语言语义学的兴盛

对于由英国现代哲学的语言学转向在语义学研究方面所引起的两大思潮而言，除了逻辑实证主义的语义分析取向之外，英国日常语言语义学的研究更具重要地位。英国日常语言语义学所坚持的语义分析原则在肯定经验事实基础地位的同时，保持了对于形而上学命题的宽容态度，从而使得语义分析的经验论传统在这一时期具有了新的表征形态。与此同时，英国语义学研究中一直存在的语用、语境分析路径在这一时期则继续成长和发展，并且从自然语言的结构性和系统性分析等方面为语义学方法的丰富和完善作出了重要贡献。相对于逻辑实证主义语义学，英国的日常语言语义分析立足于生活语言本身的结构与特性，认为意义的理解并不需要理想人工语言的逻辑构造，而哲学的“形而上学”问题根源就在于对日常语言的误用。因此，日常语言语义学认为逻辑实证主义的做法是非常“粗暴”和狭隘的，它本身只是一种空中楼阁似的假设推理，根本无关于丰富而具体的语言生活实践。本质上来说，日常语言语义学的研究体现了语义学研究的自然性特征和结构属性，这种自然性特征的研究也体现在同时期伦敦学派自然语言语义学分析的语境功能、内涵的基础上，而结构语义分析方法则从自然语言语义学的整体性、系统性等方面为语义学解释的一致性和完备性提供了重要启示。

（1）日常语言语义学的方法论转向及其内涵特征。英国的日常语言语义学研究从一开始就反感于逻辑实证主义对于意义的“理想状态”处理方式，认为这种态度并不合乎语言的自然性特征，“哲学家对于句法结构不能完全反映逻辑关系所表示的不满促使语言学家去寻找更深一层的描写……以解释句子的意义以及语义和形式之间的关系”[①]，这种特征包含了语义、语用以及概念结构的意向性等方面的内涵。在日常语言语义分析相对明晰的阵营中，早期摩尔（G. Moore）的常识语言哲学为日常语言语义学研究奠定了基础，而后期维特根斯坦、赖尔（G. Ryle）、约翰·朗肖·奥斯丁（J. L. Austin）以

① J. 利奇著，李瑞华、王彤福等译．语义学．上海：上海外语教育出版社，2005：215.

及斯特劳森（P. Strwson）等人虽然也秉承了语义分析的基本方法，把对于世界和事实的理解限定于语言实体范畴之中，但是他们在语义分析路径上则推翻了逻辑实证主义对于命题意义的经验证明方案，将与语义相关的语用、实践和语境等层面纳入到了语义学方法论的系统框架之中，从而在整体上确立了语义学研究的崭新路径。

摩尔是英国日常语言语义学的早期奠基者和重要代表人物。针对日常语言的模糊性和非标准性，摩尔的语义分析倾向于从“常识”的角度对日常语言进行细致的语义分析，期望从日常语言的“表象”背后去揭示意义的本质和内涵，并且试图寻找“形而上学”问题的根源所在，“这些常识信念的真实性……用来传达这些信念的表达式的意义是毫无疑问的”[①]。为此，摩尔强调对概念的内涵和结构进行全面分析，因为命题概念的解释就体现在其意义的理解过程中。对于语词和句子的意义而言，摩尔认为观念即思维中与语词相对应的概念就是语词的意义，而命题则从总体上表征了句子的意义。也就是说，意义可以被视作是一种实体性的存在，“摩尔把他想加以分析的东西（即被分析者）说成是表达式的意义或表达式所代表的概念”[②]。可以看出，摩尔的语义学尽管立足于日常语言的理解和分析，但其思想实质仍然是还原论的思维方式，因此摩尔在著述当中并没有企图刻意强调意义的语用特征，而是集中于逻辑语义分析——要求概念、范畴的明晰性，因为只有这样才能按照摩尔本人的设想去消除哲学发展的“迷障”。



后期的维特根斯坦是英国日常语言语义学的开创者和主要代表人物。在反思逻辑实证主义语义分析缺陷性的基础上，维特根斯坦在《哲学研究》中将语词对意义的理解方式完全从其前期以《逻辑哲学论》为代表的逻辑实证的语义分析路径中转变过来，他认为语词的意义就是它在语言之中的使用，同时作为语句的意义构成了语词意义的基础。具体来看，维特根斯坦否定了其前期《逻辑哲学论》所坚持的语词意义与事实指称严格对应的做法，认为语词的意义存在于我们对其应用和实践的理解过程中，也就是说，语词只有在一种类似于“游戏”的生活状态中才能够实现其意义的理解，“一个字词的意义是它在语言中的用法”[③]。为此，我们必须注意：一方面，语词和句子意

---

① D.J. 奥康诺著，洪汉鼎等译．批评的西方哲学史．北京：东方出版社，2005：879.

② D.J. 奥康诺著，洪汉鼎等译．批评的西方哲学史．北京：东方出版社，2005：881.

③ L. 维特根斯坦著，汤潮、范光棣译．哲学研究．北京：生活·读书·新知三联书店，1992：31.

义的理解必须与日常语言相关；另一方面，日常语言反映了我们思维结构的过程与特征，这种特定的思维结构必须与具体的语用过程相结合，“语言是一种活动的组成部分，或者一种生活形式的组成部分”[①]。我们可以看出，这种语义分析态度直接地体现为对于逻辑实证主义语义学本质和特征的“反叛”，这既是维特根斯坦在后逻辑实证主义时代对于语义学研究路径反思的结晶，同时也在另一个维度上开启了日常语言语义学研究的崭新征途。

对于牛津学派的日常语言语义分析而言，约翰·朗肖·奥斯丁、赖尔和斯特劳森等人将语义分析的技术工作推向了极致。约翰·朗肖·奥斯丁立足于自然语言的名称、内涵和结构的分析，通过将句子和语词置于人类言语行为活动之中进行分类研究，认为意义和真理等语义学问题只有在言语行为的基础上才能够真正得到解决，“必须注意现实语言的事实，注意我们能说什么和不能说什么”[②]。在语言的具体分析过程中，约翰·朗肖·奥斯丁考察了语言的历史演变过程，认为语词概念和结构的特殊用法、功能是与人类的行为活动紧密相关的，因此意义的理解本质上就是对于我们存在的事实、世界状态的反映。我们可以看出，约翰·朗肖·奥斯丁的这种语义分析方法已经从语用化的研究倾向出发走向了社会约定论的道路。赖尔对于语义分析方法的理解同样立足于对概念、范畴的解释和澄清，并且深入到了语词、句型的具体使用习惯和心理类型之中，“它是一个范畴错误……实际上它们属于另一种逻辑类型或逻辑范畴”[③]。在赖尔看来，逻辑的语形与世界的事实之间并不具有对应关系，因此对于意义本身而言，它既非一种抽象的存在，同时也并不存在于语词的外延形态中，而真正具有重要地位的是语词的内涵。这种对于语言内涵的刻画、描述与语言的实践、主体的意向以及情境特征具有很大关系，在此基础上我们就可以达到一种语言逻辑的“纯粹”状态。对于斯特劳森而言，意义就是一种语词的功能性存在，而语词的意义就是在语境之中语言名称的正确使用规则，“语义语用学的一项重要工作，就是通过语用分析与语义分析的关联，去提炼这些规则，以使它们适合相关的对象”[④]。因此，斯特劳森认为罗素将意义与真理概念相等同的做法是错误的，他主张我们应该

① L. 维特根斯坦著，汤潮、范光棣译．哲学研究．北京：生活·读书·新知三联书店，1992：19.

② 车铭洲．西方现代语言哲学．天津：南开大学出版社，1989：210.

③ G. 赖尔著，徐大建译．心的概念．北京：商务印书馆，2005：10.

④ 郭贵春．语义学研究的方法论意义．中国社会科学，2007，3：84.

在对于自然语言的概念分析中明确地将名称与其语用行为区分开来，并且我们应该将语词的意义理解为在情境之中的恰当指称和规则。

整体上来看，在英国前期以剑桥为中心和后期以牛津为中心的日常语言学派坚持了语义学研究的自然化趋向，其目的在于通过日常语言的分析建立起可靠的、完善的意义理论，“这种自然性恰恰通过具体的独立的语用环境及其意义的自主建构来得以实现”[①]。因此，日常语言语义学的研究并没有否认语义分析的经验主义基础，而只是将希望寄予对形态多样、具有丰富内涵的自然语言本身进行理解、分析，以消除哲学的疑惑，达到真理性的认识，这就是日常语言语义学与逻辑实证主义语义学的根本区别所在。

（2）自然语言语义学研究的语境内涵与特征。语义学分析的语境基础是包括了语形、语义和语用在内的系统背景，如果我们把语境区分为内涵语境和外延语境的话，逻辑实证主义语义分析的句法和语义规则也可以被看作是语词意义的逻辑句法语境，例如，罗素摹状词的特征性家族就可以被看作是语词的内涵语境。尽管如此，对于英国语义学研究中一直存在的“语境”概念的内涵而言，如同对于“意义”概念的多维解读一样，历史上不同时期的哲学家和语言学家在对它的理解方面也存在着较大的差异，但是总体上来说，语义学分析的“语境”内涵潜在地蕴含了语词外延存在的情态、环境，以及主体的心理、意向等相关因素。为此，斯特劳森认为意义与指称表达的语境基础具有重要意义，“个体事实是由语境决定的”[②]，“表征的意义类型在语境中使用，给出特别的指称……语境条件一般作为指称正确使用的基础”[③]。也就是说，意义的理解应该立足于生活世界和语用实践，因为命题陈述本身并不具有真理性特征，只有在动态的语境之中才能把握语言与实在的关联性、确定指称的精确对象，并且实现意义与真值的有效结合。



马林诺夫斯基（B. Malinowski）较早地将意义理论的研究带入了语用、交流和朴素的语境分析层面，他主张意义的功能主义，认为我们对于语言的理解必须在人类社会的复杂系统中展开，而意义则取决于语境功能的要求，也就是说“把语言看作行动的方式而不是思维的工具比较合适”[④]。因此，意义的基本元素是句子而非语词，它本身并非是一种固定的实体，而只是一种

① 郭贵春．语义学研究的方法论意义．中国社会科学，2007，3：83.

② Strawson P F. On referring. *Mind* (New Series), 1950, 235: 331.

③ Strawson P F. On referring. *Mind* (New Series), 1950, 235: 336.

④ J. 利奇著，李瑞华、王彤福等译．语义学．上海：上海外语教育出版社，2005：88

语用的存在。韦尔宾（L. Welby）和卡迪那（A. H. Gardinaer）等人在自然语言的研究过程中，也同马林诺夫斯基一样强调外延语境对于意义的决定作用。韦尔宾认为意义存在于人类系统的言语活动中，卡迪那则认为对于语言而言最重要的是其社会功能，而并非是一种单纯的思想表征，因此语词的意义具有历史性，“建构意义的基础是语境……语词形式和语词意义之间具有动态关联性”[①]。在这一点上，奥格登和理查德指出，语言或符号在人类文化系统中具有重要功能，“语境包括了符号和对象，为不同实体之间提供了意义关联，而内在心理语境在符号与指称之间建立了关联”[②]。这意味着在语言功能的实施过程中，意义解释和指称理解包含了意向、态度等语境因素。同时，在语境的基础上，符号、意义与实在三者之间处于一种关联和制约的体系之中，其中语言符号表示实在事物的指称即能指，意义和概念代表所指，而指称的过程则包含了实在、符号和意义的关系结构。因此，符号的意义就表现为多种复杂的形态，其中包含了意义实现的语用因素和语境基础。

20 世纪上半期，伦敦学派语义学从自然语言研究的背景出发，在文化和社会历史的视域之中对语言的本质和意义的理解等问题进行了探索。受到英国日常语言学派的影响，伦敦学派的主要代表人物如弗斯（J. R. Firth）、罗宾斯（R. H. Robins）和韩礼德（M. Halliday）等人采用语义分析技术对语言的概念和范畴以及语境因素等问题进行了研究，其共同特征就是强调语境因素与意义的对应性和关联性。其中，弗斯的语义学思想具有“泛意义论”的色彩，也就是在经验研究的基础上将与意义相关的语法和语音等层面都纳入到对于意义的理解范围之内，并且将意义看作是言语行为活动的主要特征。具体来看，一方面弗斯改变了在语言学研究中局限于历史经验考察的传统思路，认为我们不应该将意义简单区分为内涵和外延，而是应该将其看作是具有多维内涵的存在。另一方面，弗斯强调意义的社会活动性特征，认为意义在不同的语境之中具有不同的内涵。在弗斯看来，“语境关联的所有层面都是意义的表征”，也就是说，意义是一种可观察语境的延伸，其中最重要的就是意义的语用语境层面。[③] 罗宾斯认为，作为意义基本单元的是句子而非语词，语言是一种活动的模式，而并非只是一种思想的表现，因此意义也并非是语

① Nerlich B. *Semantic Theories in Europe 1830—1930*. London：Benjamins Publication Company，1992：260.

② J. 利奇著，李瑞华、王彤福等译．语义学．上海：上海外语教育出版社，2005：9.

③ Nöth W. *Handbook of Semiotics*. Bloomington：Indiana University Press，1995：100.

词及其所指物之间的关联，而是语词与其所处语境的关联。在这里，语词的意义取决于语境的功能，“情境语境成为了意义理论的基础和语言理论的重要部分”①，只有在语境之中意义才能存在，“意义和语词的使用是从语境中得到和理解的”②。此外，韩礼德关于意义理解的功能主义理论将意义的结构体系作为语言构成的基础，认为社会语言系统的构造本身就是为了实现意义的合理表征。在语言的系统结构当中，意义的交流是基于整体的语境实现的，而意义本身具有一种潜在的表达功能，这种功能在社会、文化的语境中会表现出不同的形态，因此语言的整体结构既是意义表达功能的外在体现，也是意义实现的重要基础。在对于语言的具体分析过程中，韩礼德强调我们应该及时地把握意义存在的各种情态和内涵，并且应该将语义置于语形的基础地位，只有这样我们才能更加全面地实现意义的社会功能。

总体上来看，日常语言语义学研究以及进行自然语言分析的伦敦学派语义学所强调的语境分析原则，强烈地突出了意义存在的复杂性特征，将外延语境因素引入到了语义学问题的处理过程中，并且在一定程度上认识到了将语形、语义和语用分析相结合的语境分析原则的重要性，这对于语义学认识域的拓宽是具有重要意义的。



（3）自然语言结构语义分析的旨趣与特征。受到同时期欧洲大陆语义学的影响，从20世纪30年代到20世纪中期，英国语义学研究中一直存在的结构分析思维在语言学和哲学领域得到了很大程度的扩散与传播。事实上，早在英国的弗莱哲（J. G. Frazer）对于社会结构关系的探索中就认为，心理意识与社会结构之间的意义关系表现在两者结构性的关联特征之中，而随后英国的阿丹森（R. Adamson）乃至于罗素都主张在逻辑基础上对命题进行结构性的分析，这样就能够使得作为分析基础的原子命题对事实的本质结构进行澄清。对于维特根斯坦而言，世界可以被看作是如他在《逻辑哲学论》中所描述的一种由不同状态构成的总体结构。其中，语词意义基于独立、系统的语词结构，本质上反映了主体的心理认知活动所构造的语言规则，而结构性要素构成的变化则会导致意义的转换。从方法论上来说，结构主义语义学在本质上与逻辑实证主义具有很大不同，这表现为结构主义语义分析强调对于实在、事实的隐含意义研究，而非直接指向实在本身。从结构主义语义分析的视角来看，语言本质上就是“客观的”、系统的整体结构，在其中意义的产

① Ardener E. *Social Anthropology and Language*. London：Routledge Press，2004：33.
② Ardener E. *Social Anthropology and Language*. London：Routledge Press，2004：35.

生与表征就是各种结构、要素之间的关联活动，“自然语言的语义层有其本身与句法结构相对应的部分”[①]，也就是说意义就存在于语词之间的关联，以及系统和结构的关系之中，并且是作为一种系统和结构的“凸现”。

对于弗斯而言，在语言的基本结构之中，系统性的特征存在非常重要，语言的各种要素要求能够在关系的联结中形成特定的结构，这表现在语词与句子以及语境的内在构成等方面，“分析的首要原则就是区分结构和系统……意义是系统和结构相互作用的产物……系统为结构要素赋予了价值”[②]。弗斯认为，关联性的语词具有横向的即共时性的并列关系，这与纵向的系统构建形成了鲜明对比，在意义实现的过程和层次之中，都普遍存在着结构和系统的组合特征。乌尔曼（S. Ullmann）关注语言符号分析过程中的内部结构和系统功能，他认为这种符号结构本质上就是对事物关系的一种反映，其中最重要的就是研究语词在共时态和历时态上所表征事物概念的意义。实际上，如果我们从动态的立场出发对语词意义的本质进行考察就会发现，由符号所指示的语词意义在历时性上具有系统性的特征。韩礼德认为，“语义是一种网络的结构”[③]，在语境系统的基础上我们可以把语义结构区分为概念功能、内涵语境功能和外延语境功能等三个不同层次。这三大层次所具有的特征体现了语义的不同内涵和功能，而意义就是语言系统不同层次或类型的表征形态，同时意义也表现为语言系统和语境之间的一种结构性“产出”，“借助于语义结构我们能够处理更多的复杂行为问题……语义结构介于社会体系和语法体系之间……语义结构描述了应用于社会语境中表达者的意义范围”[④]。

在利奇看来，语义具有自身独特的属性，它具有内在的结构规则与构成要素，在对语义进行研究的过程中，语法并不能够解释语义的内容，而语义对于语句结构也并不具有基础地位，为此我们就应该具体分析语义存在的语境系统特征及其现象。对于意义的“所指”而言，利奇认为我们应该对思想、概念在语言系统中的表征进行分析，这样就可以通过语词结构性特征的分析对思想和观念进行把握，“把成分分析和述谓结构分析结合在一起，我们就能

① J. 利奇著，李瑞华、王彤福等译．语义学．上海：上海外语教育出版社，2005：15.

② Halliday M，Webster J. *Systemic Functional Linguistics*. London：Continuum International Publishing Group，2008：64.

③ Halliday M，Webster J. *On Language and Linguistics*. London：Continuum International Publishing Group，2003：346.

④ Halliday M，Webster. J. *On Language and Linguistics*. London：Continuum International Publishing Group，2003：347.

对绝大部分的句子意义做出描写”[1]。特别是利奇认为语义学的研究体系中包含了结构性和系统性的二重特征，这种特征就体现在了意义研究的语义结构和句法结构之中。

通过对英国结构主义语义分析的本质和特征的考察，我们可以看出，结构主义语义学否定了经验主义将语词意义与指称对象等同的简单做法，将意义确定在了语词和句法所构成的网络结构中，而在其中结构性要素的关联——意义的产出并不依赖于指称的对象。也就是说，结构主义语义分析的前提是承认语言符号的社会约定性特征，其符号表征的任意性立足于语言形态的多样性基础，力图去寻求意义的确定性存在。实际上，这种结构主义语义学的分析方法是在内涵语境的基础上赋予了语义分析以动态性和灵活性，因此尽管这种分析倾向存在着很大的缺陷和不足，但它仍然为英国后来的整体主义语义学、动态语义学和在语义学分析中语境思维的应用提供了某种适当的契机。

## 三、英国当代语义学的发展形态



20 世纪后期以来，随着世界科学的全面突破和飞速跃进，英国语义学研究在计算机科学、认知科学等相关学科的持续推动下，呈现出多学科、跨领域和综合应用的发展趋向。在继承传统、反思历史的基础上，英国语义学研究不仅保持了与欧洲大陆语义学沟通、融合的开放态度，实现了逻辑语义分析和日常语言语义分析的有效结合与贯通，而且从整体路径上转变了拒斥形而上学的绝对立场，开始将语义学分析与历史、文化传统和本体论研究有机结合起来，力图在全新的背景、平台基础上构建起科学语义学方法论的系统结构。

（1）整体的、动态的和语用化的语义学研究倾向得到了全面扩张和展开。20 世纪后期，基于对实证的逻辑语义分析的反思，加之受到语义学语用化研究倾向的影响，英国语义学开始逐渐从传统的微观语义分析向整体的、系统的语义分析进行转变，而这一点也符合了当代语言哲学的内在转变趋势。历史地来看，传统的微观语义学在与形而上学论题划清界限的同时，又极端、绝对地把语言、逻辑树立为形而上学不可动摇的背景。对于英国的逻辑实证主义语义学而言，这种衍生于经验主义内核的语义还原论思维不可避免地走

---

[1] J. 利奇著，李瑞华、王彤福等译．语义学．上海：上海外语教育出版社，2005：184.

向了没落的厄运。正是在此基础上，整体主义语义学的提出，鲜明地把意义理解的基础置于整体语境的分析视域之中，它从根本上要求命题理解应在相关的语境因素和语义分析之间保持适度的平衡。为此，达米特在语义学方法论的研究过程中树立了系统整体的理论思维，在他对于意义和真理等语义学问题的分析、处理过程中，有关语义分析的系统性、结构性和语用特征等多维界面被纳入进来，这成了达米特语义学思想结构的重要组成部分，而在这种整体结构之中，意义的表达、实践必须遵循科学的有效性和协调性等一般性特征，“按照这种系统的方法……我们就可以给出句子意义全面的说明”①。实际上，早在利奇对语义学的科学性特征描述的过程中就已经提出，对于语义学的研究而言，“只有把我们的模式合并到一个更广泛的人类语言的理论……人类的思维和交际的一般理论中去，它们才能具有充分的解释能力”②。

在动态语义学研究方面，波普尔的语义学思想本质上是基于英国语义学研究中一直存在的经验主义基础，而对真理和知识等概念、范畴进行反思的结果，其思想的动态性特征主要体现在他关于理论、命题的经验证伪性基本原则之中。在历史上，逻辑实证主义将经验的证实性作为判断命题意义和真假的重要基础，而波普尔则认为经验观察和事实只能对命题进行证伪却不能实现证实，其原因就在于命题和理论都具有综合命题的特性，因此基于个别事实的归纳并不能上升为一般的普遍有效性。可见，秉承自休谟以来归纳推演思维的逻辑实证主义语义分析仍然是一种相当狭隘的静态语义学，因为作为理论和命题基础的经验观察尽管具备有效性特征，但它并不足以保证科学命题的真理性，而这也是逻辑实证主义语义学体系不能持久的原因所在。因此，理论的真理性本身就是一个不断被检验、不断被证伪的过程，真理性的存在是暂时的，而其被证伪的可能性则是一直存在着的，“客观真理观念，它是一个我们可能永远也达不到的标准。正是在这个意义上，真理观念是一种调节的观念”③。对于认识论的研究而言，真理是一种永远处在“被逼进”状态的存在，尽管科学的探索能够不断地向真理的“本质”进发，但是这种“本质”永远都是一种相对性的存在。因此，面对这种理论命题的“逼真度”，科学的研究唯有不断地提升和进步才能为命题的意义赋予新的内涵。

---

① 张燕京．达米特对当代意义理论的贡献．学术研究，2007，2：33.

② J. 利奇著，李瑞华、王彤福等译．语义学．上海：上海外语教育出版社，2005：125.

③ 卡尔·波普尔著，傅季重等译．猜想与反驳．上海：上海译文出版社，1987：328.

在语义学的语用化研究方面，由英国自然语言语义学研究所推动的对于语义分析条件性、历史性和文化性的动态研究，逐渐在语义学研究领域中得以扩展和延伸，由此意义的确定就由绝对性走向适度的相对性，并且把相对的非确定性当作意义理解的重要特征。特别是语义分析基于经验世界和生活实践越来越强调语用的效力性，而在语义分析过程中的对话和交流，也为语言意义的理解赋予了强烈的动态性倾向，这一点极大地体现了英国当代语义学研究超越传统静态语义观的开放性特征。例如，格莱斯（H. P. Grice）试图将包容了语用层面的非自然意义（相对于自然意义）置于语言实践、行为的界域之中进行理解。其中，话语的意义可以区分为规约意义和非规约意义，而非规约意义包括了言者的语用情境、主体作用和语词的约定内涵等相关因素。在会话过程中，双方交流的成功和意义的理解依赖于彼此交互的合作基础，只有在合作基础上才能达到会话的有效性，“首先要区分话语的意义（理性意义或逻辑意义）和话语的语势（言外之意），要解释前者需要借助于语义模式，而要解释后者则需要借助于语义模式和语用模式两者的结合”[①]。继格莱斯之后，威尔森（D. Wilson）的关联性意义理论强调语用语境的关联性特征对于意义理解的决定性作用，这种思想认为语词在语用语境之中的关联性效力是一种意义构造的结果，“它能使我们保留语义学中所做出的很明确的区别，同时又注意到在语用学中可以用变化无限的方法做出的区别”。[②]此外，达米特将意义和真理的理解推向了动态的和语用的层面，“语言的意义就是我们对语言的理解，因而语句的真取决于理解”[③]。对于达米特而言，所谓的意义本质上是由主体在实践过程中所展开的一种语言活动，因此我们应该对意义存在的实践性特征进行刻画和总结。在命题的真理理论中，达米特认为我们应该把人们的普遍接受作为真理判断的一个并非唯一但仍是非常重要的标准，“命题的意义就在于我们所应用的能证明它为真的方式”[④]，也就是说，语言的理解和实践活动参与到了真理的分析过程中，“可行的意义理论……指它应最大可能地符合我们的实践”[⑤]，这是达米特在其语义学理论中始终保持“宽容”态度的核心所在。可以说，达米特的这种“主体理性参与真理构造”



① J. 利奇著，李瑞华、王彤福等译．语义学．上海：上海外语教育出版社，2005：469.

② J. 利奇著，李瑞华、王彤福等译．语义学．上海：上海外语教育出版社，2005：482.

③ 江怡．英国分析哲学的现状与走向．哲学动态，1996，5：39.

④ 郭贵春，王航赞．达米特的语境真理论．学术论坛，2003，1：25.

⑤ M. 达米特著，任晓明等译．形而上学的逻辑基础．北京：中国人民大学出版社，2004：319.

和“语用实践的真理内涵”的语义学态度、取向，对于传统的静态语义学构成了极大的挑战。

总体来说，在意义的动态理解过程中，信息状态的改变和调整具有重要意义，“意义就是潜在的信息变化成了动态语义观的核心”[①]。另外，就语义与语用的关系而言，两者之间的区分并不具有绝对性，因为语用学处于语义学核心域的边缘及外部，它能够对语义学的空白地带进行填补和完善，由此便使得意义的理解能够更加充分和全面，“在语义结构的语境独立性和语用结构的语境特殊性之间存在着内在的关联性”[②]。在这里，语义“语用化”的研究倾向充分关注到了语义内涵的语境转换特征，而语义分析的意向和认知特征本质上反映了“心理现象与物理现象之间的关联”，从而为语义学研究的自然性扩张奠定了基础，这也是当代英国语义学研究从相对的“动态性”和“语用化”趋向方面扩张的动力所在。

（2）意向和认知语义分析在英国语义学研究中得到了广泛应用和普及。认知、意向语义学反对客观主义的语义分析趋向，同时基于经验论的研究背景，它认为语言、概念结构与主体思维结构具有很大的相关性，这种语义分析的意向和认知特征本质上反映了“心理现象与物理现象之间的关联”[③]。也就是说，意向、认知语义解释为心理表征奠定了重要基础，“对语义特征的分析和把握，正是对命题态度及其意义分析和把握的前提和基础”[④]。在这一点上，格莱斯将交际参与者的意向性表达与意义的分析紧密结合起来，认为语言交流的有效性依赖于对符号意向性的理解、分析，也就是说，在语言交往过程中双方需要对说话者的意图进行推理、判断。在作为言语的自然意义中，最关键的就是意向性的意义内涵，这样意向性就成了语言意义实现的重要工具和手段。在格莱斯之后，威尔森认为说话者的意向性包括信息和交流两个层面，信息意向就是言语的表层含义，而交流意向则是语言的隐性含义，因此语言的交往实际上是在这两种含义的共同作用下所进行的一种推理、判断和分析。

从认知语义学的立场上来说，我们应该将与语言相关的知识结构、认知过程和隐喻含义等相关界面进行整合，并且“把语言看成是一个非自足的知

① 郭贵春．语义学研究的方法论意义．中国社会科学，2007，3：80.

② 郭贵春．科学实在论教程．北京：高等教育出版社，2001：245.

③ 郭贵春．科学实在论教程．北京：高等教育出版社，2001：350.

④ 郭贵春．语义学研究方法论意义．中国社会科学，2007，3：84.

识网络"[①]，这有助于我们对文化、社会的语境信息进行认知处理。为此，伊文斯（V. Evans）在其对于语词意义进行解释的认知模型中强调语词、概念等知识"综合起来表达说话者意图的方式"[②]，也就是说，表达者的意向性判断在认知理解的推理过程中发挥了重要作用。另外，威廉姆斯（S. Williams）的"概念角色语义学"（conceptual role semantics）则认为思想内涵决定了语言表征的意义，在对于语言意义的分析中，信念、心理等内在因素发挥了重要作用。[③] 整体上来看，达米特和斯特劳森语义学研究的认知取向，在很大程度上体现了当代英国语义学研究实现"认知转向"的重要特征。例如，达米特否定了实证主义将意义与指称简单等同的做法，认为必须将语义真理的确定根植于主体的内在理性，这样我们就可以通过理解语言形式的意向性表征来实现对于真理的把握。实际上，传统的思想将真理作为一个不可动摇的初始性存在，从而在某种程度上忽视或者有意回避了真理分析中主体的能力和意向性地位的存在。为此，达米特强调我们必须了解语言的运行机制和交流双方所使用语言的意图、目的等背景知识，也就是说，"意义理论是理解理论……本质要求……促进了意义理论的认知转向"[④]，这样才能够实现意义与真理的有机结合。对于斯特劳森而言，语义学的意向性表征在其语义学的核心论题——意义理论的探讨过程中得到了体现，他认为意义的理解和实现需要采用适当的语词指称，而这种指称的过程就蕴含了表述的特定意向，因此"在我们的语义学理论中应该融入交流-意向的指称"[⑤]。从本质上来说，意义活动的主体具有高度的意向性和理性特征，因此言语行为和交往必然是渗透有主体意向、目标的交互性理解活动，"交流-意向概念在语言意义理论中具有核心地位"[⑥]。



从理论的目标指向性上来说，认知、意向语义分析肯定了人们在语言使用背后所具有的思维和心理作用，并且将意义看作是命题形式在心理当中的一种整体反映，也就是说，语义潜在地包含了心理认知图景，"语义描述在心理上的可行性……没有理由认为人类思想是按照线性关系来理解逻辑关系

① 彭玉海．理论语义学研究．哈尔滨：黑龙江人民出版社，2008：1.

② 束定芳．认知语言学的新动向．外语研究，2007，6：30.

③ 江怡．英国分析哲学的现状与走向．哲学动态，1996，5：37.

④ 张燕京，李颖新．当代意义理论如何可能．学术研究，2007，2：30.

⑤ Strawson P F. *Logico-Linguistic Papers*. London：Ashgate Publishing Limited，2004：144.

⑥ Strawson P F. *Logico-Linguistic Papers*. London：Ashgate Publishing Limited，2004：XV.

的"[①]。因此，相对于逻辑实证主义在意义理解过程中强调真值条件的狭隘做法，当代英国语义学试图从脱离主客观二元对立的基本背景出发，将意义的理解置于整体的认知结构、模式之中，强调人的思维、心理和大脑反应机制对于意义理解的重要作用，并且在此过程中将主体的情绪、态度和意向性等因素涵盖进来。总体上来说，这种语义分析路径对于实现语义学方法论的科学性研究目标而言是值得肯定的。

（3）计算、信息语义学和语义的规范性研究得到了普遍重视。20 世纪后期以来，计算机科学和信息科学等新兴学科在英国迅速兴起，机器语言翻译和人工智能研究开始逐渐成为英国前沿科学领域探索的"显学"。正是在这种时代背景下，当代英国语义学的分析触角广泛地渗透到了计算机科学语言的语义分析过程中，并且通过相关路径的开拓为语义学研究开辟了广阔的空间。

就计算语义学处理的规范性本质而言，自然语言的语义分析模式势必与语言的计算信息处理实现跨领域的结合，而在信息科学研究方面以哲学语言分析和逻辑计算处理为基础的英国计算语义学则一直走在世界前列，例如，英国的布斯（A. D. Booth）和弗洛里（F. Floridi）在这方面就作出了重要贡献。实际上，早在 20 世纪30年代，英国的图灵（A. M. Turing）就已经对人工智能的语言系统进行了初步探讨，而英国信息科学视域的多维延伸，则为从哲学上进行语义学的学科交叉性研究提供了最佳契机。在这一点上，达米特对信息理论中的意义和知识等系统结构进行了研究，他认为我们应该对语言和认知，以及意义的信息表征等问题进行分析、解释。在这种对于计算和信息的语义研究中，我们不仅需要对自然语言的结构、特征进行充分理解，而且还必须对语言的程序化翻译、逻辑符号表征等方面进行全面把握，也就是通过形式化的操作将语言信息的多维度内涵进行表征，恰当地处理"算法和被计算对象的建构"[②]。可以说，计算语义学实现了语义和语形之间的内在关联，因此它能够从结构上展开对于算法结构的理论分析。另外，语言的行为结构和意义表达的程序需要通过计算语言的符号系统来实现，因此在其中就必然地包括了语言、符号和知识理解的想象、推理及解释的复杂过程。

从信息和计算语义的视域出发，当代英国语义学研究中存在着以下一些研究路径，这些路径从语义和计算的关联特征、结构等方面展现了对于规范语义学计算化处理的态度和方式：第一，语义学的公式化处理（axiomatic

① J. 利奇著，李瑞华、王彤福等译．语义学．上海：上海外语教育出版社，2005：216.

② 郭贵春．语义学研究的方法论意义．中国社会科学，2007，3：81.

semantics），或者，可以称之为公理语义学。公理语义学对于意义的理解侧重于表达计算的程序状态对于命题的影响，同时也希望将对于程序的理解形式化，并且通过对于语言组成结构的语义分析来建立公理系统。在这方面霍尔（C. A. R. Hoare）采用公理系统对语义进行了程序化的处理，并且强调了程序处理的严格性和规范性。第二，语义学的代数式处理（algebraic semantics）。皮特斯（M. Pitts）、林克和安德鲁 I. S. Andrew 等人用代数方法对计算语言的语义进行分析，他们将计算语言的语形看作是抽象的代数结构，并且立足于数据类型的科学理解，用代数结构对数据类型的语义进行研究。第三，语义学的操作化处理（operational semantics）。这种语义分析方法采用虚拟的计算模型和条件性约束来对计算元语言进行定义，并且通过程序规范的语言对语义加以确定。例如，英国的兰丁（P. J. Landi）和温斯克（G. Winskel）采用抽象模型的标准表述了计算式的语义，其本质就是用语言结构的计算操作来界定语义，从而建立起逻辑的解释系统。第四，指称语义学的程序化语言分析（denotational semantics）。例如，斯特劳奇（C. Strachey）将计算语言视作计算程序设计的结果，尽管计算系统自身内部之间存在着差异性，但计算指令的执行方式并不影响输出的结果，因此语义的分析与计算程序的语言处理过程是无关的。

总体上来看，英国计算语义学的应用和发展以及语义分析、处理的不同路径，典型地反映了语义和语形之间的内在关联，也就是说，它首先要处理的就是语形和语义的“纠缠”关系。在实践过程中，它力图通过算法和集合的规定来为意义表征赋予全新的解读方式，同时它也希望能够通过语义信息的有效处理来实现对于对象意义的理性分析，“特别是在现代计算机科学中，对语形分析、语义分析和语用分析的结合，鲜明地体现了语境分析方法与数学语言学的有机结合”①。也就是说，在计算语义学的系统研究过程中，语义分析和语形构造紧密地结合在了一起，这对于语词意义的理解和概念的深入分析具有重要意义。因此，英国语义学研究的这种计算化处理的总体趋向具有相对的科学性价值，而从世界范围来看，这种趋向也引领和开拓了语义学研究的整体视域。

（4）语境论语义学的方法论研究成了当代英国语义学科学性内涵构建的合理趋向。20 世纪后期以来，英国的语义学研究在对语形、语义和语用相结

① 郭贵春．语境的边界及其意义．哲学研究，2009，2：94.

合进行分析的背景基础上，充分地认识到了作为意义理解整体基础的语境论能够作为一种本体论实在对命题意义进行判断，同时它也全面兼顾了多种形态的语境要素及其关联特性，从而为意义的理解赋予了完备性和系统性。一方面，语境论语义学的研究路向超越了单纯逻辑语形和逻辑语义分析的狭隘性，并且将外在的指称关联与意向特征结合起来。另一方面，整合了多种形态的语义分析模型的语境论思想，能够最大限度地从方法论层面上容纳语义学的动态性、规范性和结构性等特征。因此，从某种程度上来说，英国语义学的这种研究旨趣为当代世界语义学的发展指出了可资借鉴的崭新路径。

就语境与意义的关系而言，利奇认为语境具有复杂性和多维性，它仅仅为意义的确定提供了分析的潜在可能性，因此这种推理和分析的过程并非简单的对应关系，而是包含诸多因素在内的复杂性行为，“在以理性意义为基础的语义研究中，语境意义应被看作是语言使用者所掌握的一系列潜在意义逐步缩小或可能性的大小”①。历史地来看，利奇虽然反对那种“形式粗糙的语境论”②，并且对于语境论语义学的现状、进展表示了极大的不满，但他对语境论语义学构造的系统性、结构性和科学性还是寄予了很大期望，这突出地表现在利奇对于语义学的科学性内涵进行理解、分析的过程中。可以说，利奇对于语义学科学性内涵的认识和主张是颇具见地的，他敏锐地意识到了导致语义学自诞生以来地位模糊、界限不清的主要原因在于，对语义学方法论的科学性结构、领域没有建立起一种统一而明确的认识，特别是在自然语言、规范语言之间，以及在与语义相关联的逻辑性、意向心理等问题、特性的研究中并没有实现科学的归纳和整合，而这一任务最终还是需要通过语境论语义学的继续完善、丰富来加以实现。也就是说，语境论语义学的方法论构建应该满足基本的科学性条件和要求——“语义学和下面几种知识划清界限的问题，这几种知识分别为（1）真实世界的知识；（2）句法；（3）情景知识；（4）一般人类语言的语义学”③，这实际上是指出了语境论语义学构造的基本界面和需要系统化处理的几个重要方面。为此，利奇认为类似于马林诺夫斯基的“语境”意义理解方式，“把语境变成更加抽象的概念……所以采纳语境论观点的理由——追求科学客观性——就逐渐被忘却了”④，在这里利奇实际

① J. 利奇著，李瑞华、王彤福等译．语义学．上海：上海外语教育出版社，2005：97.

② 这种思想认为，意义就等同于可观察到的语境，它只能解释语言使用过程中最简单的情况。

③ J. 利奇著，李瑞华、王彤福等译．语义学．上海：上海外语教育出版社，2005：124.

④ J. 利奇著，李瑞华、王彤福等译．语义学．上海：上海外语教育出版社，2005：92.

上是否定了自然语言语义学研究中将意义分析流于社会心理约定的主观主义倾向。

站在语境论语义学的立场上，英国的逻辑实证主义语义学和日常语言语义学，以及当代英国的认知语义学和计算语义学研究实际上都是从语境系统的不同背景界面出发所展开的语义分析路径，而语境论语义学分析的“语境”界面至少包含着语言关联的内在语境、世界事实指称关联的内在语境，以及符号意向的“心理语境”等几个方面，而这也是科学意义上“语境”的必要结构。[①] 对于达米特而言，他认为我们必须将意义的真值分析置于动态的语境之中加以理解，而句法形式、文化和意向特性等相关界面在整体上决定了真理的特征，也就是说，我们需要对真理概念进行系统和完整的解释，“语境框架的变动规约了真理的形态”[②]。在这里，达米特强调假如普遍的真理在社会约定性方面遭到冲击，那么这种真理就失去了意义，因此在客观上我们所获得的真理是一种具体的和过程性的真理，也就是说，“通过语境了解意义……是一个通过归纳逐步接近一个语言社团所使用的语义范畴的过程”[③]。因此，达米特认为我们对于语言命题不能孤立地进行逻辑分析，而应该将真理与主体的理解、作用和心理态度等方面结合起来，在语形、语义和语用相结合的动态整体背景上展开真理的构造。从利奇和达米特等英国当代语境论语义学研究者的核心思想来看，他们实际上是要求语义分析能够恰当地处理语义表征的语形体系，而正是在这种语形体系的规定范围内，语义的功能和作用才能够得以充分发挥，同时在自然语言的规范化和规范语言的自然化处理中，理论和命题解释的语境平台被整体地凸显出来，从而在意义和语境之间建立起了动态的和结构性的关联，因此“语境对意义起作用的方式并不如上面所说的那么直接”[④]，而“语境分析就是充分展示语义分析方法的意义分析”[⑤]。



纵观英国语义学发展的历史趋势与时代特征，我们可以发现英国语义学研究的传统、特征与英国哲学思辨的理性精神、语言学分析的浓厚氛围具有深刻的内在关联，这表现为哲学研究重视语言学分析的视角、方法，并且语

① J. 利奇著，李瑞华、王彤福等译．语义学．上海：上海外语教育出版社，2005：216.

② 郭贵春，王航赞．达米特的语境真理论．学术论坛，2003，1：23.

③ J. 利奇著，李瑞华、王彤福等译．语义学．上海：上海外语教育出版社，2005：97.

④ J. 利奇著，李瑞华、王彤福等译．语义学．上海：上海外语教育出版社，2005：96.

⑤ 郭贵春．语境的边界及其意义．哲学研究，2009，2：100.

言学研究中强烈渗透着对哲学基本问题的反思，这样就在边缘交际的研究领域中孕育出了崭新的思维趋向。在长期探索的历史进程中，语义分析方法与哲学的本体论诉求、认识论理解和方法论探索相互交织、互相推动，从而使得语义学的研究在英国历史上呈现出多样的发展形态和表征类型。因此，从语义学研究的历史定位、横向比较上来说，当代英国语义学研究繁荣、多姿的延续历程充分展示出了英国语义学在世界语义学研究的历史格局中所具有的重要地位，其成就不仅代表了当代世界语义学研究的潮流和趋势，而且必将继续引领未来语义学发展的时代方向，从而为科学语义学的方法论研究作出了更大的贡献。

## 第三节　法国语义学研究的路径与趋向

法国的语义学研究传统表现出了反实证主义和排斥逻辑理性、重"直观"和"主体性"特征的人本主义态度，并且成了哲学难题求解和科学理论解释有力的方法论工具。法国语义学研究的兴起和发展与法国深厚的语言学传统具有密切关系，同时它也继承了法国哲学传统中肇始于笛卡儿的善于怀疑、长于理性思辨的批判精神实质，从而形成了自身独特的研究传统和发展脉络。



### 一、法国现代语义学的萌芽

客观上来说，法国语义学研究丰硕成果的取得与法国学术传统中对于语言问题的关注和重视具有密切关系，"语言学压倒其他学科，获得了主导学科这一令人羡慕的称号"[①]。因此，语义学概念在法国的最早正式提出应当归功于语言学家布莱尔。他对于法国语义学研究起到了奠基性和开创性的作用，在某种程度上可以被看作是法国"现代语义学之父"。必须指出的是，法国语义学在 19 世纪后期到 20 世纪初期的最早兴起，恰恰是由包括布莱尔在内的诸多法国语言学家所推动的，这表现为语言学当中蕴含着哲学思维，同时哲学思辨作用于语言学研究，两者相互交织和影响，从而为后来语义学研究从语言学领域过渡到哲学领域，并成为哲学研究的"显学"奠定了重要基础。

在世界范围内，如果对"语义学"（Semantics）的词源进行考证的话，

① A. J. 格雷马斯著，蒋梓骅译. 结构语义学. 天津：百花文艺出版社，2001：1.

布莱尔本人正是这一语汇名称的创立者，由于这一研究“需要如同语言和词法学（Morphology）的学科名称，我将其称之为语义学，即意义的科学”①。为此，布莱尔希望通过这样一种科学理论来对主体为世界赋予意义的活动进行把握，并对世界的意义“凸显”过程进行分析。实际上，在布莱尔称之为“la sémantique”的研究中，就已经蕴含了对于语言意义的分析，并且为这种有关意义问题的研究勾勒了一幅具有动态性的、开放性的理论图景。首先，布莱尔对与语言意义问题相关的语言的本质及其所处地位进行了探讨。在他看来，人类的社会交际活动在语言的发展与演变过程中发挥了重要作用，因此语言本质上是服从于人类交流需要的一种工具。其次，语言演变的过程也是语言的意义越加丰富的过程。为此，布莱尔以古代神话为例，认为在神话背后具有深刻的隐喻意义，这种意义随着语境的变换而不断地被重构和进行新的解读。再次，从语言的意义与其形式之间的关系来看，布莱尔认为语言的意义和功能要比语言的形式更加重要，“意义并非从属于形式”②。实际上，语言的形式可以为语言意义的实现提供一种基本的条件和前提，两者都是语言系统的重要组成部分，因此它们之间可以形成一种彼此互补的关系。最后，布莱尔认为语言意义的实现是一个由主体的心理活动所参与的、包括诸多语境因素共同作用的整体过程，而意义就是一种由语境系统所映射的“值”，由此布莱尔最早实现了“将意义研究从孤立的语词分析转向系统的分析和理解”③。



从法国语义学研究的早期传统来看，语义学家们将意义更多地视作为是一种文化和社会性的存在，并且将主要精力放在自然语言的结构性特征分析过程中，关注语义分析的心理意向性和语用特征。相对来说，早期的法国语义学对于语义体系的形式性和逻辑性关注较少，并且也没有对意义的表征展开逻辑模型的结构性说明。从理论传统的延续性上来说，后来的逻辑实证主义语义学在法国的扩散和影响甚微，并未形成一时的气候，这是具有深刻的历史原因的。事实上，法国并不缺乏实证主义的传统，然而就连作为法国“实证主义教父”的孔德也认为，“科学必须被理解为一个历

① Nerlich B. *Semantic Theories in Europe 1830-1930*. London：Benjamins Publication Company，1992：141.

② Nerlich B. *Semantic Theories in Europe 1830-1930*. London：Benjamins Publication Company，1992：162.

③ Nerlich B. *Semantic Theories in Europe 1830-1930*. London：Benjamins Publication Company，1992：138.

史现象”[①]。因此，实证主义的语义分析方法在法国始终没有摆脱与语言相关联的社会学分析色彩，“1870 年以后，每一位重要的哲学家都拒斥了实证主义”[②]。

如果进行横向比较的话，我们可以看出，法国的语义学研究传统与其邻国——德国的语义学研究传统显示出了不同的研究取向和内涵特征：①法国的语义学研究将情感、意志和精神等非理性因素纳入到意义理解的过程中，倾向于自然主义的语义分析态度。②法国的语义学研究更加注重语义分析过程中“主体”的地位、立场及其现实生活，较少地关注语义分析的逻辑基础。法国哲学普遍反对继德国哲学家康德之后将逻辑与数学作为哲学研究的统一科学方法，并且反对这种倾向的扩散。③从与维也纳学派逻辑实证主义的关系来看，20 世纪初的法国语义学研究刻意地与维也纳学派保持了适度的距离。尽管法国的鲁吉耶通过参与维也纳学派的活动，将逻辑实证主义语义学引入了法国的哲学研究之中，但其所产生的影响依旧有限，“在 1912 年的法国，语言哲学家非常少”[③]。

法国语义学研究的以上特征是与 20 世纪法国哲学研究的主流精神相符合的——20 世纪的法国哲学不仅孕育出了类似于柏格森这样唯意志的非理性主义大师，而且兴起了以文化和社会符号研究为主要特征的结构主义潮流，20 世纪中期以后的法国，更是成了以反传统、反本质和对科学主义进行批判为特征的后现代主义的大本营。因此，我们必须指出，法国语义学的理性进步在方法论层面上并不是孤立存在的，它是与法国哲学和语言学等思想潮流的演进相融合的。在这一过程中，哲学传统和时代主题的转换特别明显地渗透进了语义学的方法论构造过程中，这为语义学作为一种“中性”方法论工具的证明提供了最好的注脚。





## 二、法国结构语义学的内涵

法国结构主义语义学的兴起具有深刻的历史渊源，当法国语言学逐渐由历史研究向“普通语言学”转变时，将语义学研究由纵向的历时性考察转为横向共时性的结构分析，就成了自然而然的事情。实际上，语义学研究在法

① G. 古廷著，辛岩译 . 20 世纪法国哲学 . 南京：江苏人民出版社，2004：33.

② G. 古廷著，辛岩译 . 20 世纪法国哲学 . 南京：江苏人民出版社，2004：9.

③ M. 比特博尔著，郑天喆、莫伟民译 . 法国认识论：1830 到 1970. 北京：商务印书馆，2011：58.

国真正兴起的时间较晚，其方法论体系的构建和地位的确立在其发展之初面临着诸多的问题，“对于一个意识到意义问题的紧迫性，愿对意义的科学研究所需条件进行思考的人来说，其处境不会顺畅无阻”[①]。因此，语义学研究作为一种成熟的分析手段和工具的地位，在法国的真正确立应该更多地归功于结构主义语义学的贡献。

法国的结构主义语义学兴起于20世纪初，事实上在这一时期共时态的结构语义分析就已经开始在法国语言学研究中居于主流，占据主导地位，其代表人物有梅耶（A. Meillet）和本维尼斯特（E. Benveniste）等人。从理论背景来看，法国结构主义语义学的研究迎合了20世纪在哲学领域“语言学转向”的时代趋势，其典型特征就在于神化了语言的结构性功能和地位，认为通过对语言符号结构的系统分析就可以达到对于世界意义的完全掌握。当然，法国结构主义语义学研究的最大特征在于，将对于意义的结构性分析与人类的思想行为和文化现象进行融合。从法国结构主义语义学兴起的早期历史阶段来看，同一时期在法国之外的英国、德国与奥地利等国正处在逻辑实证主义大行其道的历史阶段，而同样的“语言学转向”的历史趋势在法国却产生了不同的学术旨趣和理论诉求途径。从理论的目标指向来看，结构主义语义分析实际上表达了对于逻辑实证主义语义学的一种“反叛”和不满情绪，进而将社会文化结构的整体背景和条件纳入到了语义学分析的过程之中，因此语义分析“少了数学逻辑和逻辑学的帮助……只能顾影自怜……倘若无所作为，不去面对正在经历深刻变化的人文科学，它仍将长期遭受同唱诗班练习曲一样的命运”[②]。从整体的世界范围来看，法国结构主义语义学的兴起与繁荣不仅具有深刻的历史必然性和广泛的时代性特征，而且它从内在特征上真正标示出了法国“现代语义学”的鲜明形象。



20世纪60年代，法国的结构主义语义学研究开始达到鼎盛时期，其主要代表人物格雷马斯（A. J. Greimas）从多方面推进了法国结构主义语义学的发展，为法国结构主义语义学理论的成熟和地位的巩固发挥了奠基性的作用。一方面，格雷马斯将对于“结构”本身的界定视作为结构主义语义学研究的首要任务，他认为“结构就是两个项（目的项）及两个项之间的关系显示”[③]。另一方面，格雷马斯将结构作为意义存在的基本方式，认为这种存在

---

① A. 格雷马斯著，蒋梓骅译．结构语义学．天津：百花文艺出版社，2001：4.

② A. 格雷马斯著，蒋梓骅译．结构语义学．天津：百花文艺出版社，2001：5.

③ A. 格雷马斯著，蒋梓骅译．结构语义学．天津：百花文艺出版社，2001：21.

方式的主要特征在于：①意义的结构分析具有明确的范围和界限，“任何针对自然语言固有意义的研究不超出该语言的框架，结果只能是用一种自然语言来表达习语、程式或定义”[①]。②意义具有一定的逻辑结构和层次，“层次之一是我们的研究对象……另一个层次是语义研究的语言工具，就第一个层次而言，应被视为元语言层次”[②]。③语义学作为一种科学方法论体现在其科学元语言的基本结构中。

值得注意的是，在 20 世纪前期的法国科学哲学界，与盛行的语义分析的结构主义思想共同存在的，还有迪昂（P. Duhem）的理论整体论和彭家勒（H. Poincaré）的经验科学约定论思想。从理论的方法论特征来说，无论是整体论还是约定论，都与结构主义思想在理论层面上存在着可沟通和可协调的共性特征。尽管迪昂的理论整体论和彭家勒的经验科学约定论本身在同一时期并未成为法国语义学研究的重要方法论，然而在整个世界范围内，二者所产生的影响却是巨大的，并且成了 20 世纪语义学研究当中不可回避的重要理论趋向。一方面，迪昂的理论整体论思想背后潜在地蕴含着意义整体论的线索，他认为“正是这种语义学理论通过物理学语言中各种语词的用法规定这些语词的意义”[③]，为此他还对赖欣巴哈（H. Reichenbach）的逻辑实证主义语义学理论提出了批评。[④] 可以看出，迪昂的理论整体论实际上是为意义整体论的实现铺平了道路，并且为科学哲学史上“迪昂-奎因论题”的确立奠定了思想基础。另一方面，彭家勒的经验约定论思想则将命题真理性的判断与语义的规则性约束结合起来，认为真理的认定本身与实在的世界、事实并无关系，将真理视作为是一种与“主体性”相关联的存在——可以看出，彭家勒的这种思想与石里克的逻辑实证主义主张既有一定的关联，同时也存在着差异。总体上来说，无论是迪昂的理论整体论，还是彭家勒的经验约定论，二者都在一定程度上表现出了与逻辑实证主义相异的思维路径，并且它们在本质上都反对逻辑原子主义和还原主义，就此而言，这是与法国同时期独特的语言哲学和科学哲学研究的理论背景、气候相一致的。

---

① A. 格雷马斯著，蒋梓骅译．结构语义学．天津：百花文艺出版社，2001：13.

② A. 格雷马斯著，蒋梓骅译．结构语义学．天津：百花文艺出版社，2001：14.

③ M. 比特博尔著，郑天喆、莫伟民译．法国认识论：1830 到 1970. 北京：商务印书馆，2011：87.

④ 参见李醒民．从理论整体论到意义整体论．湖南社会科学，2003，5：9－10.

## 三、法国现象学语义分析的本质

法国现象学语义分析理论的提出具有其历史必然性，“有人将现象学称为后实证主义语义研究途径的预示”[①]。从理论起源来看，德国胡塞尔的现象学理论直接启发和影响了法国的现象学语义研究；而从法国内部来看，柏格森对于真理的“直观”认识和非理性态度——通过“内省”和体验对意义和真理进行形而上学的把握——成了法国现象学语义分析思想的灵感来源和理论先导，“20 世纪现象学与柏格森的关系经历了从疏远到接触的转变”[②]。

20 世纪五六十年代之后，法国的现象学研究在对德国的现象学理论长期吸收和借鉴的基础上，逐渐开辟出自身特有的理论趋向，并且形成了现象学语义分析的方法论路径。相对于胡塞尔的现象学而言，法国的现象学语义分析理论力图摆脱逻辑理性的过度“纠缠”，转而从其一贯的历史和人文立场出发实现了现象学的语义分析方法论转向。与柏格森对于“身体”作用的强调相类似，法国的现象学语义分析注重主体的意识和思维本身所具有的“能动性”，从而认为外在的事物和世界的意义都是借助于这种能动性而实现的。例如，庞蒂（Merleau-Ponty）将身体视作意义产生的条件和基础，认为“现象领域中意义的源泉就是我的身体”[③]。对于语言的意义而言，其表征的过程和语境非常重要，并且这种表征是与“身体”的功能性存在相联系的，“我们的身体是活生生的意义纽结”[④]，由此这种意义便具有了与主体的存在相关联的动态性和扩展性特征。



从法国现象学语义分析的理论着眼点来看，它侧重于对意义的本质和来源问题进行探索，试图从“主-客”融合与互动的视角出发来实现对于语言意义的把握和理解。例如，庞蒂认为，世界既非主观的也非客观的，世界只是存在于我们的“自然知觉”之中的现象世界，这种“自然知觉”乃是一种摒弃了主观性而与世界融为一体的客观性存在，“在这个环境里，感觉者与被感觉者的不可分性，就像晶体中的母水那样持久”[⑤]。因此，我们所有的意义分

---

① 郭贵春．科学实在论教程．北京：高等教育出版社，2001：264.

② Kelly M R. *Bergson and Phenomenology*. New York：Palgrave Macmillan Publication，2010：3.

③ P. 特罗蒂尼翁著，范德玉译．当代法国哲学家．北京：生活·读书·新知三联书店，1992：47.

④ 高宣扬．当代法国哲学导论．上海：同济大学出版社，2004：216.

⑤ M. 庞蒂著，杨大春译．眼与心．北京：商务印书馆，2007：763.

析和解释只有立足于这样一种现象世界的存在才具有可能性。与之相关联的是，现象学的语义分析强调通过“意向性”的直观而达到对于语言整体信息背景的认识，其中语言意义的分析是作为主体对客体的认知过程而实现的。例如，庞蒂认为，意义的“显现”并不是孤立存在的，而是由一个包括主体、事物等相关因素在内的整体链条所决定和创造的，“我总是发现我自己处在一个具有意义的世界之中，这些意义不是我的意义，而是我从其他人那里接受来的意义”①，也即语言的意义是由表达活动过程的关联性和系统性所决定的。从现象学语义分析的基本思路来看，其目的并非是要完全否定作为逻辑实证主义语义学基础的逻辑规范性特征，而是希望在可容纳作为语义学基础的形而上学和本体论的前提下，实现科学理论的语形分析和语义分析的联结，“就是从事对理论模型的能指与所指相统一的科学描述”②。本质上来看，现象学的语义分析以意向性活动为基本结构，并且以方法论的还原作为基本策略，这一方法不仅使得语形和语义在意向性活动中实现了深层次的统一，而且从多维度、多侧面充分展示了意义的存在形态和地位。

在现象学的语义分析纲领中，语言作为一种意向性特征和主体作用的“凝聚”，超越了仅仅作为“主体-对象”之间联结环节的存在地位，体现了主体在形成规范语言背后的意向性和心理空间。例如，庞蒂将语言看作是承载思维与意识的一种特殊存在，“我通过它（语言）创造某种意义，这种意义将在他人对它的领悟中实现自己”③。也就是说，意义是与语言的客观性存在不可分离的，语言的构造具有自身特定的表达形式，这种特定的表达形式构成了意义存在的基础，而意义本质上就是“我的身体存在和我的语言之间的一种微妙的关系”④。这意味着，意义的理解是在有意向性活动参与的过程中得到实现的，它并非是完全要摒弃语言形式的外在“表征能力”，而是要突显出意向性理解在意义分析背后的作用。同时，现象学的语义分析并非是要实现意义的构造，而是希望通过意向活动的经验解释去“揭示”和“发现”意义，这种意义理解方式的特征就在于，它将意义视作是一种过程性的存在，而在语言背后的意向性活动的特征和过程是与语义的解释和“显现”同步且相融

① G. 古廷著，辛岩译. 20世纪的法国哲学. 南京：江苏人民出版社，2004：239.

② 郭贵春. 科学实在论教程. 北京：高等教育出版社，2001：266.

③ P. 特罗蒂尼翁著，范德玉译. 当代法国哲学家. 北京：生活·读书·新知三联书店，1992：50.

④ P. 特罗蒂尼翁著，范德玉译. 当代法国哲学家. 北京：生活·读书·新知三联书店，1992：40.

合的。

总体上来看，20 世纪法国现象学与语义学的联结本质上是现象学研究出于对逻辑实证主义严格形式规则构造的“反感”，因此希望突破这种语言的形式约束，以实现“本质意义”的揭示与澄清，同时现象学语义分析也表达了一种对囿于规范性语义结构限制做法的“偏离”和“逆反”。从 20 世纪后期法国语义学的历史演变路径来看，现象学语义分析的这种反传统、反本质和朝向“主体”的方法论特征，在很大程度上为法国语义学的“后现代”研究提供了精神动力。

## 四、法国解释学的语义分析方法论

法国的解释学语义分析方法脱胎于源自德国的现象学研究和海德格尔、伽达默尔等人的解释学理论。从解释学的理论本质来看，它与意义的分析和理解具有密切关系，因此也被称为“释义学”。语义分析的解释学方法具有重要的理论和实践价值，从某种程度上来说，解释学方法与语义学理论之间具有内在联结和可贯通的方法论共性：一方面，语言的意义只有在解释和理解过程中才能够充分实现；另一方面，理论和概念的意义都是通过语言来承载的，解释和理解在此过程中使得语言的功能能够得到充分发挥。



在法国解释学的语义分析阵营中，利科（P. Ricoeur）的解释学语义分析方法树立了独特的理论特征和趋向，他试图对解释学传统、语言分析和心理现象学研究进行协调的态度，彰显了法国解释学的语义分析方法力图寻求理论突破的开拓性和统一性特征。首先，利科解释学的语义分析方法反对结构主义语义分析的“封闭性”和“自给性”，将其理论核心确立为对于语词的“隐喻”构造和使用，认为“隐喻是一种语义学的创新，这种创新既是论断上的又是词汇上的”[①]。其次，利科主张语言的分析和隐喻的解释是通过意义与意象的融合而实现的，主体在言语的实践过程中必然伴随着意象的产生。也就是说，隐喻的意义是与这种意象相关联的，“隐喻的意义本身沉浸在由诗歌解放的想象物的深处”[②]。最后，对于真理概念的理解而言，利科强调真理与主体活动的相关性，认为文本实际上是体现了表达者意图实现的意义，其真理性的判断就渗透在了这种文本的主体解读过程中。为此，利科对于逻辑实证主义的语义真理观进行了嘲讽，“我们应该抛弃一种单子的真理主义……真

① P. 利科著，陶远华等译．解释学与人文科学．石家庄：河北人民出版社，1987：13.

② P. 利科著，汪堂家译．活的隐喻．上海：上海译文出版社，2004：295.

理可能是他的回答和他的问题之间的一致”[①]。可以看出，利科解释学的语义分析理论在方法论层面上已经突破了德国人本解释学的狭隘“窠臼”，其中解释学的手段和策略与语义学主题的相互交织和作用，既是利科解释学的语义分析方法论得以实现思维视角创新的一大动力，同时也体现了语义学研究本身在不同哲学研究领域中的一种“扩张”和深化。

从解释学方法的理论特征来看，主体在本文的解读和其内在意向的理解过程中，能够实现意义图景的整体重建，使得本文的语义和语形结构分析充分地实现联结，并且“通过对语义分析方法的引入，使解释学方法与语言的关联从表层句法形式进一步深入到了深层语义结构的本质”[②]。对于文本的构造而言，它本身是在具有丰富语境信息条件下的一种作为语言形式的凝聚和反映，在此过程中通过主体的解释和理解，“意义”在不断地流动和转换。因此，本文的解释和理解是具体的和生动的，而语言意义的实现本身就是一个包含了意向性和主体等丰富语境因素内部互动作用的系统结构。

总体上来说，解释学理论与语义分析方法之间存在着可沟通和可交流的管道，能够在方法论层面上实现一定程度的联姻，其原因主要在于：第一，解释学方法关注于意义的分析、构造与理解，而这也正是语义学方法论研究的重要主题。解释学方法能够通过对本文语境信息的解读和理解实现意义的转换和重构，而语义分析方法既能够“从科学语言的意义和参照的统一性上去说明和阐释理论”[③]，也能够“从科学语言的意义和参照的统一性上去构造理论”[④]。这充分说明了解释学方法与语义分析方法具有共同的理论研究对象和理论关照面。第二，解释学在方法论层面上所具有的对于语言理论的批判性、分析性特征与语义学理论作为一种方法论工具的基本特征是一致的。解释学方法能够对科学和哲学的理论、概念意义进行充分的说明和理解，从而借此把握事物的本质与内涵，而语义分析方法在科学理论进步过程中所具有的积极意义和所发挥的建设性作用——批判传统理论的缺陷，构建完善的科学理论——也充分证明了语义学理论研究的重要价值。第三，解释学方法为语义分析过程中理论和概念真理性的理解提供了可资借鉴的方法论手段。一方面，语义分析方法涵盖了对于真理概念的不懈追求，认为真理性内涵的判

① P. 利科著，汪堂家译．活的隐喻．上海：上海译文出版社，2004：37.

② P. 利科著，汪堂家译．活的隐喻．上海：上海译文出版社，2004：268.

③ 郭贵春．科学实在论教程．北京：高等教育出版社，2001：219.

④ 郭贵春．科学实在论教程．北京：高等教育出版社，2001：219.

断不仅与逻辑语形构造的完备性相关，而且也应当将其深入到社会文化的实在论层面。另一方面，解释学方法对于真理在形式上一致性的理解，也包含了对于真理内涵、结构丰富性和开放性的认可，由此使得意义和真理紧密地联系在了一起，其中不仅具有科学理性的基本方法，而且还包括了历史和文化的语境分析，这与当代科学语义学系统方法论研究的总体趋向是一致的。

## 五、法国“后现代”语义学的滥觞

20 世纪中后期，法国的语义学研究经历了从结构主义、后结构主义再到解构主义倾向的转变，“后现代”的语义学研究趋向由此孕育并蔚然成风。从关联性的角度来看，解释学的语义分析趋向就已经为法国语义学研究的后现代趋向埋下了伏笔，其典型特征就是打破意义的规范性结构，将意义的理解立足于文化和社会的具体性“约束”之中，“解释学转向……标志了后现代主义在科学哲学研究领域中的出现”[①]。就这一点而言，法国的后结构主义和解构主义在此道路上走得更远，所采取的“后现代性”的语义分析态度也更为彻底。



从理论趋向的比较来看，法国的后结构主义语义学是作为结构主义语义学的批判者和对立面而产生的。后结构主义语义学普遍认为，将意义的本质理解及其分析置于限定的结构当中并无益处，相反我们应当对这种实现“意义”的企图进行消解和排斥。当然，后结构主义语义学仍然承认在意义的理解过程中结构的优先性存在地位，然而其所选择的方法论策略却是将这种结构打破，从而使得“意义”能够直接地凸显出来。众所周知，结构主义语义学由于预设了意义理解的先验结构或框架，因此认为语词的意义就存在于内在意识的“深层结构”中，而后结构主义语义学则对这种意义理解方式采取拒斥的态度。为此，巴尔特（R. Barthes）认为，语言结构本质上是与意义的表达相背离的，“一旦消除了固定的关系，字词就……整个地没入一种由意义……所构成的整体之中”[②]。

如果说后结构主义语义学已经洞开了后现代语义学研究大门的话，那么解构主义的意义理论则更为直接地成了后现代主义语义学的思想“灵魂”和实质。解构主义反对结构主义有关文本意义确定论的基本思想，它认为意义并非内化于文本的结构之中，而是由读者在解读文本的过程中借助于自身存

① 郭贵春．科学实在论教程．北京：高等教育出版社，2001：377.

② L. 巴尔特著，李幼蒸译．写作的零度．北京：中国人民大学出版社，2008：39.

在的语境来实现的一种意义“重构”。文本的意义不是确定的，它需要读者去主动地填充意义的“空白”，并且构建新的意义图景。例如，以“去中心化”和“去结构化”为主张的德里达（J. Derrida）认为，“所有的意义表示必然都是模棱两可的”[①]。也就是说，在由语言统治的广义“文本”中，意义的所指和意义的中心既不确定，也不存在，因此“无意义”本身就是一种意义，文本意义的消失正是其最终归宿，而意义结构的打破更便于意义的“繁衍”和创造，“意义……在其完全的生命中和活生生的现在中间自我表现”[②]。就真理标准的判断而言，解构主义坚持多元主义的真理观，否定中心，否定权威，反对真理的符合论和对应论。例如，福柯（M. Foucault）认为，意义并不仅仅依赖于语法和逻辑，而真理本身也没有任何客观性的意义，它只是一种以主体性为唯一参照的“权力”产物，“人在这样一个维度中的存在，即依据这个维度，思求助于非思并与非思相连接”[③]。

需要注意的是，法国的后现代主义语义学研究继承和吸纳了现象学传统思想对“主体性”和“主体间性”进行研究的衣钵，从而构建起了具有“主体间性”的意义语境和公共信息世界。一方面，在意义的理解过程中对于“主体性”地位和作用的强调，并不是要走向意义的唯我论，而是要进一步走向语境的具体性和理解的互通性，为此拉康（J. Lacan）认为，“只有主体才能理解意义……所有有意义的现象必涉及到主体”[④]。另一方面，所谓的“主体间性”本质上是强调了自我与“他者”所具有的意义图景之间的相互制约性和内在融合性特征，从而为意义的可通约性理解奠定了基础，这也意味着“在分析情景中不仅仅只有两个主体在场，而是各自拥有两个对象的主体”[⑤]。为此，利科认为对于真理理解的最终途径应该是一种基于文本解释的“主体间”分析，“我们更赞同一种主体间的真理定义”[⑥]。

总体上来说，法国后现代主义的语义学研究作为一种对于语义学“现代性”的反叛和对立，尽管从方法论的角度来看其批判性有余而建设性不足，但它带给我们的反思是深刻的、影响是广泛的。法国后现代主义的语义学研

① 余碧平．符号学和文字学——法国哲学家德里达与J. 克里斯特娃的会谈．世界哲学，1992，1：41.

② J. 德里达著，杜小真译．声音与现象．北京：商务印书馆，2010：125.

③ M. 福柯著，莫伟民译．词与物：人文科学考古学．上海：上海三联书店，2001：423.

④ J. 拉康著，褚孝泉译．拉康文集．上海：上海三联书店，2001：99.

⑤ J. 拉康著，褚孝泉译．拉康文集．上海：上海三联书店，2001：99.

⑥ P. 利科著，汪堂家译．活的隐喻．上海：上海译文出版社，2004：37.

究充分启迪了我们，语义学的研究必须在规范语义学和自然语言语义学之间合理张力的基础上去寻求出路，并且需要在语义学的方法论研究过程中恰当地处理语形、语义和语用的关系。历史地来看，这一方法论路径的探索最终将指向兼具统一性、本体论性以及结构性和动态性的语境平台，这一平台涵盖了主体理解、心理表征，以及社会历史等因素的作用，从而能够将语义学研究推向更高级的发展阶段。

通过回顾和反思 20 世纪法国语义学研究波澜壮阔的历史进程，我们可以发现结构主义语义学本身就已经对延续已久的“二元对立”的传统语义学理论提出了挑战，并企图在整体结构的基础上构建起关于意义理解的崭新模式，而以后结构主义和解构主义为标志的法国后现代主义语义学研究则进一步将这种“结构”彻底分解，从而为意义的多元化理解和分析奠定了基础。时至 21 世纪的今天，尽管在法国对于语义学后现代主义研究的喧嚣已经逐渐远去，但是语义学方法论探索的步伐并未停止。无论如何，法国语义学的研究作为一种人类对于科学方法论的追求和探索，已经并将继续在法国哲学和科学的研究进程中发挥重要作用。因此，当代法国语义学在哲学的英美传统与大陆传统融合的时代背景下，在新兴科学理性思维的引导下，力图从多方面、多维度继续推进语义学方法论的科学性、整体性研究，以期在语义学研究的世界舞台上能够扮演更加重要的角色。



## 第四节　德国语义学研究的路径与趋向

客观地回溯历史，德国语义学由科学研究的边缘地带进入哲学和语言科学研究的核心区域始于 19 世纪。19 世纪德国语义学的产生与发展一方面来源于德国深厚的古典哲学传统积淀，另一方面也与同时期自然科学的进步以及相关语言科学的发展密切相关。这一时期的德国语义学走在同时期欧洲语义学发展进程的前列，它极大地影响和促进了欧洲其他国家语义学的发展与繁荣。19 世纪中期以后，语义学从孤立的语词研究开始转变为越来越多地关注历史和语境系统中意义的语用功能，并且自发地形成了早期语形、语义、语用相结合的语境思维。与当代语境语义学相比，尽管这一时期语境思维的发展尚处在模糊和朦胧的阶段，并且也没有形成系统完整的理论结构，但是语义学家们在意义分析的思维过程中敏锐地意识到了单纯逻辑形式分析的局限性，因此他们从各自的立场出发，在语义分析背景的各个层面上丰富了语义学的研究视域，其中隐含了语境分析思维的统一性，并且他们也认识到了只有在整体语境的基础上才能突显出语义分析方法论的重要价值。

## 一、语义分析逻辑传统的渊源

综观 19 世纪德国语义学的发展脉络，康德纯粹直观的语义缺陷，尤其是他以“哥白尼式革命”为旗帜所开创的认知理论模式，成了语义学家们理论建设的基础和哲学批判的对象，这集中地反映在语义学理论范畴的建立和意义分析思路的展开等方面。正是在对以康德为代表的德国古典哲学传统批判和反思的基础上，19 世纪的德国语义学开始趋向于寻求更加科学、更具合理性的语义分析工具。

（1）古典哲学传统中康德强调纯粹直观的先验理论成了 19 世纪德国语义学发展的巨大障碍。我们知道，以康德为代表的唯心论传统肯定了先验性的存在地位，但它在理论层面上出现了意义问题研究的缺失。从本质上来说，先验性概念理解的关键在于对概念命题和意义本质的把握，而语义学概念的分析则是先验性概念理解的基础，康德认为，“这些概念对客体的关系完全置于不顾……才被纳入……普遍逻辑规则之下来”[①]。因此，19 世纪德国语义学研究的首要任务就是将意义和概念理论置于哲学分析的首要位置，可以说德国语义学就诞生于对康德先验理论的批判过程中。

首先，康德认为概念与分析之间的关联并不是绝对的，在这方面他具有典型的经验主义倾向和意义表征的物理主义色彩，“概念分析论不是……把呈现出来的概念按照其内容加以分解和使之明晰，而是……分析知性的纯粹运用”[②]。我们知道，意义和概念的本质紧密相关，因为概念的理解就是下定义，而定义本质上就是分析。客观来说，概念的明晰和确定是哲学分析的基本原则，然而康德所理解的概念明晰性却完全依赖于心理表征，即概念实现和达到明晰的过程就是所谓的分析。为了达到概念的明晰，分析过程必须达到不可分解的原子概念，而意义的理解就主要体现在概念分析的解释过程中。在此过程中，康德划分了心理表征概念和概念本身之间的绝对界限，“纯粹心理学的所有概念都只是由这些要素通过联结方法所产生的，绝不容忍任何其

① I. 康德著，邓晓芒译．纯粹理性批判．北京：人民出版社，2004：78.

② I. 康德著，邓晓芒译．纯粹理性批判．北京：人民出版社，2004：61.

他原理”[①]，然而他并没有认识到两者在心理基础上的统一性，而这种统一性恰恰是概念分析和认识活动的基础。因此，在康德的理念中，概念与分析之间的稳固关联并没有得以确立。

其次，康德认为综合判断并非建立在纯粹概念的基础上，而是建立在直观（anschau-ung）的基础上。就综合判断原则的基本内涵来说，康德认为在综合判断中把概念联结起来的成分必须包含直观，同时综合判断只有在直观强调了主体的概念时，才具有可能性，“直观和概念构成我们一切知识的要素，概念……没有直观，或直观没有概念，都不能产生知识”[②]。另外，康德把分析性和纯粹概念混淆起来，然而实际上分析的基础是概念理解，对概念的分析要求对概念本身进行理解。因此，尽管康德认为分析知识的基础是复杂性概念，但是简单概念并不依赖于直观，同时它也是先验知识的基础，这进一步说明了我们对于概念的理解不能只根据它的结构特征或逻辑构造，而且也必须与分析判断的基础结合起来。

最后，康德在对于先验判断基础的考察中，强调其存在的主观性而忽视了对其客观性的研究。康德认为分析与综合的区分是概念分析的结果，分析借助于意义在逻辑上具有真值，同时概念只有通过分析的过程才能为知识奠定基础。此外，判断的分析性与概念分析之间的关联并不是直接的，概念分析是分析判断实现的途径。这样，康德把对于概念理解中分析和综合的区分应用于判断，但是分析性与先验性的区别就在于分析性并不具有真理的必然性。因此，先验真理并非建立在概念分析的基础上，而是建立在先天判断的基础上。在这里，康德把知识的语义基础完全归诸于范畴分析，但他并没有考虑在唯名论的立场上综合判断是否具有语义基础。



总的来说，康德认为综合判断并非建立在语义学的基础之上，这样意义问题就成了理解的核心和关键。同时，康德的先验性理论也构成了概念判断命题发展的障碍，这就意味着语义学的发展必须摒弃先验哲学和唯心论的传统思维，而这也正是 19 世纪德国语义学产生和发展过程中的必然趋势。

（2）新康德主义的逻辑理论为语义分析的形式化走向奠定了基础。随着 19 世纪非欧几何等精确性算术科学的提出与发展，人们开始反思命题直观性的思想基础。在德国古典先验哲学趋向于瓦解的过程中，新康德主义仍然选

---

① Kant I. *The Critique of Pure Reason*. Pennsylvania: Pennsylvania State University, 2010: 236.

② I. 康德著，邓晓芒译．纯粹理性批判．北京：人民出版社，2004：51.

择了康德的纯直观作为理论分析的基础，这不可避免地构成了其局限性所在。与此同时，新康德主义的马堡学派（Marburg School）在康德先验论的基础上，提出了语言形式纯粹逻辑构造的设想，为现代规范语义学的发展作出了贡献。

首先，马堡学派强调感性直观与逻辑思维之间的紧密关联。我们知道，在先验认识论中，康德承认了时空结构作为感性形式的先天性，但是在其中也隐含了康德对于感性内容客观性的理解，其原因就在于自在之物对于感性形式的作用。在马堡学派看来，感性事物是由纯粹思维所产生的主观构造，思维规定了事物的形式和结构，因此感觉与思维具有内在的统一性。在这里，认识作为一种思维形式并非源于感性知觉，而是建立在内部的抽象思辨过程中。因此，柯亨（H. Cohen）认为，“感性知识并非先于逻辑，思维的原因在于自身，而不在其外”①。在这里，马堡学派实际上是主张通过严格的科学理性，将精确自然科学发展的规律与康德批判哲学相结合，这也体现了新康德主义的一大普遍特征。

其次，马堡学派在意义理解的过程中，强调纯粹逻辑方法论的构造，坚持语言与世界绝对二元对立的狭隘语义理论，认为意义的真理性就存在于逻辑分析的过程中。同时，马堡学派的逻辑主义特征还表现为“反心理要素”的倾向，即致力于排除认识中经验和实证的心理要素，认为“康德的心理主义是康德哲学的不彻底性的重要表现”②。另外，在纯粹思维的结构中，逻辑范畴具有先验性，同时逻辑的结构与世界的结构具有统一性，因此逻辑原理就构成了世界存在的基础。这样，马堡学派认为，在康德先验式的逻辑构造中，思维与认识对象的结构具有了同一性，而逻辑的结构与世界的结构也就具有了对应性。

由上可知，马堡学派逻辑方法论的实质就在于用逻辑的结构来阐释世界的结构，把哲学的任务归结为对于知识的逻辑分析，并且力图为科学理念和经验判断奠定绝对化的逻辑基石。从后来德国语义学的发展来看，新康德主义马堡学派语义分析的逻辑形式化构造与逻辑实证主义的主张不谋而合，其共同的实质就在于主张将逻辑语言作为科学描述的基础，进而把经验事实的研究还原为理性的物理分析。

（3）弗雷格的语义学理论开创了逻辑语形分析的历史传统。在语义学发

① Cohen H. *The Logik der Reinen*. Berlin：Erkenntniss，1902：12.

② 刘放桐 . 现代西方哲学（上）. 北京：人民出版社，2000：130.

展史上，弗雷格最大的贡献在于，突破了形式逻辑纯粹数学规则推演的历史传统，在逻辑与意义之间建立了有效关联，并且把意义的理解建立在稳固的逻辑基础上。弗雷格的反心理主义意义分析和逻辑主义纲领被后来的逻辑实证主义所继承，成为他们科学阐释和分析的重要手段，这不仅对分析哲学、语言哲学的兴起产生了重要影响，同时也使他成了德国现代语义学发展史上奠基性的历史人物。

首先，弗雷格针对传统形式逻辑中的范畴类型提出了逻辑推理和证实的基本原则。历史上，形式逻辑主张主谓结构的区分，弗雷格则用功能和对象的区分代替了主谓区分，他认为系词作为非饱和性（unsaturatedness）概念中的组成部分，并非连接主谓的独立要素。同时，在自然语言的句型中，词的关联与概念结构并非完全对应，其中也包含了非表征特征的事实和要素。在这里，弗雷格实际上是认为思想中的逻辑和客观因素与心理因素无关。他认为只有“表征意义的符号”及其相关的符号关联才有意义，因此，我们“必须严格的把心理和逻辑的东西区分开来，把主观和客观区分开来”[①]。这就是说，客观表征区别于主观表征的原因就在于，它主要体现为联结基础上的功能，由此弗雷格的这种语义态度就构成了其知识论的基础。



其次，弗雷格提出了对于意义问题的研究，强调意义与逻辑真值的关联性。我们知道，命题理解的功能在语义学中具有重要地位，在历史上相当长的时期内，意义问题的研究并没有得到哲学的重视。弗雷格的转变就在于他把命题态度看作实体的存在，认为理解并不是考察命题态度的有效方式。同时，意义与实际事态并不等同，而是与世界中的真值紧密相关。在这里，由于语法单元并不包含命题意义的基础，而是与世界中的真值特征相关，因此具有真值的意义一定是某种确立关联性的机制。

最后，弗雷格考察了概念起源的基础，以及指号（zeichen）、意义（sinn）和指称（bedeutung）的关系。在弗雷格的语义学中，概念具有最为重要的意义，它与可能判断内涵的理解密切相关。弗雷格认为，概念的形成是从判断开始的，它具有多种指称的解释力，并非源自于抽象。在这里，我们可以看出弗雷格把从判断到概念的推理过程视为某种数学程序，而不再简单地把表层语法和主谓形式当作概念分析的工具。此外，弗雷格认为意义、指号与指称三者之间具有一定的关联性，意义关联于指号，指号关联于意义，当然指号与指

---

① F. 弗雷格著，王路译．算术基础．北京：商务印书馆，2001：9.

称之间并非一种一一对应的映射关系。这表明，弗雷格的语义学已经内在地融合了意义理论和指称理论，这是语义学发展中的一大进步。

综上所述，弗雷格的语义学思想突出地体现了在现代逻辑和精确性数学分析工具兴起之后，语义学家们力图在客观主义的基础上建立统一完善的语言分析工具的迫切愿望，这使得弗雷格的语义学思想在很大程度上与传统语义学中的主观主义和心理主义的狭隘性划清了界限，同时他所采取的逻辑语义分析的策略和手段也鲜明地标示出了现代语义学发展的典型面貌与主要特征。

## 二、心理、意向语义分析的产生

19 世纪德国语义学的发展同时受到德国思辨哲学传统和心理哲学的影响，它开始在心理表征之中去寻求词的意义，并把意义看作是与词相关联的心理表征。同时，受到布伦塔诺意向性理论的影响，语义学家们开始将意向性分析与意义的理解结合起来，开创了意向性语义分析的先河。在这里需要指出的是，心理语义性和语义意向分析之间具有直接的关联，因为意向性研究涉及心理内容的基础，所以在某种程度上，意向性问题就是心理内容问题。另外，意向性问题本身不是心理现象最根本的属性，而心理状态则是由于具有特定的心理内容或语义性才具有了意向性，因此，"心理状态的意向性根源于心理表征的语义性"[①]。从这个意义上来说，对 19 世纪语义学发展中的心理语义分析思想和意向语义分析理论进行认真的总结和梳理，就显得尤为重要。

（1）意义的心理表征和心理语义分析。从本质上来说，科学语义学的研究必须回答意义与心理的关系问题，以及意义与表征系统的关联问题。我们知道，心理状态借助于心理表征而体现为命题态度，而命题态度则是主体与心理表征的心理语句关系，同时心理表征的语义属性意味着心理语句也有意义和真值条件，这种命题态度的根本特征就是心理语义性。在这里，心理语义性的问题就是意义问题，因此 19 世纪德国的语义学家们不约而同地从心理表征的状态出发，对于概念和意义问题进行了全面考察。

首先，语义学家们在康德表征理论的基础上，结合心理学的方法和原则，为语义学的概念和范畴赋予了新的理解。莱塞格认为，意义可以理解为某种

① Fodor J. Psychosemantics or: where do truth conditions come from. *In William. L. G Mind and Cognition*. Oxford: Blackwell Pub. Ltd, 1990: 313.

心理表征，心理表征之间特定类型的关联决定了意义的变化。海伊（O. Hey）认为语义学建立在心理学方法的基础上，为此应该分析语义现象的心理类型和原则，这样才能确立语义学的科学性。赫尔伯特（J. F. Herbart）认为，与心理学相关的事实应该得到解释，它与感觉印象的观念和表征心理状态的相互作用有关，统觉范畴只是一种心理的能力。伍德特（W. Wundt）则强调了态度和行为中心理因素的重要性，认为语言是心理活动的外化，只有通过心理内部活动的外部表征，才能实现对统觉内在过程的理解，同时只有通过对语义现象的心理过程的分析，才能实现概念意义的理解。由上可知，19 世纪语义学家们在意义理解和分析的过程中，已经自觉地融合了心理状态和心理表征的理论，这就不仅打破了康德先验逻辑的独断论，而且为意义问题的解决提供了更多的路径和方法。

其次，语义心理主义建立在经验主义立场之上，这种心理学的经验论不是把语义分析视为心理表征理解的基础，而是将对于心理状态和过程的理解当作语义分析的基础，这既是语义心理主义立论的前提，同时也是这一思想不可避免的局限性所在。赫克特（M. Hecht）认为，心理学方法是语义分析的重要基础，其中经验心理学具有关键意义，例如，从个体的心理经验特征出发可以推导出语义原则和规律，而心理活动则包含了当经验对象与显现相关联时由心灵所产生的新的意义。拉扎鲁斯（M. Lazarus）强调语言是一种客观心理的构造，是一种普遍的集体心理活动的系统结果，这种系统性区分了不同的客观心理和语言，因此语义学应该研究这些系统的运动和转换。总体来看，心理主义语义学把心理分析当作科学认识的重要工具，然而心理学本质上是以事实为基础的经验科学，它以作为事实性存在的共同体心理作为研究对象，因此语义心理分析的基础也必然是共同体存在的事实。



最后，语义学的心理分析在意义理解的过程中，普遍存在着一种心理“纯粹化”和绝对化的趋势，而这种心理活动的结构并不能完全解释逻辑的构造和概念规律的形成。斯坦达尔（H. Steinthal）企图用纯心理的机制替代概念的逻辑分析，为此他把概念区分为感觉、直观和表象等三个层次，认为直观将感觉加工为表象，表象作为心理简单层次是一种直观的直观。在语言的形成与发展过程中，纯统觉具有重要意义，统觉既构建了意义，也可以产生不同概念，这样在统觉基础上形成的词语便具有了新的感知能力，产生了意义的外延，因此词语的意义和形式是实现统觉的一种工具。值得一提的是，胡塞尔早期也持这种心理主义立场，为此还曾受到弗雷格的批评，因此在

《逻辑研究》中胡塞尔对这种意义的心理主义进行了反思，而他认为心理主义存在缺陷的关键在于，它没有理解本质直观的明证性是本质自身“原本的被给予性”①。

总而言之，我们在这里对19世纪德国心理语义分析的思想进行总结，目的在于说明在近代语义学诞生和发展的初创阶段，语义学家们对于意义和概念进行理解的界域是相当广阔的，注重语义学理论的心理分析层面就是其中的一大重要特征，尽管它作为一种分析的手段和方式还并不完善，存在种种缺陷，但它至少从理路上证明了心理分析作为科学研究的重要方法对科学理论的构造和概念的理解所具有的意义与价值。这既是被后来的逻辑实证主义所忽略的一大领域，同时也是当代语义学的发展必须倍加重视的一个方面。

（2）在语义学的意向性分析过程中，19世纪德国意向理论的发展明显受到了奥地利心理学家布伦塔诺意向理论的影响，对此这一时期意向理论的代表人物如胡塞尔和梅农（A. Meinong）等人也正式予以承认。其中，胡塞尔是意义与意向分析理论的集大成者，他将意向性理论与语义学分析结合起来，一方面使得语义学分析成为意向性理论进一步展开的基础，另一方面也使得语义学的发展不再局限于逻辑语形分析的狭隘视域，从而开辟了意向语义分析的路径，为语义学的发展提供了崭新空间。

首先，胡塞尔考察了作为意向性语义分析基础的知识对象和心理分析的关系，这与19世纪之前的认识论形成了很大差异。我们知道，17世纪德国的莱布尼茨曾经认为，我们对于对象的理解没有必要直接将思考与实践相关联，而只需拥有这种思考力即可，这种能力不仅是指感知能力，而且还包括我们不必通达事物而能够表征事物的方法；康德认为，为了达到表征的目的，表征本身与它的对象具有同晶性；布伦塔诺也认为，心理状态的导向性产生对象的意图，同时意向性强调了意向语境中的语义学；胡塞尔则认为，数学知识的精确性是有限的，我们可以理解具体的事物，但对于抽象事物却很难把握，其原因就在于表征的心理经验并不把对象当作隐性内涵包括在内，而是在某种意义上对事物的一种意向性反映。由此，胡塞尔对于语义真值的理解就摆脱了二元对立的逻辑观，而倾向于对真理进行直接把握。其原因在于，意识活动既是认识的基础，同时也是意向活动的结果，因此认识的真理性无需辩护，它本身就是一种本质直观的显现。

① 参见E. 胡塞尔著，倪梁康译．逻辑研究．上海：上海译文出版社，2006：52-56.

其次，胡塞尔认为意向行为本身具有意义，是语言意义的基础，这就使得胡塞尔的语义学理论与康德的理性主义彻底划清了界限。胡塞尔认为意义具有三个层次的要素：第一，具有意义的行为——意向性；第二，此类行为的内容或表征的意义；第三，此类行为的对象或者表征的客观性。其中，意向行为乃是指意识活动本身，意向内容则是指意识活动的意义，而对象则包括观念和实在的事物。同时，所有的意向行为都是通过意义而指向对象的，也就是说，意义是联结表达与对象的中间环节。在这里，具有意义的行为是表征的必要条件，语言的意义在于它表述了说话者意向行为中的意向内容和说话者的表述意图。为此，胡塞尔反对实用主义把意义与实现意义的行为相等同的做法，认为命题的意义与主体的行为无关，只有意向性才具有决定作用。

最后，胡塞尔在对逻辑理性主义反叛的基础上，将意义理解的意向性分析过程与现象学理论的展开紧密结合起来，他的现象学还原方法作为一种哲学“语义上升”的过程，为20世纪现象学还原方法论的建立作出了重要贡献。在意向结构中，胡塞尔强调直观和体验的重要性，认为命题的意义源于以体验方式获得的意识行为，这种意义具有一种自明性，其原因在于命题中所包含的并非一种经验性的事物而是一种抽象的观念。在他看来，意向与意义是一种通过内省而实现的客观性的先验原则，这种所谓“内省”就是一种在主观知觉之外的先验式思维。因此，我们必须通过反思以考察我们意识活动中直接呈现的经验，并把握“纯粹心理”，这种“纯粹心理”就是一种意向性的显现。这样，这种意向性意义的显现就成了现象学分析的目标，通过研究意向活动的构造以达到对于对象事态的理解。



概而言之，以胡塞尔为代表的19世纪的德国意向论者，力图在意义分析的过程中对意向性的本质特征和结构属性进行阐述和说明，从而使得语义和意向性具有了内在的关联。同时，胡塞尔在布伦塔诺意向性理论基础上所引入的现象学方法论路径，拓宽了意向性的研究领域，深化了意向性分析的理论体系。从现代语义学的视角来看，意向性分析本身就是语义学理论中的重要领域，它消解了理性论和感性论的冲突，超越了单纯逻辑形式的分析，为20世纪逻辑实证主义终结之后心理学的回归和语言学的转向奠定了基础，并且进一步成了当代语义学成长和前进的重要生发点。

### 三、“语用-语境”的语义分析传统

站在当代科学语义学发展的立场上，回顾德国语义学演变的历史趋势，

我们可以看出语义学作为一种语言分析的有效工具，在其发展和完善的过程中不断地被各种哲学思潮和流派所改造和使用，从语义学逻辑形式化的构造到心理意向的分析，再到“语用语义学”概念的提出，以及文化历史背景中的语义学方法论研究，其中越来越鲜明地显示出了在语境视野中进行语义分析的必要性和价值所在。纵观19—20世纪初德国语义学发展的内在脉络，我们可以清楚地看到这一时期的语义学家们在科学思维与科学理性逐渐萌芽和成长的过程中，不断地为语义学的发展注入新的血液，其语义分析思维的触角是灵活的，所倚赖的背景是广阔的，他们并没有把语义学狭隘地局限于概念范畴的演绎和扩展，而是自发地选择了语境作为意义理解的基石，这是德国语义学发展的一大转变。

（1）命题语境在意义理解中具有基础性的地位。命题语境是语境的重要组成部分，历史上语义学家们一直认为词语是语言构造的原子要素，弗雷格则敏锐地意识到了只有判断句型即命题才是意义构成的基本单位。弗雷格的这一思想也直接启发维特根斯坦产生了语言的基本单位是命题，以及命题与事实之间关系的思想，并影响到了后来逻辑实证主义维也纳学派关于意义理论和证实标准的学说。

首先，弗雷格认为，概念与对象之间的关联并不是确定的，只有命题语境对于意义的理解才具有重要作用。也就是说，词语和句子是隶属关系，词语意义的表达要由作为整体的句子来决定，词语的功能体现在句子的语用中，由此句子或命题便具有了原子要素的意义。弗雷格认为，“必须在句子的语境中考察语词的意义，而不能孤立地研究语词的意义”[①]，这就意味着在句子中，我们不能孤立地研究词的意义，而必须在语词的关联中去分析和把握句子的意义。

其次，弗雷格主张用意义的语境原则来取代意义的指称理论。他认为意义的指称理论是有一定局限的，尤其是在涉及诸如数和逻辑的抽象对象时显得并不适用，更为严重的是，意义指称理论有可能把虚构的心理表象同所指称的对象混淆起来。我们知道，在逻辑语形的构造中，具有真值判断的句子可以被表示为命题，而命题则可以被区分为分析命题和综合命题。对于分析命题中所涉及的语词的意义，我们是根据规律和定义来理解的。由于定义和规律必然要用句子来表达，所以只有在句子中才能弄清楚分析命题所涉及的

① Frege F. *The Foundations of Arithmetic*（2nd Revised Edition）. New York：Harper and Brothers Press，1980：22.

概念的意义。在此，单纯地追问语词所指称的对象并没有意义，只有通过分析语词在句子中的用法才能了解语词指称的规律和方式。

最后，弗雷格强调句子意义的真值与世界的实际事态相关。在规范语义学和自然语言语义学的理论对立与关联中，弗雷格一方面认识到了日常语言的缺陷和他所建立的以命题逻辑和谓词逻辑为基础的理想语言的完善性和合理性，另一方面也充分意识到了理想语言并不能取代自然语言的全部功能。为此，弗雷格探讨了语句的认识价值和真值的关系问题，认为句子的意义在于它的真值，这种真值并非由意义单独决定，而是和意义与实际事态关联的方式有关。

总而言之，从命题语境的分析过程来看，弗雷格语义学所采取的基本态度是开放的，他所理解的意义理论也区别于纯粹哲学逻辑分析的范畴。在这里，意义构造实际上就是语境构造，意义的内涵空间超越了逻辑语形的构造，在语形、语义及语用相结合的语境平台上达到了意义的沟通与交流，这充分显示了语境中诸多要素之间的内在统一性和整体性。

（2）人类历史和群体文化是语义阐释和理解的基本背景。在人类发展的长期历史中，语言是人类思想和知识的载体，它与人类思维和实践的发展同步，因此语言本身就是包括历史、文化和自然等多种因素在内的综合体。在历史和文化系统中，语境包括形式表征和心理意向等多种要素，因此语言命题的基础是文化和历史的存在。站在历史和现实的角度上，德国语义学发展过程中这种历史语义趋向的形成，既与德国古典哲学中的人文传统有着一脉相承的关系，同时也与 19 世纪以“主体回归”为口号的新康德主义思潮在语言科学研究领域的影响和渗透不无关联。



首先，莱塞格认为语义学的基本规范与人类思维的一般原则相关，为此他强调在历史中研究文本的必要性。莱塞格本人是 19 世纪德国语义学发展史上具有奠基性地位的语义学家，他认为词汇具有意义的特性，但这种意义既不依赖于词源，也不依赖于句法规则。其原因在于，语词的意义不仅由表征一个观念的功能构成，而且它也会由一般的语言状态和依据一定方式的语词的使用决定。另外，莱塞格强调语言的意义是一种历史的和群体的产物，它通过社会群体中人的交际而进行扩展，并且语言意义的演化受制于语言的使用，因此在意义的理解过程中存在着历史的动因以及文化和社会的因素。他认为，社会背景中的语言之所以重要，是因为正是在文化中概念的指称发生转换并产生了新的指称和术语，因此语言的历史是一种共时态的语言使用现象，语用的阐释为意义的理解奠定了基础。

其次，斯坦达尔强调了语义学研究中历史事实的基础性作用。他认为，表象是产生统觉的手段，意义和表象的关联建立在感觉基础上，统觉决定了语言演化的一般原则，这种语言的演化包括表征的历史，以及建立在语义学基础上言语的历史。在人类语言从简单反射到抽象语言的转变中，语形和语义的分析都与人类的认识过程相关。他认为人类语言发展经历了三个阶段，即拟声词阶段、词源学阶段和纯粹指谓阶段。其中，最重要的是最后一个阶段即抽象纯粹的指谓阶段，它表现为语言的使用抛弃了对其原初意义的探索，其原因在于“使用句型来进行表达，而非单个的词语，其中重要的是主谓的对应，从而对单独词语的统觉发生了模糊”①。也就是说，词语在命题的表述中本身并没有意义，而只有在语用中确定的表象或意义才能够得以应用，从而完成认识的过程。

最后，拉扎鲁斯在意义理解的过程中提出了历史语义学的概念。他认为语词的意义只有在作为整体的社会和历史背景中才能确定，语言是人类的“客观”心理表征，在历史中它处在一种不断演化的过程中。就思想表达而言，语言并不是一种直接的工具，因为在交流的过程中，作为主体的双方有可能发生信息的不对称，这样意义的理解就会出现差异。另一方面，语言是建立在人类历史活动基础上的一种系统活动，在这种系统活动中，源于言语历史的系统性我们可称之为自然系统性，而源于科学的系统性我们则可以称之为人工系统性，“我们必须研究这种系统的历史演化，因此只有历史语义学才能揭示心理的内在活动”②。在这里，我们可以看出拉扎鲁斯实际上是在意义转换的过程中否定了将语言看作是一种绝对确定思想表征的做法，并且认为这种不确定的关联只有在个体之间交流的过程中才能实现意义的构造。

总体而言，德国语义学发展中这种将意义的内涵与历史或文化的语境相关联的态度与方式是有意义的。任何语言形式都不是空洞的存在，任何意义的形成也不是脱离时空历史的虚构，语形的构造要依赖于语用的推演，语义的理解也要满足语形的需要，同时语境的整体系统性也决定了思想表征中语言的形式及其意义结构。这种语境系统性为意义的理解提供了广阔的发展空

① Nerlich B. *Semantic Theories in Europe 1830-1930*. London：Benjamins Publication Company，1992：61.

② Nerlich B. *Semantic Theories in Europe 1830-1930*. London：Benjamins Publication Company，1992：33.

间，由此使得意义的理解不仅包含了语义分析，而且还包括了文化历史的语用，进而这种意义的语用分析过程也为意向和语境的存在奠定了物质基础。

（3）具体的公共生活实践和有效的交流是意义理解的重要环节。本质上，语境是以实现人类交流为目的而存在的一种认知结构，语境构成了公共实践的具体形式。从德国早期众多语义学家们语义分析过程的展开来看，朴素的语境整体论视野已经萌芽或者得以应用。在语境整体论的视野中，语形、语义和语用具有内在的关联，意义的理解就建立在交流和理解的基础上。其中，逻辑形式化的演绎不再具有绝对性的意义，命题真值的判断也不再仅仅依赖于与命题相关联的语境存在，而是与整体语境中的实践经验紧密相关。在这一点上，我们必须承认，它不仅标示出了德国早期语义学所理解的语境平台的开放性和所投射的语境视野的科学性，而且也启发和引导了当代世界语义学发展的趋向和前进的道路。

首先，瓦格纳在语言交流和理解的基础上提出了关于意义理解的“语言生活理论”。他认为，词语本身并不具有意义，只有在完整的语境中以及主客体的理解中才能获得意义，同时语用先于语义和句法，而意义和语法都源自于交流。语言的功能性作用在于，语言的交流超越了纯粹的词汇语义学，从而使得言者和听者在语用语境中能够以一种互动的关联实现意义的理解。在他看来，“个体的存在属于表征的社会群体，个体之间具体意义的交流和活动具有典型的意向性和目的性”[①] ——我们可以看出，瓦格纳所理解的作为意义基础的语境，已经将具有能动性结构的主体包括在内，并且力图在自然语言意义的语用构造中实现逻辑性和意向性的整体统一。另外，瓦格纳认为语言生活的统一性体现在语言交流和理解的过程中，即个体之间在心理结构基础上的互动，同时语言形式的应用取决于变化的语境。就句法而言，它不是一种独立的结构，而是语言历史性演化的必然结果。在对于语言认知和理解的过程中，存在着交流和推理的一般机制，其中包括主客体的意向、介词和谓词之间的命题关联等，这些因素使得听者的理解得以实现。就此而言，对于瓦格纳来说，词语的单独词源学意义的考察已经不再是其唯一的方式，而是认为在语言交流中对于作为基本单位的句子的阐释要依赖于语境推演，这样语境的推演就成了意义理解的基本背景。

其次，保罗（H. Paul）的语义学在意义分析的过程中也涵盖了系统的语



① Nerlich B. *On* Wegener’s Theory of “Speech Acts”, Revue de Linguistique, 1986: 34 - 35, 301 - 315.

境因素。为此，保罗区分了一般意义和具体意义，所谓一般意义是指具体意义的共性，而具体意义则建立在一般意义的基础上，包含了讲话者的意图，它在语境中被阐释和重构。他认为，这种具体意义的语境依赖性表现为依赖于某种由听者和言者所共同拥有的背景，先于言语的内涵以及具体的言语场合等因素，特别是在模糊意义的表述中，相关的语境因素显得更加重要，他说："一般意义具有多重指称，而具体意义只有一个指称，具体意义是一般意义的衍生；具体的意义只能指称某种具体的事物，而一般意义只能指称抽象的事物。"① 在这里，保罗清楚地意识到了词语的内涵和界限是变化的，因而意义也是相对的、不确定的，它在使用中具有极大的灵活性和变动性。

最后，额尔德曼（K. O. Erdemann）提出了关于意义交往和理解的网状结构理论。他认为，在日常语言中，我们对于语词意义的描述仅仅是一种线状网络，它不是完全固定的，而是需要根据外延来对其加以界定，这种界定不仅需要我们通过对外部世界的指称来加以实现，而且也需要我们通过对语言使用者定势思维的指称来加以实现。在句子中，语词的意义互相调节和限制，所有单独表述的意义均依赖于完整句型的意义表述，同时语词在使用过程中通过与其他语词之间的关联来实现意义的明晰，但是其中最重要的还是在具体语境之中个体之间的沟通和交流。为此，额尔德曼认为，我们必须理解词的价值，即词的经验构造，同时也必须考虑到各种语境类型以及说话者的立场和行为，在这一点上，额尔德曼的语义学思想对于后来奥格登和理查德关于意义分析的语境理论也产生了一定的影响。

站在历史的高度上，从 19 世纪到 20 世纪初德国语义学发展的总体态势与其后逻辑实证主义（在德国以柏林学派为代表）兴起的时空承续及其内在历史逻辑关联来看：①自康德开始的哲学分析传统所强调的对概念和逻辑的重视，成了逻辑实证主义语义学理论的纲领和旗帜，由此逻辑实证主义所主张的形式规范传统在先进的自然科学理性工具的指引下，越来越倾向于对语言的分析和对数理逻辑的推崇。②从 19 世纪开始迅速扩张和膨胀的科学革命（如物理学和数学的变革）所带来的对于"精确性"和"实证性"工具方法的过度迷恋，表现为重视经验操作和经验观察，这种思维倾向在 19 世纪的语义学研究中已经逐渐渗透和渐趋深化，而随后兴起的逻辑实证主义则进一步将其纯粹化和极端化，由此意义确定的标准和"科学主义"的证实性紧密关联

① Nerlich B. *Semantic Theories in Europe 1830-1930*. London：Benjamins Publication Company，1992：91.

起来，这使得命题的意义只有在逻辑的证明和实证的观察中才能具有有效性。③尽管19世纪德国历史科学和精神科学所研究的语义学主题和范围是宽广与丰富的，但是它从根本上并未被逻辑实证主义的严格“科学”纲领所采纳，其中意义确定的心理分析、历史考察和社会学探索成了空白。因此，在德国尽管对于意义分析的语用和语境理解已经具备了19世纪深厚的文化历史积淀，但是同一时期“语境”意义分析的理念尚局限在语言学的界域之中，而在逻辑实证主义的语义学理论中，意义的“语境”分析与社会和文化的因素也自然保持着严格的距离。

综上所述，在以逻辑实证主义为代表的，同时以严格主客二元对立为特征的语义分析理论走上20世纪现代语义学发展的历史舞台之前，德国19世纪到20世纪初的语义学发展所取得的成果是丰富的，所展开的理论分析的过程是深刻的。在此过程中，意义的理解不断远离它同词源学的关联而日渐接近于语用语境的分析路径，并且语言的形式和结构及其内在意义逐渐被看作一种整体思维之中的结合物，同时语境要素分析的整体性和公共实践的具体性也渐渐取代了严格的逻辑推演。在德国古典哲学所具有的高度发达的抽象逻辑思维和深厚人文精神的氛围中，这一时期德国语义学的发展紧密结合了同时代最新科学分析的理念和手段，从而使其不仅站在了同时期欧洲乃至世界语义学理论发展的前列，而且引领了德国现代语义学研究的崭新方向，成了德国现代语义学崛起的先声，并且跨越时代为我们当代科学语义学的发展提供了可资借鉴的思想材料和分析路径。



## 四、由隔绝走向对话的语义学趋向

在20世纪30年代中期之前的德国诸多哲学流派与思潮中，以莱辛巴哈（H. Reichenbach）为代表的“柏林学派”所开展的逻辑实证主义研究推进了语义学的发展，他们使得语义分析的方法论原则得到了充分的应用，“语言的工具用途的学科……即语义学”[①]。在“柏林学派”的逻辑实证主义思想看来，为了解决哲学所面临的现实危机，我们必须区分“有意义的命题”和“无意义的命题”。那么，这种命题的意义如何实现呢？答案是只有在命题或句子可以通过一系列证实条件被证实的时候它才能具有意义，“可证实性要求是意义理论中的重要组成部分”[②]。在此，语义学的观点和理论成了一种方法

① H. 莱辛巴哈著，伯尼译．科学哲学的兴起．北京：商务印书馆，1991：175.

② H. 莱辛巴哈著，伯尼译．科学哲学的兴起．北京：商务印书馆，1991，197.

论工具，它使得我们能够更加便利地在科学与“形而上学”之间进行划界，从而把一切形而上学的命题排除出人类认识和知识的领域。例如，莱辛巴哈注重概念的逻辑分析，他希望用科学来改造哲学，并且希望能够实现一种有关意义的客观性理解，“本书所做的探讨，意图达到这样一种意义的客观性”①。由此出发，分析命题的真理性是很容易得到证明的，而综合命题的真理性却并不容易得到证明，事实上这种真理性的根源就在于经验的观察。此外，出于科学认识的目的，我们有必要构造一套形式严密的、具有逻辑体系的规范语言，而自然语言的模糊性和歧义性却恰恰不能完成这一目的，因此，“语义学……研究的是一切语言表达形式的属性”②。可以看出，莱辛巴哈的语义学思想具有典型的逻辑实证主义色彩，他实现了“从真句子到有意义句子”纲领的扩张和推演，这就使得他与解释学传统的意义理解方式形成了很大的差异，“没有企图采取那种解释者的态度……那种解释者……希望发现一些真理”③。当然，莱辛巴哈同时也对逻辑实证主义语义学的意义理论进行了修正，他认为命题的意义就在于其被证实的概率或可能性，“首要的原则就在于，关于意义……我们必须接受其可证实的概率性”④。

应当指出，20 世纪前期的德国语义学相比较于英美语义学而言，仍然保持了相对独立的历史传统和研究路线，这一时期尽管也有“柏林学派”的逻辑实证主义语义学思想与隶属于意大利“维也纳小组”的卡尔纳普等人的主张遥相呼应，但是它们从根本上并不能代表德国哲学研究的主流价值取向。相反，在语义学研究的主题——意义与真理问题方面，海德格尔的存在主义哲学和伽达默尔的解释学理论才更为本真地反映了德国语义学研究背后所隐藏的深厚的大陆哲学传统与精神。特别是由于众所周知的原因，自从进入 20 世纪 30 年代中期以后，德国的逻辑实证主义就逐渐销声匿迹了。因此，从整个 20 世纪德国语义学发展的历史进程来看，“柏林学派”逻辑实证主义所产生的影响是相当有限的。当然，如果我们不是站在类似于英美语义学研究的立场上，而是从更为宽泛的视角上把对于意义和真理等问题的其他理解模式、路径都归入语义学研究的范畴之中的话，我们就会发现，与“柏林学派”的

① H. 莱辛巴哈著，伯尼译．科学哲学的兴起．北京：商务印书馆，1991：175.

② H. 莱辛巴哈著，伯尼译．科学哲学的兴起．北京：商务印书馆，1991：175.

③ H. 莱辛巴哈著，伯尼译．科学哲学的兴起．北京：商务印书馆，1991：175.

④ Reichenbach H. *Experience and Prediction*：*An Analysis of the Foundations and the Structure of Knowledge*. Chicago：The University of Chicago Press，1961：38.

逻辑实证主义语义学思想相比较，存在主义哲学、现象学和解释学研究所具有的浓郁的本体论、认识论背景和历史、人文理性精神在德国语义学的发展进程中所产生的影响要更为深远，所起到的作用也更为鲜明。

在海德格尔那里，对于语言意义问题的重视，是由存在哲学的本体论立场出发所展开的，这相对于英美哲学传统中由逻辑语义学而进入自然语言语义学的研究路径而言，彼此之间存在着很大的差异，“语言……以无与伦比的方式属于存在”[①]。对于海德格尔而言，语义学理论绝不是一种方法论性质的实证学科，而是与本体论和认识论等诸多问题的研究具有紧密而深刻的关联，“任何存在论……都把澄清存在的意义理解为自己的基本任务”[②]。为此，海德格尔继承了胡塞尔“回到事物本身”的现象学原则，他认为对于“存在”意义的探讨是与语言本身相关的，由此对于语言意义的理解就成了一种我们对“存在”进行探索的途径和过程。在这里，海德格尔区分了“存在”与“存在者”：“存在”是一种状态，“存在”的意义并不等同于“存在者”的意义，“存在的意义……有别于那些用以规定存在者的意义”[③]。作为“存在状态”的意义与作为主体的人不可分割，这是对于“存在”意义理解的重要基础，而意义就产生于“人”与“世界”之间的交往和实践过程中，它是一种由“隐性”到“显性”的自发的和自然的过程。也就是说，在海德格尔那里，意义就是一种在主体理解的基础上所“展开的活动”或者“对象的显现”，“话语是可理解性的分环勾连……我们曾把这种可加以分环勾连的东西称作意义”[④]，而在对于意义的产生及其根源有了掌握之后，语言的概念或者表达式的指称就自然地明确了其对象。因此，对于海德格尔而言，单纯认识论层面的理解并不能够揭示“意义”的深层内涵，而是需要将作为主体的人与世界之间的关系纳入到对于“意义”的结构性理解过程之中。这意味着人类存在的世界是一种有“意义关联”的世界，世界的“意义”是与诸多要素的关联作用密不可分的。此外，就真理问题而言，海德格尔并未对其展开精细的语言逻辑分析，而是从形而上学思辨的角度出发将真理问题放在与“存在”相



---

① M. 海德格尔著，孙周兴译．林中路．上海：上海译文出版社，2008：281.

② M. 海德格尔著，陈嘉映、王庆节译．存在与时间．北京：生活·读书·新知三联书店，2000：13.

③ M. 海德格尔著，陈嘉映、王庆节译．存在与时间．北京：生活·读书·新知三联书店，2000：8.

④ M. 海德格尔著，陈嘉映、王庆节译．存在与时间．北京：生活·读书·新知三联书店，2000：188.

等同的立场上来展开研究，甚至认为“真理即存在”，或者说“存在就是真理”，这使其思想呈现出了一种摆脱语言形式理性工具立场的形而上学倾向，“从真理的源始现象出发……真理的‘本质’问题必然也包含有真理的存在方式问题”①。

对于伽达默尔而言，在德国从早期的施莱尔马赫和狄尔泰等人一直延续到海德格尔的解释学传统得到了很好的继承，然而在伽达默尔那里，语义学研究的英美传统和欧洲大陆传统之间仍然没有实现有效的交流和互动。其根源在于，伽达默尔的解释学研究如同海德格尔的存在主义哲学一样，都把语言看作是一种生活方式而非仅仅是一种解决问题的工具，“语言决非仅仅是一种仪器或者工具……我们总是早已被我们自己的语言所包容”②。这意味着在作为表象的语义学观点及其理论特征差异的背后，隐藏着不同类型的语言世界观，“诠释学问题所具有的真正意义……在于它证明了语言观就是世界观”③。一般而言，伽达默尔意义理论的内涵包括了三个方面：①作为意义存在基础的是“理解”和“解释”；②意义的理解和解释具有历史性；③意义的理解和解释具有开放性与动态性。为此，伽达默尔把语义学的研究范畴界定为“外在地描述语言事实”④，而他认为解释学则侧重于对语言符号使用过程中的内在机制进行理解，因此两者之间是具有很大差异的。在对待语义学研究的态度上，一方面伽达默尔强调语义学是解释学的基础，认为“语义学突破了孤立的世界-符号所具有的完全同一现象”⑤，这就使得我们能够非常便利地作出真假判断；另一方面，伽达默尔也认为，语义学对于语言意义的研究尚处在空白的地带，这正好需要解释学的理解来对其加以弥补，而这也是伽达默尔所谓“由语义学过渡到解释学”的根本原因，“我们再也不会把语言的事实性与科学的客观性相混淆”⑥。因此，在伽达默尔看来，由文本存在的时空间隔所产生的意义“异化”需要新的解释和理解，而意义就是一种在主体对文本解读的基础上所“生成”的结果，这种“生成”过程具有开放性和

① M. 海德格尔著，陈嘉映、王庆节译．存在与时间．北京：生活·读书·新知三联书店，2000：246.

② H. 伽达默尔著，夏镇平译．哲学解释学．上海：上海译文出版社，1994：62.

③ H. 伽达默尔著，洪汉鼎译．真理与方法．上海：上海译文出版社，1999：565.

④ Gadamer H G. *Philosophical Hermeneutics*. California：University of California Press，2008：82.

⑤ H. 伽达默尔著，夏镇平译．哲学解释学．上海：上海译文出版社，1994：84.

⑥ H. 伽达默尔著，洪汉鼎译．真理与方法．上海：上海译文出版社，1999：579.

融合性，因此所谓的“终极意义”是不存在的，所存在的只是相对的和有限的“意义”。综上所述，在伽达默尔的解释学理论著作中，尽管也出现了对于“语义学”研究的讨论，并且“语义学”的理论地位和作用也得到了伽达默尔在一定程度上的承认，但他对于“语义学”这一概念的理解仍然是比较狭隘的，或者说我们通常意义上的语义学研究其实仍然没有构成伽达默尔解释学理论的基础。

20 世纪中期以后，德国语义学在反思传统的基础上开始朝着更具包容和融合特性的道路向前发展，其中将英美语言分析传统与欧洲大陆人文理性传统相结合的发展趋向成了当代德国语义学家们在新的历史时期开展语义学研究的共同选择。我们知道，传统上英美语义学研究的目的在于，从逻辑的立场出发实现意义的科学化理解。这样语义学作为一种方法论的工具就能够成为解决科学与哲学问题的有效“利器”，而大陆语义学研究的目的则在于，从语言意义的非逻辑性立场出发实现语言意义的“属人性”理解，它侧重于从本体论的角度揭示出语言之于人类生活和命运的深刻内涵。因此，在当代文化与科学交流全球化的背景下，德国的语义学研究也从多方面加强了与英美语义学之间的对话和交流，并且进一步拓展了语义学的研究领域。



对于阿佩尔而言，不仅自康德以来的大陆哲学传统在其思想中得到了保留，而且英美分析哲学的语义分析技术在其理论中也得到了充分的利用，两者共同构成了一个有机的整体。这主要表现在：①阿佩尔认为，在“先验的”语义学中存在着难以解决的先天困境——“维特根斯坦前期的先验语义学并没有涉及到解释学问题”[①]，其根源就在于语义构造作为一种对于世界的解释模型，是无法离开由主体所参与的语用活动而存在的，因此语义学指称的实现既存在着与语义的关联，同时也必然具有语用的基础。也就是说，语义学的研究必须与语形学和语用学结合起来，而语义学研究的经验基础并不足以具有决定地位，“我反对将意义解释过程中形式逻辑（语形-语义）的层面和经验语用的层面分隔开来”[②]。就这一点而言，在意义的理解过程中，内涵、外延和意向性概念三者之间的紧密关联深刻地表明了语义学与语用学能够有机地结合起来并共同发挥作用，“如果外延完全不同于我们可能的意义——意向，我们就不能认识它们，甚至也不知道它们意味着什么……内涵与外延之

---

① Apel K O, Vandevelde P. *Towards a Transformation of Philosophy*. Milwaukee: Marquette University Press, 1980: 4.

② Apel K O. *Understanding and Explanation*. Cambridge: MA, The MIT Press, 1984: 57.

间具有一种内在关联”[①]。事实上，在日常语言中，语义学的内涵并不能够确定其外延，其指称的确定是与主体的意向性活动相关的，因此日常语言的意义在公共约定的意义之外还部分地依赖于主体的解释。②在真理问题研究中，一方面阿佩尔认为，语言作为一种工具成了人类真理认识的重要途径和手段，因此真理就存在于语言实体之中；另一方面阿佩尔也认为，语言本身具有规范性和现实性，因此超越于语言或者脱离语言本身而去研究语言是错误的、没有出路的。在阿佩尔看来，真理并不能够在语言的“前状态”之中存在，即它们并非是一种先验的意识，而是作为语用的主体在“主体间”交往的结果和产物，即真理是语言共同体按照语言游戏的规则在交往过程中所实现的一种共识，“在论辩的语境中，我们必须表明，关于真理……命题具有主体间的有效性……它可能是一种共同体成员的共识”[②]。当然，阿佩尔的所谓真理理解的“语境”和“情境”是在一种假设和推演的基础上提出来的，它与生活世界之中的语用实践之间还是存在着一定的距离。③阿佩尔力图实现卡尔纳普式语义学与解释学传统的联结，并且希望表明语义“理解”与语义“解释”之间的内在统一性，“最基本的问题在于自然事件的解释和意义的理解之间具有关联”[③]。我们知道，语义理解和说明的基础在于科学性与逻辑性，而语义解释的基础在于主体性与人文性，两者之间的统一就表现在，意义存在的基础一方面具有康德式的先验因果必然性，而另一方面阿佩尔认为因果必然性在意义理解的过程中是以实践和语用为基础的。也就是说，“因果解释”与“意义理解”是内在的统一整体，而无论是对于解释学还是科学研究而言，“意义的理解”都是一个不可回避的重要前提——解释学对于文本意义的理解是以具有主体间性的交往为基础的，而科学的因果解释离开了预设的意义——“共同理解背景”也是难以成立的，“自然科学中的因果解释……忽视了对于规则和标准进行解释学理解的特殊意义”[④]。因此，意义是一种具有公共性的人类认识活动，它并非仅仅是一种实证的结果或者既定的事实，在“意义”的形成与变化过程中，主体的意向性因素发挥了重要的作用。这充分说明，意义是一种具有“先验”和“经验”双重特性的存在，而知识的形成

① Apel K O. *Selected Essays: Towards a Transcendental Semiotics*. New Jersey: Humanities Press, 1994: 142.

② Apel K O. *From a Transcendental-Semiotic Point of View*. Manchester: Manchester University Press, 1998: 58.

③ Apel K O. *Understanding and Explanation*. Cambridge, MA: The MIT Press, 1984: 23.

④ Apel K O. *Understanding and Explanation*. Cambridge, MA: The MIT Press, 1984: 46.

一方面要受制于先验逻辑的规范，另一方面它也必须以与“身体”相关的主体活动作为基础，“知识的身体先天性与知识的意识先天性是相互补充的……这是知识的两个可能性条件”[①]。

总体来看，在当代英美语义学与欧洲大陆语义学不断加强对话和交流的时代背景下，德国语义学的研究日益呈现出研究方法上的交叉性与渗透性，以及研究视域上的综合性与全面性特征。例如，在计算语义学方面，德国的沙海姆（B. Thalheim）、谢文（K. D. Schewe）及卡托那（G. H. Katona）等人与英美国家的相关学者展开了广泛而深入的讨论；在认知语义学方面，费舍尔（K. Fischer）、霍姆巴赫（H. Humbach）和麦卡洛（E. Mikkola）等人借鉴并深化了英美语义学的认知研究策略和方法；另外，德国当代语义学方法论应用的学科领域也在不断拓宽，这使得语义学研究的方法论意义得到了进一步的显现，例如，图根德哈特（E. Tugendhat）将语义学的研究引向了伦理和宗教问题的探讨过程之中，并且用语义学的研究取代了先验哲学的研究；巴特尔（R. Butter）、乔根（H. Juegen）和兰诺克（H. Lannoch）等人则将语义学理论应用在了产品设计和文化研究之中。尽管以上的论述并不全面，但是这足以反映出当代德国语义学研究所具有的开放性的和融合性的发展趋向，因此它必然朝着既立足本国哲学传统，同时又全面加强对外合作、沟通与创新的道路继续前进。



① Apel K O, Vandevelde P. *Towards a Transformation of Philosophy*. Milwaukee: Marquette University Press, 1980: 48.

# 第五章

# 科学语义学研究的理论模型

在当代科学语义学的研究过程中，人们基于不同的研究视角和学科背景提出了各具不同形态的理论模型，这些理论模型反映了人们试图从各自不同的立场出发去探索科学语义学统一方法论的希望和努力。从哲学研究的角度来说，尽管我们不可能把语义学的方法论看作是一门完全符号化表征的逻辑学体系，但是我们的确应该遵循利奇一直呼吁的“科学方法”来展开论证有序的、前提与基础稳固的、理论体系完备的、模型假说具备自洽性的研究，“所谓科学的方法，就是指我们为了找到真理而尽力运用的一整套步骤和原则……我们必须千方百计地使这些步骤和原则适用于语义学中的特殊问题”①。从当代语义学研究的现状来看，这种符合科学法则的理性思维在各种语义学研究的模型当中都得到了应用和体现。需要指出的是，我们把当代的一些较有影响力的语义学研究方法更多地称为“模型”，其原因就在于，目前已有的一些语义学方法论的研究本身也并非是绝对完善的，它们各自在理论比较和争论的过程中不断地完善自己的方法论体系，以求在语义解释和说明的过程中，能够发挥更大的效力和作用。为此，利奇特地进行了专门解释：“理论使人们了解现实的真像，而模式使人们通过一定的预测，得知现实是以及可能是什么样的。”②

① J. 利奇著，李瑞华、王彤福等译．语义学．上海：上海外语教育出版社，2005：124.

② J. 利奇著，李瑞华、王彤福等译．语义学．上海：上海外语教育出版社，2005：125.

我们可以发现，当代语义学研究的各种方法论模型不断涌现，这表明人类的认识和思维的发展正在从宏观和微观上向着更为广阔、更为全面和更为深刻的阶段迅速前进。因此，各种语义学分析方法的理性模型势必然以更具开放性和包容性的形态向前发展。在此，我们选取了认知语义学、博弈论语义学和语境论语义学等三种不同的语义分析模型展开探讨，因为它们较有代表性地表明了当代语义学正不断地从哲学、逻辑学、语言学和人工智能等不同学科领域当中汲取营养、借鉴方法，以形成更有特色和更具竞争力的语义学分析模型。同时，我们认为，语境论思想的提出、应用与完善能够为语义学方法论的“科学性”研究提供更为坚实的、更具合理性的平台和基础，而“语境语义学”这一概念的提出则明确而正式地为这一主张扬起了旗帜。

还应当指出，科学语义学方法论研究的理性模型只是一种哲学意义上的“纲领”或者“框架”，这种“纲领”或“框架”必须要能够为各种语义学问题的解决提供可资依赖的平台或者基础，这就要求科学语义学方法论的理性模型要能够具有最大限度的理论承载性。因此，我们也不能仅仅将科学语义学的方法论模型看作是一种理论的“假说”和推演，而是应该更进一步地将其看作是一种根植于具体的、动态的和发展的语义学研究进程之中的理论趋向。事实上，当代几种主流的语义学研究趋向都保持了相对开放和包容的理论态度，它们都力图在人类可理解和可把握的认识论边界之内，构建起更具科学性和合理性的语义学方法论模型。我们可以看到，不同的语义学方法论模型之间实际上存在着较多的重叠和交叉“地带”，一方面这展现了作为“共识”的某些语义学方法已经得到了人们越来越多的认可，这些方法在语义学研究中得到了“抽象”和“升华”，并发挥了巨大的效力，另一方面这也为科学语义学方法论的不同理性模型之间的学习和借鉴提供了可能性与必要性。

## 第一节　科学语义学的“认知”模型

认知语义学作为一种建立在认知理论基础上的语义学思想，它本身只是一种研究方法，这一点是由语义学作为方法论的本质和特征所决定的。因此，我们对认知语义学的内涵、结构和特征的研究同样也应该立足于方法论的视角，从方法论的视角出发对其进行全面的剖析和解读。可以说，语义学研究的“认知转向”本质上反映了在方法论的层面上认知科学和哲学在语义学研究中的渗透和融合，而这种“转向”在语义学研究中所发挥出来的巨大效力和作用，也充分表明了语义学研究与人类作为整体的认知过程之间不可分割的密切关联。

## 一、语义学“认知”研究的根源

从语义学研究的历史传统来看，在20世纪初哲学的“语言学转向”之后，“解释学转向”和“修辞学转向”都为语义学的方法论研究带来了新的启示与影响。然而，尽管“解释学转向”和“修辞学转向”打破了早期分析哲学和语言哲学中语义分析技术的单一性和狭隘性，扩展了语义学研究主体和对象的范围，然而它们却并未完成语义学统一方法论构建的历史任务，也没有在各种具体的语义分析策略、手段及其对象之间建立起可通约的理性平台。为此，语义学研究在理论的变革和创新过程中，一直在不断地寻求更具解释力和包容性的理性模型，而认知科学和哲学的研究则恰恰为这一语义学方法论研究的目标提供了可能性和必要性，“接近20世纪末的时候，人们逐渐对于现有的规范语言理论的语义学产生不满，而逐渐关注于作为认知现象的意义”①。从这个意义上来说，语义学研究的“认知转向”深刻地暴露了传统的语义分析模式所存在的问题和面临的困难，而语义学研究的历史也证明，科学语义学的研究恰恰并不等同于对其“科学主义”和“唯理性主义”的研究，它的发展所倚赖的基础必定是动态的、开放的且具体的语境实在。其根本原因就在于，无论是逻辑实证主义以“形式理性”为纲领的科学主义主张，还是外在论者所依托的“历史-心理”语义分析，本质上都没有涉及对语义分析背后所隐含的主体心理结构和认知特征的研究。例如，从心理认知的角度来说，心理意象与感知是否是相等同的？意义与意象之间的关系是什么？意象图式是如何对信息进行处理以构建起概念的？面对这样一些问题，传统的语义学研究模型要么选择主动回避，要么选择含糊其辞而显得无能为力，这就为认知语义学的研究留下了施展其能力的空间。

从20世纪后期语义学演进的历史趋向来看，语义学的“认知”研究在本质上契合了语义学研究的“语用化”倾向，它将意义理解过程中的意向性活动及其内涵进行了整合，因此认知语义分析在很大程度上可以被归属于自然语言的语用研究层面。在语义分析的复杂过程中，“语用的具体凸显过程是意

① Allwood J S, Gärdenfors P. *Cognitive Semantics*: *Meaning and Cognition*. Amsterdam: John Benjamins Publishing, 1999: vii.

向……实现的物理基础"①。在此，认知语义分析实际上是联结了语义分析和语用分析的二维界域，从而使得意义的不同层面特征能够得以展现。在命题的语义结构中，意向性的活动和特征具有重要的意义，而命题的意向性活动内涵能够具备特定语义特性的根本原因就在于，"在命题之间的语义关联和心理状态之间的因果关联具有内在的一致性和因果性"②。也就是说，命题的心理表征能够具有语义特征，且它需要对意向性的存在方式及其活动过程给出恰当的解释。例如，达米特在语用分析的基础上将意义的理解与理性认知和语用能力结合起来，这样"认知成分的内容通过对语义学加以语用分析就可以得到"③。正是由于这个原因，在"语言游戏"即语言的交流和使用中，我们必须给予认知和意向性活动恰当的位置，这样就能够保证我们具备意义理解的能力，同时也能够在语用的语言表达过程中，将有关意义的认知和心理趋向性特征完整地展现出来。

从本质上来看，语义学研究的"认知转向"根源于20世纪后期认知科学问题在哲学领域的渗透和扩张。另外，随着意向性问题和心理实在性问题在科学哲学领域中的逐步突出和受到重视，摆脱了逻辑实证主义的阴影和经历了历史主义、后历史主义教训的语义学研究，在20世纪后期"语义语用化"趋向的导引下，不得不认真面对如何处理思维与心灵的本质、心理过程与逻辑等心脑问题，这成了语义学研究"认知转向"的理论出发点。特别是认知语义学反感传统客观主义语义学热衷于逻辑模型和形式语言体系建构，并且采用真值条件理论来断定意义的狭隘做法，它认为这样就会将意义抛置在无关于主体作用和理解能力的客观世界"荒原"之中，而这就从根本上背离了意义的本质。我们知道，语言哲学和分析哲学所强调的是语言本身的自解性，即以语言作为基点去解决涉及本体论和认识论的问题，而由逻辑实证主义所开创的语义分析工作，将这一趋向的客观主义性质推向了极端。其问题在于，这种排除了意义理解过程中心理要素和心理作用机制的做法却无法对概念、范畴和心理结构之间的关系给出令人信服的说明，因此这一做法的武断性在20世纪后期受到了人们的广泛批判。在这种批判的背后，实际隐含的是一种哲学研究思维方式的转换，哲学家们发现，采用单一的、先验式的和还原论的语义分析技术并不能够真正达到目的，且它在实践当中面临着诸多的问题。



① 郭贵春．语义学研究的方法论意义．中国社会科学，2007，3：84.
② 郭贵春．语义学研究的方法论意义．中国社会科学，2007，3：84.
③ 郭贵春．隐喻、修辞与科学解释．北京：科学出版社，2007：266.

正是在这种时代背景下，认知语义学从多学科当中吸取经验，为语义学的科学性研究提出了一条切实可行的方法论路径。

## 二、语义学“认知”研究的动力

如前所述，语义学研究的“认知”思维源自于认知科学的发展和推动，而认知科学本身就是一种具有交叉性和综合性特征的学科，它的提出及应用与诸多具体而新兴的科学学科的发展密切相关，同时认知科学的思维方法在哲学层面上也引起了很大的共鸣和重视。在这种哲学与科学的互动、交流过程中，作为一种方法论的认知思维逐渐形成，并且应用到了传统的语言问题研究之中，这为语义学的发展提供了一种完全不同于以往的全新视野。为此，我们有必要对推动语义学“认知”研究的相关具体学科的渗透和影响进行分析和把握。

首先，认知神经科学的研究对于认知语义学的发展起到了重要的引导性作用。大脑神经科学主张对人类的思维过程进行剖析，它强调人类思维的符号演算和分析，认为由“神经元”之间的内部复杂作用所形成的网状结构是人类实现意义理解的重要基础，“认知神经科学的发展能够解决脑-语言问题”[①]。为此，如何将以人类大脑为基础所理解的“意义”通过符号的表征和重组来实现完整地“迁移”，表现为人机互动或者人工智能的“主动式思维”，而这也是当前人工智能的发展迫切需要解决的问题。事实上，由大脑神经科学所支撑的人工智能研究在信息的输入与输出过程中，所涉及的其实是一种意义“框架”的转换和模拟。例如，兰姆（S. Lamb）认为，语言的心理表征不是杂乱无章的，而是具有一定的层次和结构，“我们的语言知识是以网络联结的方式储存在大脑中的”[②]。因此，语言意义的理解本质上是一种在大脑之中具有关联性特征的网状结构作用和活动的产物，“认知语义学的一个核心假设就是认为我们记忆中的知觉具有与语言意义一样的形式”[③]。此外，计算化的形式语言在语义上能够与主体的意向性发生关联，而其基础就是神经系统具有语义力的功能状态，正是这种功能状态使得计算的智能解析过程揭示了

① Mildner V. *The Cognitive Neuroscience of Human Communication*. New York：Lawrence Erlbaum Associates，2008：xi.

② 束定芳．认知语义学．上海：上海外语教育出版社，2008：17.

③ Allwood J S，Gärdenfors P. *Cognitive Semantics*：*Meaning and Cognition*. Amsterdam：John Benjamins Publishing，1999：22.

主体内在的复杂意向性活动。从这个角度上来说，认知神经科学对于语义认知活动所依赖的大脑机制的探索是有意义的，它所研究的神经网络结构和功能，以及其中神经信息加工、处理和发挥作用的内在机制理论，极大地推进了认知语义学的发展。

其次，当代心灵哲学的研究为认知语义学的发展提供了重要的理论支撑。当代心灵哲学的发展与其自身科学性的体系构造有关系，心灵哲学试图在实验和科学的基础上摆脱人们对其“形而上学性”的指责，从而试图在主客观相统一的基础上，对心物关系、意向性、心理表征和心理结构等问题作出回答。对于心灵哲学而言，如何对心理语言的意义进行阐释和分析并揭示其本质与特征，是其所面临的一项重要任务，“意义的根源就是心灵，意义就是思想、期望或者意图的内容”①。在心灵哲学中，我们一方面需要对作为意义存在基础的心-脑之间的作用和关系结构进行分析，另一方面我们也需要对心理状态即命题态度进行研究。在此，命题态度的意义就反映在心理语言的语义特性当中，这种语义特性使其能够指向心理要素、特性所具有的“心理内容”。总体上来看，心灵哲学所强调的心理问题已经系统地渗透到了意义问题研究的多个层面上。这表现在：第一，心理结构为意义问题的理解和分析提供了合理的空间。第二，心理直观与感觉建立了语形和语义之间的有效关联。第三，心理语义分析使得语言的符号化内外在机制形成了连贯的整体。毋庸置疑，当代心灵哲学在对于语义学相关问题上的关注和所取得的研究成果，在很大程度上被认知语义学所吸收和借鉴，这成了推动认知语义学发展的重要动力。



最后，计算机和人工智能理论的创新为认知语义学的发展提供了实践的重要领域。随着计算机理论、人工智能和信息科学的逐步兴起，人们逐渐关注于对自然语言的形式化语义表征作出解释和说明，同时也试图在人工智能中模拟人脑中意义的输入和输出结构，并且通过系统化的模型结构和概念框架来实现对于自然语言意义的加工和处理。在此，由计算机理论和人工智能理论所支撑的这种计算语义学的研究，从规范语言方面提出了如何处理形式与意义之间关系的问题，而乔姆斯基开创性的工作则为计算语义学的发展起到了奠基性的作用。特别是乔姆斯基的转换生成语法，将语言意义的理解与大脑之中语言的作用及反馈机制结合起来进行研究的尝试，给予了认知语义

① McLaughlin B. *The Oxford Handbook of Philosophy of Mind*. Oxford：Oxford University Press，2009：382.

学的发展以极大的启发。然而，乔姆斯基的语义学仍然更多的是从句法和形式的层面上为语义学的计算化处理给出了一种“自治”的分析原则。在计算语义的分析过程中，信息的输入、输出及其内部操作既是一个具有关联性的整体，又是一个可分解的程序性过程，而塞尔的“中文屋”实验所能够说明的仅仅是句法规则的操作性特征，它根本无关于意义的理解和沟通，这从一个侧面说明了认知语义学的研究具有计算语义的特征，但是它却又必然超越语义计算的程式化处理，这是一个自然而又必然的过程。例如，当代“本体论语义学”从人工智能的立场出发，提出语义的计算化处理不能仅仅局限在形式的句法分析层面上，而是必须实现对于包括人类意向性和非理性因素在内的整体人类智能的模拟和构造。可以看出，当代计算机和人工智能理论的发展已经深入到了系统的和整体的语义认知分析过程之中，这为认知语义学理论的检验、发展和创新提供了重要的实践领域。

## 三、语义学“认知”研究的核心

在语义学的“认知”研究过程中，一方面我们需要对与语义相关的心理结构的特征及其功能作出解释和说明，另一方面我们也需要对意向性活动在语义分析过程中的价值和作用进行合理的把握，这是保证认知语义学“合法性”的地位和促进其长远发展的重要基础。必须指出的是，对于心理结构和内容的分析有别于对于意向性问题的理解，“心理内容比意向性更根本”①。其原因在于，意向性作为一种心理“趋向性”，只是心理现象中的一部分内容或者特征，为此我们有必要对心理现象、结构及意向性活动在语义分析中的作用和功能进行研究。

应当指出的是，认知语义学的研究与科学的心理学具有密切关系，但它却并不想回到为人们所诟病的心理主义的老路上去。历史地来看，19 世纪末的心理主义实际上是误将人类心理作用的机制过于主观化了，这在它对逻辑概念和规律的本质的认识方面表现得尤为突出，这样做就使得人类的认识失去了得以立足的根基，而对于意义的解读也就成了一种纯粹主观的心理“投射”。例如，心理主义不仅将一切语言现象、活动都归结为心智运作机制活动的结果，而且把逻辑规律和逻辑推理也归结为心理活动，这就使得逻辑性成了一种先验式的存在。这样既然逻辑规则与实在之间具有客观有效的关联，

① 高新民，刘占峰．意向性·意义·内容．哲学研究，2003，2：87.

因此只需要通过对于心理现象和活动的分析，就可以达到它与实在之间的一致性。在心理主义看来，内在的心理经验才是意义的源泉和根本，例如，维特根斯坦前期就强调心理图像对于语言意义理解的桥梁和纽带作用，这种心理图像归根结底仍然是一种心理经验。然而，之后逻辑实证主义语义学对于心理主义的"反动"尽管初衷是好的，"效果"也是显著的，然而它却割裂了作为整体的认知过程，并且在追求"客观性"和"科学性"的过程中迷失了自我，同时也远离了人类丰富而具体的生活世界。通过乔姆斯基开创性的工作，人们逐渐从行为主义的意义理论转向对于语言与心理机制之间关系的探讨，从此之后有关心理结构中语义记忆、存储和关联的分析就成了心理语义学研究的重要课题。特别是当代语义学的研究，深刻地揭示了在心理分析的基础上对于语言意义的本质及其特征进行把握的重要性，并且充分认识到了语言、事实和心理现象在结构上的统一性。这就意味着有关语义学问题的最新研究，已经突破了心理主义的藩篱，并且从认识论的角度上实现了语义分析与心理结构之间的有效关联。

对于语义学的认知研究而言，如何对与语义相关的心理结构的本质及其功能作出说明，是认知语义学的发展必须面对的一个重要问题。为此，当代语义学所依赖的心理学基础已经摆脱了传统僵化的和绝对的心理主义"幽灵"，而代之以科学的心理认知论，这成了认知语义学向前推进的重要基础。值得肯定的是，认知语义学在对于语义学的科学性探索过程中是有所建树的，它不仅兼顾了作为语言意义形成基础的现实层面、要素，而且驳斥了语义心理主义的谬误和狭隘性，强调了在意义和概念形成过程中主体的心理、认知能力与外界实在之间的关联性作用。从本质上来说，心理结构的作用、机制与语言的表征和意义的理解密不可分，诸如直觉、类比和隐喻等心理活动会渗透到对于经验观察和概念、命题的分析过程中。因此，心理语义分析需要在感觉的基础上将符号表征和背景知识有机地整合起来。例如，在对真理问题的理解过程中，心理直觉的作用为真理的规范形式赋予了动态性的特征，"公理的直觉化和直觉的公理化构成了一致性的内在心理结构"[①]。也就是说，科学的心理语义分析在对命题和陈述意义的把握过程中，不能仅限于满足对其表层结构的理解，而必须通过联想和直观等心理感觉介入到对命题和陈述的深层结构之中。



① 郭贵春．科学实在论教程．北京：高等教育出版社，2001：194.

在认知语义学的研究过程中，意向性问题的突出成了一个不可回避的重要趋势，而如何对意向性问题作出合理的解释并加以适当的发展，是关涉认知语义学发展前途的一个重要问题。事实上，一旦我们从严格分析哲学所造就的形式主义理性中摆脱出来，而进入到以语用特征为导向的自然语言当中，关于心理意向的问题就成了我们需要正视的一个重要方面。无论是在心物关系的处理中，还是在语词指称的实现中，认知主体的意向性态度都在其中起到了重要而关键的作用。在心智哲学中，意向性本质上是心理现象的一种表征形态，其根本性的特征就在于，它是一种作为关系和活动的属性，因此从认知的整体性上来说，物理现象恰恰是借助于意向性的这种特征而与心理现象具有了统一性。客观地来说，意向性问题既与语言本身相关，同时也与世界和实在发生关联，因此意向语义分析必须走出一条有别于“内在论”和“外在论”的崭新道路来。例如，命题态度作为一种实在的心理特征，本质上具有一种“指向性”的功能（这种指向性使得意向性区别于意识），在“指向”的过程中所有的精神或者物理实在都能够作为这种“指向”的对象。特别是命题态度作为心理意向的特定表征，它能够具有与心理意向相关联的行为活动特征，而这恰恰是意向语义分析走向“语用对话”的典型标志。也就是说，语言表达式的意义正是在意向活动中才能够凝聚和形成，离开了意向性的活动，语词就会成为一种“空指”，从而无法与对象之间建立适当的关联，因此意向性语义分析从认知的角度为意义赋予了动态性和具体性，“详细了解一个人的意向和信念不可能独立于了解他的话语的意义”①。

在认知语义学看来，对于心理结构和大脑机制的研究与语言问题的解决具有内在的关联，而意向性本身所蕴含的自然化趋势则是这一特征的反映。在这里，意向性问题的自然化解决路径，使得它能够消解与“因果力”之间的冲突，从而将其整合到统一的认知过程之中。因此，意向性的自然化深刻地揭示了意向性本身所具有的语义特性，而自然化的意向语义分析本质上是以语用为导向的，它力图实现语形的规范性、意向的心理性和语境“对话”三者之间的融合，意义由此就成了一种由相关要素所构成的整体网络结构之中的产物。我们可以看出，意向语义分析从具有结构性和系统性的认知层面上扩展了心理语义研究的内涵，增大了其理论解释的效力和范围。因此，意向性问题研究所昭示出来的整体论视野使得命题态度（作为信念和希望等心

① D. 戴维森著，牟博编译. 真理、意义、行动与事件. 北京：商务印书馆，1993：85.

理状态）具有了实在性的特征，而这种实在性的本质就在于它是一种主客观相互作用的结果，在某种程度上独立于语言的形式规则。同时，在对于指称和真理等问题的处理中，主体的意向性也并非是任意的、无规则的，相反它本身具有联结文化和历史特性的条件性、具体性和相对性。在这里，意向性分析为意义的产生和理解提供了重要的基础和前提，它将意义构筑在了包括了人的心理结构、情感功能和语用交流的整体平台之上，这充分体现了认知语义学研究的系统性和统一性趋向。

## 四、语义学“认知”研究的内涵

认知语义学认为世界和实在就我们的认知系统而言，并非是完全独立于主体之外的，同时心智结构与世界之间的关系也并非是映像式的，而是存在着范畴结构和信息整合等复杂的运行机制。总体来说，认知语义学对于意义的理解之所以更为完善和全面，就在于它采取了与传统的在孤立的界域之中对意义进行分析的路径完全不同的理解方式。

首先，认知语义学通过研究与意义相关联的心理意象来展现其对于事物的认识和理解，它研究意象活动、情感性内容与语言之间的关联及其在语言之中的表现形态。也就是说，认知语义学从人的认知结构和心理状态、特征出发，去理解它与世界之间的关联，而语言则成了这一研究过程的中介。当然，认知语义学对于心理问题的关注并非是在不同的哲学趋向和立场之间一种“钟摆式”的移动和复归。相反，认知语义学的研究本身就体现了一种“否定之否定”的特征，而在认知语义分析的过程中，对于心理机制和作用的强调，其实是希望将它们整合进一种更具整体性和更富有解释力的框架之中，并且在科学理解的基础上给予心理和意向机制以适当而合法的地位。为此，认知语义学认为作为物理实在的大脑感知结构构成了意义理论的前提和基础，这种结构包含了基本的概念空间和“框架”，即潜在的心理图式——意象图式(image schemes)。意象图式具有结构性的特征，它们是心理表征的重要基础，在以意象图式作为基础的概念化过程中，概念表征和语义表征体现了在意义方面所展开的一种整体的信息处理过程，因此意象图式就成了把握意义的根本途径，它作为概念构造的基础，是实现意义理解的重要途径和载体。特别是在语义的认知分析过程中，逻辑的语形规则与语用的意向性内涵能够联结起来，这就使得在语境系统基础上理性的和非理性的、逻辑的和自然的要素能够整合起来，从而实现了对于意义的理解和交流。从这一点上来说，语法规则为认知模型提供了规范性的约束，而具体的语用活动则使得意向性活动渗透到了语言的表征过程之中。在此，我们可以将认知语义学与传统语义学的分析思路进行一个简单对比：

传统语义学：句法结构—意义—世界、实在（客体）。

认知语义学：语言表达式—意义—认知结构（主体）。

其次，认知语义学认为在语言框架和结构的形成过程中，存在着基本认知关系和要素的作用。由于认知语义学认为概念是一种心理活动的产物，包括了人类认识的丰富内涵，因此意义就成了一种如何理解和把握概念的具体过程，同时概念与范畴也并非单纯是一种形式化的体系构造，它还是一种以意象模式和感官认知为基础的结构。在这里，概念、范畴和思想等认知要素作为人类认识世界的中介，集中展现了意义的本质和内涵。因此，一方面认知语义学认为我们有必要对人类感知系统的作用方式、特征与大脑反应机制进行考察，即对认知作用机制与语言表征之间的关系进行研究。另一方面，认知语义学也认为我们应当对心理概念和心理内容的系统性和规律性特征进行研究，即对通过认知机制渗透于语言之中的概念系统的深层结构进行把握。也就是说，“意义就是一种在认知模型中的概念化”①，由于语言所投射的是心理内容或者心理空间，因此“语义结构与概念结构是相同的”②。在认知语义学看来，概念本质上反映了人的思维和心理当中的深层结构，它具有原初性和根本性，因此语义结构只是概念结构的一种表征，这样我们就在语义-概念-经验之间建立起了恰当而有效的关联。此外，在概念的理解过程中，认知语义学强调概念构造的动态性和开放性特征，例如，卡登弗斯（P. Gärdenfors）所提出的“概念原型特征”认为，语言概念的意义转换是源自于认知结构基于语用变动性和语境适应性的需求，这对于概念意义的理解是非常重要的。实际上，在对于自然语言的研究中，认知语义学认为句子结构与概念或者范畴之间并不具有直接的对应关系。例如，维特根斯坦“家族相似性”的概念能够解释在人类认知结构之中对于意义的不同层面进行把握的整体特征，即一种原型效应。因此，概念作为认知的结果表现为一种结构性的心理语言，而心理语言则表现为语言的形式和符号，这样语言的意义就体现为一种对于人的具体认知过程和特征的把握。

① Allwood J S, Gärdenfors P. *Cognitive Semantics*: *Meaning and Cognition*. Amsterdam: John Benjamins Publishing, 1999: 21.

② 曾欣悦．认知语义学的六个基本特征．外语研究，2008，5：20.

最后，在意义的理解过程中，“隐喻”作为一种认知模式所起到的作用就在于，它能够使得不同界域和层次结构之中的概念、范畴实现交流和理解，这是认知过程之中的重要一环。事实上，隐喻本身具有一定的语义特性，“隐喻分析是语义分析的重要的方法论的组成部分”①。在此，隐喻的创造性作用体现在语义结构的转换过程中，它深刻地揭示了在人类复杂而系统的认知过程中意义“构造”的本质与特征，即隐喻作为一种认知的有效工具能够成为我们概念体系构造的重要基础。从本质上来看，语言的意义具有隐喻创造的开放性特征，它与想象和联想等心理机制的作用相关，因此句法并不能够决定语义，相反它要受到语义的约束和规范。在这里，认知语义学特别强调语言意义所具有的丰富多样的形态和不同层面的特征，意义由此就成了一种心智和认知活动的产物，而非一种语言框架内部推论的结果。也就是说，意义并非是一种具有固定结构的封闭系统，而能指与所指之间的关系也并不具有绝对性，因此意义必定具有由“隐喻”等主动性思维参与作用的形式系统。此外，认知语义学认为真值也具有隐喻性特征，它是一种以“经验”为基础而与认知过程相关联的非确定性存在，这样就完全颠覆了传统上指向客观实在世界的语义认知模式。因此，在以心理图式作为基础的人类认知过程中，隐喻构成了推动认知实现和发展的动力来源，同时也成了认知理解的基本模式，这一结构性特征可以反映如下（图 5-1）。



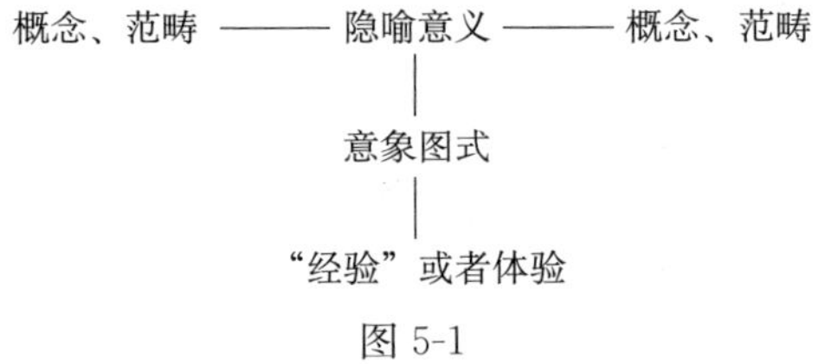


图 5-1

## 五、语义学“认知”研究的意义

自从 19 世纪末法国语言学家布莱尔创立“语义学”一词并提出将语义学发展成为一门建制性学科的目标以来，语言学家们特别是哲学家们从 20 世纪至今沿着不同的路径，从各自不同的立场出发为实现这一目标进行了艰苦的探索和努力。实际上，对于语义学的学科性构建而言，最重要的问题就是需要寻求一种统一的方法论模型，而这种方法论模型要能够具有最大程度的理

① 郭贵春．语义学研究的方法论意义．中国社会科学，2007，3：84.

论承载性和解释效力，即它必须有能力对涉及语义学问题的各种相关界面和特征实现一种结构性的整合。历史上，在逻辑实证主义之后，各种不同的语义分析模型不断推陈出新，并且在批判性的基础上试图另辟蹊径，而20世纪后期以来在人类科学和技术的推动下，各种综合学科和交叉学科的不断涌现也为这种突破提供了可能性。不可否认，近30年以来，认知科学和哲学以及由此推动的认知语义学的研究，恰恰迎合了这种时代趋势并提出了可信的方法论途径，这成了当代语义学学科性构建过程中不可忽视的一个重要方面。

（1）语义学研究的认知转向打破了传统语言哲学的局限性，这种“转向”突出地体现了语义学研究的学科交叉性和横断性特征，它作为语言哲学内在视域的“外围突破”，既代表了语言哲学拓展自身生存空间的尝试和努力，同时也反映了语义分析科学方法论的一种完善和进步。一方面，语义学研究的认知转向有效地整合了与语义分析相关联的各个环节、要素和层面，从而使得对于意义和真理等语义学主题的研究具有了全新而开放的视域。与乔姆斯基的生成语法相比，认知语义学强调作为整体的认知图式能够为语法结构的规范性提供约束，而以真值条件决定的命题和句子的意义只具有相对的合理性，它并不能够涵盖人类语言意义的全部特征。另一方面，语义学研究的认知转向弥补了理性与非理性、主体与客体之间的鸿沟，从而建立了一种具有关联性的意义理解模式。这种“认知性”理解模式的特征就在于，它作为一种系统性和结构性的构造，既包括了感知、判断和情感等内在心理机制的作用，同时也包括了文化、社会等外在机制因素的影响。此外，认知语义学强调科学命题或概念的意义并不仅仅在于对其“证实”或者“证伪”的结果，而且还包括对于命题、概念形成与理解过程的“发现”和把握，即意义就存在于符号表征的信息处理过程之中，这实际上是要求对认知主体在推理和认知过程中的心理表征层面进行深层揭示，而这也恰恰是传统语义学研究所欠缺的地方。

（2）语义学研究的认知转向突出了“理解”的主体与意义之间的关联性作用，认为意义本质上就是一项“理解的事业”。例如，达米特从认知分析的视角出发，把意义理解为一种主体的“能力”，这实际上是反对将意义理论的研究局限在静态的和封闭的某种“视域”之内，而认为应当为意义的理解赋予某种“相对非确定性”的标准。在这里，认知语义学所假设的基本前提就是，在主体的“经验”或者“体验”的基础上（这些“经验”是由“身体”出发而最终形成于思维当中的概念），语言的意义是与人类的理解能力及其过程相关的，“认知语义学研究经验、体验认知与语言之间的关系”[①]。这种基于“体验”所理解的意义，必定是既非主观的也非客观的，这样意义作为一种认知结构之中的“关系”，就能够避免陷入还原论和客观主义的危险境地。因此，认知语义学强调通过主客观互动而形成的认知结构去实现对于意义的理解和把握。可以看出，认知语义学对于主体理解能力的重视，使得意义具有了在语用语境之中的条件性和具体性，它将意义的理解推向了非形式化规范表征的社会符号层面，而意义也不再是一种内在的和孤立的封闭实体。从这个意义上来说，认知语义学的研究具有一定的“后现代性”色彩，“它既想消除主观论的心理主义，又想避免决定论的生理主义在语义学研究中的渗入”[②]。

总体上来看，对于语义学的“认知”研究，目前还处在一个方兴未艾的阶段，有关认知语义学的诸多论题在学界还存在着较大的争议，而认知语义学本身也并未形成一种统一而明确的方法论纲领。然而，无论如何，认知语义学对于语义分析方法论的探索是合理的、值得肯定的，而它本身也处在一种不断完善的进步过程之中。同时，它在语义分析方法论的比较过程中，也吸收和借鉴了不同语义分析方法论的优势，例如，查尔莫斯的二维语义学就从可能世界的理论出发拓宽和丰富了在认知基础上对于意义进行理解的路径与方式。同时，从当代科学语境论的思想来看，认知语义学也潜在地蕴含了一种从语用的立场出发去融合语形和语义分析的可能性趋向。因此，认知语义学的提出和应用实际上是为语义学从传统的语言哲学领域向外延伸，并逐步建立起跨学科、跨领域的系统科学方法论提供了一种重要的契机。



## 第二节　科学语义学的“博弈”模型

现代博弈论语义学最早由欣迪卡（J. Hintikka）提出，但其作为一种相对成熟的语义分析手段和工具的地位之确立，却是缘于20世纪70年代以后数理逻辑和信息理论的迅速扩展。从理论方法的横向比较来看，博弈论语义学与当代若干重要的语义学理论都具有密切的关系，例如，它与可能世界语

① Evans V，Green M C. *Cognitive Linguistics*：*An Introduction*. New Jersey：Lawrence Erlbaum Associates Publishers，2006：50.

② 郭贵春．语义学研究的方法论意义．中国社会科学，2007，3：86.

义学和语境语义学在理论思维上的内在关联和相互借鉴就证明了这一点。博弈论语义学研究的多维理论背景和应用的多学科性特征，充分展现出了语义分析方法在科学研究和理论分析中的重要意义。总体上来说，博弈论语义学研究为意义理解提供了新的解读方式，并为考察主体认知过程提供了新的思路。

## 一、博弈、逻辑与语义分析的联结

博弈论语义学迎合了20世纪哲学转向（语言学转向）的历史趋势，其兴起和发展与20世纪以来现代科学革命和理性思维方式的进步具有密切关联。通过对博弈论语义学的思想基础和动力来源的考察，以及对博弈论语义学形成的基本脉络和理论特征的分析，有助于我们充分地理解博弈论语义学在当代哲学研究与科学理论分析中所具有的重要意义，并且使我们能够更加合理地把握其方法论体系。

（1）博弈与逻辑的紧密关联是博弈论语义学及其理论后续发展的内在动力来源。在现代数理逻辑兴起之前，逻辑博弈概念与对话和辩论的含义相近。例如，亚里士多德的逻辑推理就可以被视为一种简单的对话博弈理论。19世纪中期以后，罗宾森（J. Robinson）和史蒂文特（F. Stewart）研究了集合理论与博弈之间的关联，亨金（L. A. Henkin）结合博弈的基本思想对于无穷语言的意义进行了阐释。总体来看，这些研究工作都为博弈论语义学的理论构造提供了重要的动力。

事实上，对于博弈和逻辑之间的关联特性进行研究的真正先驱者是皮尔斯。从理论特征来看，逻辑与博弈之间的关联性不仅体现在对逻辑概念进行博弈解释的性质上，而且表现在采用逻辑方法对博弈现象进行分析的研究策略中。伯奇（R. W. Burch）曾经刻画了皮尔斯的这种虚拟存在者之间的博弈活动：格瑞夫斯（Grapheus）作为完整宇宙体的创造者能够决定原子命题的真值；而格瑞夫斯特（Graphist）则作为完整宇宙体中的一个个体，试图依据句法形式对格瑞夫斯的特征进行描述。在这个过程中，双方就描述图表的真实性展开了论辩。[①] 因此，就皮尔斯对“图式逻辑”系统进行刻画的目标而言，我们认为，他在一阶逻辑及其存在量词理论中针对两个虚拟存在者所展开的博弈论证是有意义的。很显然，上述对话关联的典型特征就表现为语

① 参见 Burch R W. Game-theoretical semantics for Peirce's existential graphs. *Synthese*, 1994, 3：361.

义博弈中各个环节的相互制约性，而命题的真值则表现为博弈获胜方反驳的有效性，这种关联性特征使得逻辑命题意义的表述能够更为清晰。根据现代逻辑符号理论，我们可以假设存在博弈者∀和∃，其中双方在集合 $\Omega$ 中进行要素选择，并在选择过程中建立起 $a_0$，$a_1$，$a_2 \cdots a_n$ 的顺序，一个涵项 $\tau$ 采取了对于∀和∃而言的 $a$ 立场，如果 $\tau$（$a$）＝∃，就表明博弈活动处于 $a$ 的博弈回合中，博弈者∃接着作出下一个选择，由此规则就可以界定 $W$ ∀和 $W$ ∃的集合。[①] 通过比较可以看出，皮尔斯的思想类似于博弈论语义学的量词解释，这种解释意味着句子真值的充要条件就在于博弈参与者能够具有取胜的策略。

我们认为，皮尔斯借助于认识论的概念把习惯性机制作为指导行动的策略规则，这种思路是合理的。一般而言，意义体现在符号与阐释者的关联活动中，由于在行动当中的操作和计算具有一种认识论层面的博弈策略功能，所以博弈活动才能够为系统的结构赋予意义。实际上，皮尔斯的习惯概念就类似于当代博弈论语义学中的策略概念，这能够使得非确定性所指概念获得更加明确而清晰的意义。

20 世纪后期以来，博弈论语义学逐渐在数理逻辑和计算机科学元理论研究中展示出其独有的功能。其中，最具有代表性的研究是洛伦岑（P. Lorenzen）和洛伦兹（K. Lorenz）等人在直觉逻辑中对博弈论对话语义思想的应用和为数理逻辑引入博弈语义分析模型的尝试，以及布拉斯（A. R. Blass）等人对于博弈论语义学和线性逻辑之间关联性特征研究的深入拓展。[②] 目前，博弈论语义学已经在计算机语言的模型构造和线性逻辑难题的求解中具有越来越重要的地位和应用价值。

（2）经典博弈论语义学研究的基础是维特根斯坦的语言哲学理论和现代博弈论思想。20 世纪五六十年代由欣迪卡始创的博弈论语义学被公认为现代语义博弈论的经典思想。它以虚拟博弈者的存在及其互动关系作为分析对象，以规则性集合的策略选择对于博弈活动的刻画作为展开过程，以胜负作为取信的结果，其主要工作就是对维特根斯坦思想的改造、利用，以及对于博弈论思维的引入和借鉴。

首先，博弈论语义学理论批判的对象和思想来源在于维特根斯坦的图像



① 参见 Neogy S K. *Mathematical Programming and Game Theory for Decision Making*. Singapore：World Scientific Corporation，2008：433.

② 参见 Benthem J，Meulen A. *Handbook of Logic and Language*. Amsterdam：Elsevier Science B. V，1997：402，407.

论及其语言游戏思想。与维特根斯坦的后期思想相对应，博弈论语义学明确否定了把规则与句法分析相等同的简单做法，强调意义的实现就存在于规则制约的语用活动中，从而摒弃了狭隘的语义对应论和逻辑还原论思想。具体来看，语言博弈活动特别强调语用规则和具体语境，并且立足于博弈活动参加者的文化和历史背景。就语言规则而言，由于规则本身就存在于语用的实践活动中，因此，起决定作用的是语用而非语形。在命题的真值判断方面，博弈论语义学借鉴了维特根斯坦后期哲学中语用活动的规则语言思想，由此使得逻辑真假判断的标准与命题意义的确定能够关联起来。因此，我们认为，欣迪卡将博弈论语义学的任务明确为"我自己"（myself）和"自然"（nature）在规定界域内寻找个例来证实或者证伪命题的做法是有意义的。欣迪卡指出，"前者试图最终得出一个为真的原子句，后者则相反"[①]，"如果最终的句子为真，则'我自己'获胜，'自然'失败，如果最终的句子为假，则结果正好相反"[②]，其中命题与世界的逻辑关联中介就是博弈活动。可见，博弈论语义学与维特根斯坦的语言游戏思想，在理论分析的基本模式和语义分析的倾向性等方面都具有一脉相承的逻辑关联。

其次，始于20世纪前期并在20世纪得以发展的博弈理论推动了博弈论语义学的形成。其中，发挥主要作用的包括20世纪二三十年代策墨洛（E. Zermelo）和波雷尔（E. Borel）在集合理论的研究中所提出的博弈论基本构想[③]，以及20世纪40年代冯·诺伊曼（V. Neumann）和奥斯卡·摩根斯坦（O. Morgenstern）对博弈论结构的系统化和形式化。[④] 在博弈理论的应用研究方面，纳什（J. F. Nash）利用不动点定理证明了存在着博弈均衡点[⑤]，奥曼（R. J. Aumann）首次定义了在协作型博弈中的相关均衡概念，并提出了重复博弈的连续交互模型。[⑥] 可以说，博弈理论的自身完善与发展推进了博弈论语义学的形成，同时它也为博弈语义分析方法的多学科应用与扩展提供了基本保证。





---

① Hintikka J. Quantifiers vs. quantification theory. *Linguistic Inquiry*, 1974, 2: 156.

② Hintikka J. Quantifiers vs. quantification theory. *Linguistic Inquiry*, 1974, 2: 156.

③ 参见 Zermelo E. *Collected Works*, *Gesammelte Werke*. Heidelberg: Springer Publishing, 2010: 267-272.

④ 参见 Neumann J V, Morgenstern O. *Theory of Games and Economic Behavior*. Princeton: Princeton University Press, 1953: 73-83.

⑤ 参见 Nash J F. *Essays on Game Theory*. Cheltenham: Edward Elgar Publishing, 1997: 104.

⑥ 参见 Aumann R J, Wooders M H. Topics in mathematical economics and game theory. *American Mathematical Society*, 1999, 1-11: 23-26.

(3) 博弈论语义学形成与应用的理论必然性。首先，自然语言语义学研究的复杂性和模糊性是博弈论语义学理论研究的起点。自然语言语义学试图在认识论层面上建立一种关于世界的图式结构，这种结构的实质是强调真理作为语言与世界图式之间的一致性，并将该图式看作是以命题为基础的实在模型。尽管维特根斯坦的语言游戏理论对于后来的规范语义学和知识表征理论的发展产生了很大影响，但是由于只有对应于对象的游戏才能在逻辑哲学论中得到解释，因此其后期哲学不可避免地面临着自然语言的复杂性问题。也就是说，维特根斯坦的语言游戏理论已经蕴含了语言的具体活动方式，并且将意义划入了语用的范畴。由于早期计算语义学和句法语义学等理论的研究并没有对语词的内在活动类型进行深入探讨，因此20世纪严格规范语义学的发展从理论上提出了新的要求，即完善的语义表征必须能够反映不同类型的文化和社会语境特征，以及各种不同层次的科学语言类型。因此，我们有必要去澄清语词存在的活动类型。

其次，博弈论语义学为规范语义学和自然语言语义学建立了两者之间可供沟通的桥梁和渠道。就方法论特征而言，博弈论语义学相对于规范语义学和自然语言语义学而言，具有较大的包容性和理论优势。规范语义学强调形式系统的构造和逻辑分析的功能，如塔尔斯基将语义学限定于研究规范语言与模型结构之间的关系，蒙塔古认为只有规范语言才能为真理赋予意义。因此，规范语义学实际上是提出了对于语义和语形之间的关系进行处理的问题。与之相反，自然语言语义学则强调语境解释的系统性和整体性，它蕴含着语用分析和语义分析的关联，如维特根斯坦的后期语言哲学就关注于语言存在的生活形态和为世界赋予意义的人类活动。就理论特征而言，我们可以在一种开放系统中将语言博弈形式化，从而体现出语义和语用的内在融合特征。由于规范语义学具有意义表征和理论解释的双重要求，因此在方法论上它力图从整体性和意向性等多方面进行扩张；而自然语言语义学则进一步试图在语境实在的基础上实现语形、语义和语用的统一。相对而言，博弈的意义理解过程对逻辑结构的表征和语用分析的整体背景提出了双重要求，例如，欣迪卡将对于可观察事实的分析纳入表层模型理论的处理方式，就已经体现了语形、语义和语用分析的某种融合。具体来看，语言博弈通过欣迪卡所谓的“算子结构”可以建立起与事实的关联，在这一点上，欣迪卡指出，“表层模型具有有限性……表层模型作为世界的集合，是对于世界的模拟与近似……

这种表层模型可以表征对话中的个体和关系”[①]。我们认为，这种语言博弈的隐喻分析对于命题理解和真值判断具有重要意义，而这也是博弈论语义学要求在规范语义学中进行范式转换，并将逻辑的表征在对话和博弈中加以扩展的根本原因。

20 世纪以后，语言哲学和分析哲学的发展如日中天，而博弈论语义学对于实现规范语义学和自然语言语义学的内在融合，以及构建语义学分析的可靠平台起到了重要作用，为语言哲学的进一步发展提供了支持。特别是博弈论语义学在其产生和演变的过程中，广泛融入了现代科学分析的理性思维，并与当代科学哲学和语言哲学对于意义与真理、意义与心理，以及意义与表征系统关系的反思紧密相关，因而呈现出多样的发展形态。随着博弈论语义分析方法与语言表征的动态解释和整体性原则的更深入结合，它在语义学研究的统一纲领中的地位将更加凸显。

## 二、可能世界、进化理论与语义分析

语义分析方法具有自我完善和动态发展的理论特征，而博弈论语义学作为一种语义分析的有效工具和手段，在其演变过程中也不断对其理论本身进行修正和补充，它所具有的可能世界语义学基本背景和进化博弈的策略性选择，为语义分析方法的丰富与完善提供了有益的思路。

(1) 博弈论语义学引入可能世界语义学的意义整体论，摒弃了逻辑万能论和意义决定论，使逻辑认识论的研究视域得以扩展。事实上，无论是在欣迪卡初创的经典博弈论语义学，抑或是在其他博弈论语义学中，都蕴含着可能世界的思想。博弈论语义学研究中存在的最主要问题是，如何才能在多重的界域之中去把握世界中单个个体因素的信息。就博弈者把握的信息而言，它并不能成为所有可能世界的全集，而这种在确定选择域中进行寻找的思路与现实世界和可能世界的模态概念具有很大关联，因此，正如欣迪卡所说：“博弈论语义学的范畴可以借助于可能世界语义学，从认识论和模态概念方面进行扩展。”[②] 由于在规定界域之中的个体与在可能世界之中的对象具有映射和对应的关系，因此才能够使得通过博弈规则规范化处理的句子——原子句实现与具体世界之间的关联，从而体现出真假的赋值。

① 参见 Sowa J F. Language games，a foundation for semantics and ontology（preprint）. *Elsevier*，2007，2：17－37.

② Hintikka J. Quantifiers vs. quantification theory. *Linguistic Inquiry*，1974，2：160.

这充分地说明，在语言分析过程中，博弈论语义学能够深入到知识和理论概念构造的微观活动中，全面把握理论的整体结构。同时，博弈论语义学与博弈过程中的信息网络结构也具有密切关系，只有在博弈者信息集的基础上，博弈的认识论结构和语义结构才能够获得统一。对作为博弈重要基础的信息集而言，博弈者在语义分析中能够根据自身背景形成必要的选择空间，而这里的背景就隐含着“意向语境”的存在，正是这种意向语境决定了模态逻辑结构在对象选择方面具有极大的灵活性和适应性。

博弈论语义学将可能世界模型系统引入分析的原因，一方面与逻辑概念对于必然和偶然等模态分析思维的内在需要密切相关，另一方面也与博弈论语义学和可能世界语义学在结构特征和方法论趋向上存在着诸多交集的事实具有很大关联。事实上，早在皮尔斯以博弈论思想作为分析工具的存在图系统理论中，就已经包含着对于量化模态逻辑进行可能世界语义学研究的初步探讨。与可能世界理论的思路类似，博弈论语义学也使用了模型集的方式对可能性特征进行刻画。我们认为，这种可能性作为一种逻辑的可能性，能够使其中的量词和命题联结词的真值条件对模型集合进行充分表征。其中的具体事件可以表征为世界状态之中的独立子集，当博弈者身处现实状态时，相对于可能世界就处于非完全信息的状态。因此，对于博弈者可能的信息状态 $W$ 而言，其个体的信息知识并非是独立存在的，而是具有亚集合（$W_1$，$W_2$，$W_3$…）内部的关联性，亦即在特定的信息集合 $W$ 中的任何认识论选择，都具有逻辑的可能性。



就存在与事实对应关系的问题而言，博弈论语义学要求对于存在概念的类型能够在语义层面上作出解释，并且能通过具体的语用语境来确定命题的意义，亦即采用适当的博弈规则以完善与指称要素相对应的命题内容，而这一点正体现在博弈论语义学的操作性过程中。我们认为，这种通过采用可能世界的模态方法对存在概念进行扩展的基本思路是合理的。因为通常情况下，规定的定义域中既包含实指对象也包含非实指对象，我们可以把自然语言的指称对象区分为可能存在的对象和现实存在的对象，这样在博弈论语义学中可能状态的语义分析便具有了实在性的特征，它不仅使得逻辑结构和语义空间具有了系统性，而且进一步展示了博弈的逻辑结构对于语形、语义和语用的统一性特征。

（2）博弈论语义学吸纳了进化论思想，将语义分析导向了文化和历史语境研究的广阔领域，为意义理解开辟了新的维度。20 世纪 70 年代以后，基于对经典博弈论语义学的全面反思和对进化论思想的重新阐释，人们逐渐意识到在自然语言的演变和规范语言的逻辑化过程中，有必要将达尔文的进化论理念与博弈论语义学结合起来，分析结构性的语言表征过程。而鲁宾斯坦(A. Rubinste)将进化论思维与语义博弈进行结合分析的思路，正体现了进化博弈论语义学的研究旨趣。为此，鲁宾斯坦指出，“(博弈的)进化动力能够解释自然语言中语词的产生”①，我们认为，正是通过进化过程中具有语言博弈性质的复杂机制和内部作用，语言的稳定性意义才能够得以形成，也就是说，在这种进化过程中形成了语言和人的思维结构的线性优化特征。可见，以语言的动态化和结构化分析为特征的进化博弈论语义学，有助于我们理解语言和人的思维结构中的最优二元线性关系。

此外，进化博弈论语义学在理论生物学的研究中也具有重要的解释功能，例如，在自然选择的进化模型理论中，生物体之间的作用关系可以被看作是一种博弈交往活动，每个个体之间的交往既存在收益也存在损益，其最终结果则取决于其他行动者的活动。从理论生物学这种进化收益或损益的角度来看，其表征就是种群的规模或者繁衍的数量。又如，西蒙在对于博弈理论中博弈者群体作用的动力因素的研究方面颇具建树。他采用进化的博弈理论来模拟达尔文进化论意义上的自然选择，并且不再将语言及其意义看作是一种确定的现实存在，而是把它当成一种处于不断进化过程中的存在。②

语义博弈作为一种文化现象的语用过程，群体交往和活动在其中发挥了重要作用，这意味着语义能够在语用规则系统和具有多重信息的语境中发生各种变化。从理论特征的比较来看，传统博弈论思想的基本立足点是将个体的博弈者看作是具有完全理性和充分信息条件的主体，而进化博弈论语义学则依据对个体感知能力的有限性和语言表述先天缺陷性的认识，否定了认为博弈个体完全理性的假设。例如，纳什的“群体性行为解释”就强调博弈者在语言的交往和演化过程中，通过策略结果的信息扩展即可以达到纳什均衡。③

实际上，纳什的群体性解释正是迎合了日常语言面向交流和生活的本质，这种解释将言语的意义定位在人类生存和发展的世界之中，认为意义就源自于不断变化的世界当中的历史条件和经验知识，这种变化促使主体自觉地对

① Rubinstein A. *Economics and Language*. Cambridge: Cambridge University Press, 2000: 29.
② 参见 H. A. 西蒙著，武夷山译. 人工科学. 北京：商务印书馆，1987：79-83.
③ 参见 Nash J. Non-cooperative games. *The Annals of Mathematics*, 1951, 2: 290-295.

于应对世界状态的策略作出调整。同时，在语言交往的反复博弈中，既存在着博弈策略选择的随机性，同时也在群体的长期活动中呈现出博弈的规律性。出于对这种规律性特征的把握，我们很自然地可以为策略选择引入概率分布的解决方式，而这也是进化博弈论语义学的优化选择，这样我们就可以通过群体交流中博弈者的平均收益状态来表征博弈收益的概率函数。

在对进化博弈论语义学内涵特征的进一步研究中，我们有必要对其核心概念即进化稳定策略（evolutionary stable strategy，ESS）展开分析。从进化稳定策略的概念本质和目标来看，它试图改变博弈者完全理性的博弈假设，同时也希望能够对意义的表征情态进行更加精准的理解。在这方面，史密斯（J. M. Smith）和普瑞斯（G. R. Price）将进化稳定策略与语义博弈理论的展开过程进行结合分析的理论路径作出了重要贡献。具体来看，进化稳定策略的逻辑陈述可概括为：①存在策略 $x$；②存在 $y \neq x$ 的策略集；③对于 $y \neq x$ 的策略集具有 $\bar{\varepsilon} = \bar{\varepsilon}(y) \in (0, 1)$ 的约束；④$z = (1\varepsilon)x + \varepsilon y$；⑤$0 < \varepsilon \leqslant \bar{\varepsilon}$，且 $u(x, z) > u(y, z)$。在公式中，$y$ 为策略变换，$\varepsilon y$ 为与 $y$ 相关的恒值，而 $(1\varepsilon)x + \varepsilon y$ 指进化稳定策略与变换策略组的共同作用。[①] 从理论上来说，这种进化稳定策略肯定了博弈选择过程的动态均衡性，并且将这种均衡的状态视为理性主体在进化过程中不断寻求最佳选择策略的结果。为此，史密斯和普瑞斯也认为，“进化稳定策略基于博弈理论……大多数群体成员接受了这种策略，并且在其中任何突变（Mutant）策略都不能增益于繁衍适度”[②]。可以看出，这种过程类似于达尔文进化论意义上的淘汰和胜出，并且排斥了博弈者完全理性的最初假设。在系统论研究的视野中，博弈者的策略选择是在其心理和认知基础上对系统中其他博弈者的策略进行观察和思考的结果，并且博弈者希望在交互的关系模式中作出最佳的策略判断。因此，我们可以将人群共同体当中的博弈看作是一种动态策略选择的模型结构，而这种动态性和不确定性在研究群体活动的意义时，能够使我们对于意义的表征和语词意义的内涵进行更加准确的把握。可以看出，语义的这种进化性特征通过复杂性策略的实施，能够促使传统上所认为的语言名称的确定性内涵内在地转变为由文化历史背景中语言使用者之间的博弈活动来决定。

总之，从博弈论语义学分析过程中将可能世界理论和进化论思想进行引



---

① 参见 Bozanis P，Houstic E. *Advances in Informatics*，*10th Panhellenic Conference on Informatics*，*PCI*. Heidelberg：Springer Publishing，2005：107 - 108.

② Smith J M，Price G R. The logic of animal conflict. *Nature*，1973，10：15.

入的做法来看，这既说明了博弈论语义学所具有的理论兼容性特征，从而也使它能够在方法论层面上实现与其他相关科学理论的互通和借鉴；也反映出20世纪后期以来人们对待语义学研究的开放性态度，为此人们从多维角度出发推进了博弈论语义学的方法论研究。正是从以上两个层面来说，博弈论语义学方法论的创新意义得到了充分的展现。

## 三、语义博弈的逻辑特征与认知结构

博弈论语义学在本质上具有规范性，它是一种立足于博弈理论而对真值和有效性的概念进行界定的形式语义思想，其核心就是强调理性的博弈者之间策略性的交往活动和个体选择的无偏向性，并且以主体间的互动博弈及策略选择作为其理论的关键概念，这从另外一个侧面凸显了语义博弈过程中理解的主体和意向思维的存在地位。可以说，博弈论语义学的这种认知模型及其逻辑特征已经超越了传统规范语义学的语形系统，而力图实现一种规范表征系统的内部扩张，这样就极大地扩展了命题动态逻辑的内涵和结构。

（1）传统逻辑的局限性以及博弈论语义学对其内涵的丰富与扩展。通过将博弈论语义学与弗雷格式的逻辑系统进行比较，我们可以发现博弈论语义学从理论上否定了一阶逻辑作为符号绝对标准的狭隘思维，批判了采用形式化手段进行语义解释的生成语法理论，扩展了逻辑形式构造的方法论视角，对此，欣迪卡也认为，“（这种博弈的语义分析路径）相比较于传统一阶逻辑而言，具有哲学的、语言学的和解释学的方法论优势”[①]。在分析哲学的历史传统中，弗雷格对实施严格定义极限概念的数学语言（epsilon-delta）方法中量词的作用没有给予足够重视，而早期的皮尔斯博弈理论也主要涉及符号学，在理论内核上并没有与逻辑真正结合起来。事实上，在逻辑学层面上，博弈理论被引入语义分析的原因在于，传统的过程性真值定义在命题证明过程中出现了某种失效，而博弈论语义学深化和扩展了一阶逻辑，并且对于一阶逻辑具有很大的包容性。在这里，我们如果反观塔尔斯基所谓真理的不可能性公理定义中存在的说谎者困境，就可以发现其根源在于塔尔斯基过于强调命题的强规范性而忽视了量词之间多重信息的选择和主体的心理态度因素。对于语义分析而言，其意义就在于它能够对科学命题和科学理论的语义图景进行合理解释，而博弈论语义学则通过语义相对性概念的确立和一阶逻辑内涵

① Hintikka J. Quantifiers vs. quantification theory. *Linguistic Inquiry*, 1974, 2: 332.

的拓展使这种解释效力得到了极大的提升。

从量词与联结词的关联特性来说，在传统的一阶逻辑中，这种特性并不能得到合理的表征，而博弈论语义学则将博弈者在博弈过程中所采取的策略规则视为一种类似于逻辑联结词的存在。我们知道，斯科伦涵项（Skolem function）的证明是量词逻辑中的重要内容，而这种竞争性的策略规则能够通过高阶形态的规范表征为斯科伦涵项的存在提供证明，在这方面，欣迪卡指出，“斯科伦涵项的使用能够借助于博弈论语义学得到阐释，并且这种博弈论语义学可以作为斯科伦涵项概念的系统化和抽象化体现”[①]。事实上，就存在的信息状态而言，我们可以把传统一阶逻辑中“我自己”和“自然”的命题博弈看作是一种完全信息的博弈，而在博弈论语义学中，博弈者的策略选择则表现为一种非完全信息的选择。以表达公式而论，两者的区别在于博弈论语义学具有非依赖性信息的一阶量词（$\exists x/\forall x$）和命题联结词（$v/\forall x$），从而使得博弈者能够信息独立地对公式进行证明。因此，博弈论语义学不仅没有否定演绎逻辑的表达效力，其语义的不完整性反而更加凸显出了语境分析中演绎逻辑的重要性。其意义在于它不仅为量词理解赋予了博弈理论的解释，并且有效地实现了一阶逻辑和二阶逻辑的贯通，从而极大地拓展了量词逻辑的发展空间，使得我们对于数学理论的分析可以由语义博弈中逻辑的公式合法性来表征。就此而论，博弈论语义学为认知逻辑和数理逻辑的发展奠定了坚实的基础。



（2）博弈论语义学凸显了对于真值判断具有结构性和系统性特征的诠释。就语义学与真值理论分析的关系而言，语义成了句子真值理解的基础和分析的有效手段，而博弈论语义学与塔尔斯基语义学在语义理解和真值定义方面具有很大不同。在语义类型及效力方面，塔尔斯基语义学只是一种严格的语义学类型，在自然语言语义学的应用当中其有效性受到了很大制约，而博弈论语义学则力图为真值理解开辟新的分析路径。欣迪卡认为，“（博弈论语义学）将真值概念从原子句型中进行扩展……在博弈中其中一方试图得出正确的原子句型，另一方则相反”[②]。我们知道，真理概念是语义分析的核心概念之一，而博弈论语义学的分析模型为揭示科学理论的真理性条件提供了有效工具。这种模型集合的构造与语言博弈活动之间具有类似性，亦即只有在语言博弈过程中，才能把被解释的语言和相关联的世界联系起来。

---

① Hintikka J. Quantifiers vs. quantification theory. *Linguistic Inquiry*, 1974, 2: 334.

② Hintikka J. Quantifiers vs. quantification theory. *Linguistic Inquiry*, 1974, 2: 331.

通过真值判断的比较分析可以发现，博弈论语义学与斯科伦涵项和赫尔伯特的数学理论具有关系，因为在逻辑上句子的真假是以证实性的策略来表征的，而语义博弈就类似于科学实验的证明，其中不同类型的获胜策略明显反映出了命题系统的不同特征。鲁宾斯坦也主张研究“命题程序的类博弈结构……确定真值寻找的经验现象”[①]，而“有效的结论意味着在某个断言中博弈者总是具有获胜的策略……博弈相关于逻辑效度”[②]。换言之，在这里命题公式的有效性意味着在博弈函数 $G$（$s$）中无论由博弈者作出何种选择，其结果都能够获胜，因此语义博弈实际上就是一种证实或者证伪博弈中语义赋值的过程。正是由于命题与世界之间的意义关联表现为表达者和解释者在博弈活动中进行二值选择的结果，因此才使得语言的语义结构与最优化选择的法则之间具有了密切关联。

在量词短语的结构性分析方面，博弈论语义学对量化句的真值条件确定起到了重要作用。就策略的有效性而言，它与真值的定义具有等同关系，通过对真值进行判断和分析，我们可以对策略的有效和无效作出区分，并由此形成语义结构中语义真的公式集，即欣迪卡所说的“量化句子的真值定义就表示为相关博弈活动中的获胜策略的存在”[③]。从形式表征来看，博弈进行的过程可以表示为 $G$（$S$∶$M$），其中 $M$ 为博弈者“我自己”或“自然”，$S$ 为语句，语句 $S$ 的真值在博弈论语义学中可以解释为：$G$（$S$）中博弈者一方稳定地具有获胜的策略，而与博弈另一方的策略选择完全无关，表示为 $M \models_{GTS} S^{+}$，这意味着句子 $S$ 在 GTS 的解释中为真。博弈论语义学正是由于对真理的定义策略在本质上采取了博弈理论的概念，因此才能够系统化地对数学中的 epsilon-delta 极限问题作出处理。塔尔斯基曾认为真值存在的基本条件在于保证规范语言理论中的句子为真，这种条件性要求考虑到了从句法到集合理论的全部概念。[④] 然而，在博弈论语义学对于真值解释的视野中，塔尔斯基的这种方法类似于采用了非决定性的策略，由此使得语义为真的公式集能够具备合理的证明程序。因此，相对于塔尔斯基的语义方法而言，博弈论





① Rubinstein A. *Economics and Language*. Cambridge: Cambridge University Press, 2000: 102.

② Rubinstein A. *Economics and Language*. Cambridge: Cambridge University Press, 2000: 102.

③ Hintikka J. Quantifiers vs. quantification theory. *Linguistic Inquiry*, 1974, 2: 175.

④ 参见 A 塔尔斯基著，周礼全等译．逻辑与演绎科学方法论导论，北京：商务印书馆，1963: 35－39.

语义学的这种将真值定义与非决定性策略进行关联分析的思路是非常有价值的。

（3）博弈论语义学随其理论的创新与发展，越来越强调主体认知过程中理性博弈者的知识逻辑性和逻辑结果的非确定性，并且把主体对于语境因素的把握和意向性的选择活动纳入到了对逻辑结果进行推断的过程当中。作为一种有效的解释性工具，理性思维和逻辑知识是重要基础，而博弈论语义学正是在这一点上超越了纯粹数理逻辑中策略概念的狭隘性，为意义理解赋予了全新的解读方式。语言博弈能够对人类的认知活动进行合理模拟，而身在其中的博弈者的演绎推理也能够为博弈者提供理性知识的来源，这与命题演算的形式化展开过程在很大程度上是一致的。从规范性的博弈过程来看，博弈者具有自身固有的信息集，而博弈者在信息集中的选择对应于博弈的逻辑结局，为此博弈者只有在各自的理解模式中尽力掌握更多的语境信息并具备更强的解读能力，才能使双方取得良好的交往成效。

我们认为，博弈者策略性的选择行为内在地蕴含着“形成主体态度个体的、心理的、规范的和社会的背景，从而体现为不同心理意向的趋向性”[①]。也就是说，语言博弈活动中的策略性选择奠基于对博弈主体的语言行为进行理解的过程中，这种语义理解活动不仅关注于主体对于策略选择的认知态度，而且在整体论的视野中把不同主体间意向性的命题理解扩展到语言使用的范围中，将其视为一种包括文化、社会因素的语境系统之中的语言现象，从而为命题意义的理解提供了广阔的空间。



需要指出的是，站在理性人的立场上，博弈者应该在博弈活动中出于效益的考量而改进自己的策略，并通过竞争或者合作的策略实现效益的最大化，这正是博弈论语义学结构性特征的体现。因此，正是在理性博弈的效益目标层面上，博弈者策略性的选择才不仅取决于自身掌握的认知信息，同时也必须依赖于对他人认知信息的掌握和判断。在这里，我们可以把这种信息博弈看作是博弈两者之间互为假想敌的对抗形式，其中双方需要依据自己的认知能力和信息资料形成最优化的选择策略。这一点与历史上冯·诺伊曼的数学博弈理论中关于“最大解”的二人零和博弈的思想具有很大关联。也就是说，在线性逻辑演算中，只要博弈双方以概率分布的形式遵循最优策略中的具体步骤，就能够实现效益的最大化。为此，我们应该重视这种典型的博弈过程

① 郭贵春．科学实在论教程．北京：高等教育出版社，2001：366.

性特征，正是由于与量词相关的语义博弈就存在于“寻找”和“找到”的活动中，博弈者互动性的判断与认知对于博弈最终结果的确定才能够发挥重要作用。

概言之，20世纪以来的现代逻辑学理论为语义分析方法的进步提供了有力的支撑。博弈论语义学超越了严格逻辑语义分析的狭隘性，从情境表征和态度选择以及动态性和认知特征等方面为传统逻辑语义学研究注入了新鲜的血液，符合当代科学逻辑的发展趋向。

## 四、语言的博弈分析及其语境关联性

在对语言与世界关系的解释上，传统逻辑语义学由于过分强调概念分析基础上的抽象模型结构，与现实的语用实践存在着较大差异。实际上，在语言与世界的关联中，语言作为一种工具使得人们获取了关于世界的知识，其操作和使用的方式决定了人们知识的构造。因此，博弈论语义学的运行思路典型地体现了人们力图寻求意义理解基础的心理期望，其最终归宿就是将意义的分析置于语用语境的背景之中进行考察。

(1) 博弈论语义学为语言意义的解释提供了新思路。如前所述，博弈论语义学将其策略确立为对于量词短语及其存在的语言博弈活动进行关联分析，以便对于量词使用的逻辑条件进行合理解释。欣迪卡认为，“量词在本质上存在于寻找且找到的语言博弈活动中”①，进而由这种寻找且找到的活动对量词使用的逻辑条件进行合理解释。在博弈活动的进行过程中，博弈者的策略选择表现为将“自我”选择替换存在量词的约束变元而形成的量词顺序。应该指出，这种具有过程性内涵的量词顺序非常重要，其中存在量词的表征就是“自我”的策略选择，而全称量词的表征就是“自然”的策略选择。因此，从博弈双方活动的内在结构来说，“自我”与“自然”形成了一种互动的制约关系。

我们认为，这里所涉及的“自我”和“自然”的关系问题具有很大的隐喻含义，它意味着内在的自我本身和外在的自然或世界之间存在着一种对抗活动，自我要在与世界的博弈中获胜，就必须掌握世界的潜在规律和更多信息，以便作出更合理的行为选择。从自然或者世界与自我的关系来看，自然或者世界本身具有一种潜在的惰性，其意义的“产出”依赖于主体的能力和

① Hintikka J. *Logic*, *Language Game and Information*. Oxford: Oxford University Press, 1973: 59.

自然的关系。与此相关，在科学理论的分析和命题研究中，博弈双方的活动也内在地契合零和博弈的规则，其中存在命题能够表示为可证实性，而全称命题则可以表示为被证伪性，这样通过有效的博弈过程和策略选择就为命题的经验证明奠定了基础。

语言意义的本质是通过博弈参与者之间的语言博弈得到表征的，同时语言博弈也可以对理论论证的结构进行解释。应当指出的是，语言博弈与直觉逻辑相互关联，其内在的基本结构与科学理论和逻辑命题的系统表征紧密相关，它可以通过博弈的证明程序最终实现语言博弈的目标。从语言博弈的总体程序来看，论题的博弈过程具有明显的规律性特征，而最后的获胜就以其中一方中止论辩的过程作为结果，并且在排中律的基础上判定胜负和确定博弈的结局。这种排中律的有效性可以表示如下（表 5-1）。[①]

**表 5-1**

| $O$ | $P$ | ows |
|---|---|---|
| | $p v - p$ | 0 |
| ? | $-p$ | 1 |
| $p$ | | 2 |
| | $p$ | 3 |



其中，$O$ 和 $P$ 为博弈者，(0，1，2，3）为不断地反驳和对抗，$p$ 的反复对抗对于这种结构中排中律法则的有效性是合理的。就逻辑命题而言，这种对抗性的二人零和博弈基础就是语言活动展开的结构过程和证明程序，语言博弈过程中的博弈者个体认知可以转换，而语言活动的证明程序则能够以一种具体的约束性规定保证博弈的语言论证合理运行。

就语言的内涵而言，我们应当明确逻辑程序及语法规则中符号系统构造的重要性，因为其内在特征就表现为一种确定性结构的规范性。在此，也可以基于语言博弈而实现对理论命题的解释，进而通过程序性的论证来展开命题的证明，这在很大程度上说明了语言活动的博弈结构在科学语言研究中的重要功能。此外，与存在量词相关的命题的论证规则表明，语言活动的博弈结构具有较强的规范性，它在某种程度上决定着真值判断的条件。因此，相对于命题演算而言，语言博弈在表征结构上是一种逻辑演算的模拟，其论证过程与经验事实无关，这与命题演算要求进行逻辑经验的证明过程具有很大

① Saarinen E. *Dialogue Semantics versus Game-Theoretical Semantics*. Chicago：The University of Chicago Press，1978：2，45.

差异。

（2）在博弈论语义学的展开过程中，规范的博弈规则具有重要意义。众所周知，对于语义规则的本质和特征进行合理定位，是语义学理论研究的主要工作之一。维特根斯坦对于与意义相关联的语用规则非常重视，他充分肯定了关于语言的运用需要遵守特定规则的主张，也就是说，理解意义就是理解它们在各种语用活动中的用法规则。同样，语义博弈规则也构成了博弈论语义学研究的重要内容。从逻辑上来看，它类似于真值联结词，能够有效确立逻辑常项的意义，而逻辑常项和量词联结词正是在规则的约束下才能够在博弈的语义过程中得到表征。在方法论层面上，博弈论语义学的博弈展开规则与操作主义也有很大不同，操作主义简单地将科学概念的意义理解与实验操作结合起来，而博弈论语义学则认为在命题集合中对于模型集合而言既可以采用多种方法对其加以构建，同时也可以寻找到适当的个体来对命题进行证实，因此萨瑞尼认为，“博弈规则本身就具有语境依赖性”①，在博弈的有限步骤和程序中，“博弈规则对语言中的可能句型进行化归，确定博弈的可能性展开程序……最终得出的就是一个比规则应用之前的句型更为简单的句型”②。在解释性的语言处理过程中，我们可以借助于命题与世界之间的关联情况来对原子句的真假进行判断。从理论方法的比较来看，制约命题博弈活动的博弈规则类似于科学命题的规范结构，萨瑞尼认为，“博弈规则规定了在博弈过程中，后一阶段的博弈公式总是要比前一阶段的博弈公式更为精练”③，它在语言博弈活动中表示为取胜的策略选择，只有在此条件下才能赋予命题陈述以可能性。于是，语言博弈作为一种受规则制约的活动就与语言和实在具有了密切关联。

从表征类型来看，博弈论语义学建立在结构性的规则基础上，这种博弈规则可以区分为不同的种类，由此决定了不同逻辑类型的差异。以 M. 汉德（M. Hand）在其博弈证明程序中的（G. &）和（G. V）展开规则为例，如果在博弈中某个回合处于 $S_1 \& S_2$ 的形式的句子时，博弈者 F 选择了 $S_i$（$i=1$，2），博弈的回合紧随 $S_i$ 之后；如果在博弈中某个回合处于 $S_1 \vee S_2$ 的形式的句

① Saarinen E. *Dialogue Semantics versus Game—Theoretical Semantics*. Chicago：The University of Chicago Press，1978：2，51.

② Saarinen E. *Dialogue Semantics versus Game—Theoretical Semantics*. Chicago：The University of Chicago Press，1978：2，51.

③ Saarinen E. *Dialogue Semantics versus Game—Theoretical Semantics*. Chicago：The University of Chicago Press，1978：2，47.

子时，博弈者 T 选择了 $S_i$（$i$=1，2），博弈的回合紧随 $S_i$之后。[①] 上述这种博弈规则充分说明，博弈活动的结构规则在某种程度上能够确定博弈者的选择界域，由此形成博弈者活动的规范性。这样语言活动的规则与逻辑规范形式、规范逻辑与交往博弈中的语言实践才能够建立紧密的关联。

（3）动态的、语用的和语境基础上的语义学研究方法与博弈论语义学的语义分析路径具有内在关联。在语境论的视域中，博弈论语义学强调具体语境中主体之间有意识的理性交往活动，而博弈者之间的对抗或协作是其选择必要而恰当的策略的动力因素。事实上，早在格莱斯的语义学理论中就已经存在着理性博弈思想的萌芽，斯塔纳科（R. Stalnaker）认为，“格莱斯的思想中内在地蕴含着博弈的理性思维，在其说话者意义的讨论中知识和信念类型的博弈思想特别突出，在其交往含义的表述中策略理性也具有重要地位”[②]。这就意味着，在意义理解的过程中，交流和语用等范畴具有重要作用，而语言的意义并非永恒确定，“博弈者之间的交往活动会影响博弈的结果，交往本身也是一种博弈”[③]。语言交往的有效性表现为建立在理性策略选择基础上的语言的明晰性和确定性。为此，应加强对语言内在结构的分析和对意义的理解。从一般意义上来说，在语言交往活动的现实语境中，参与语言交往和博弈的个体进行有意识的策略选择，旨在取得效益的最优化。对于博弈的系统结构而言，这种博弈者为了实现自身效益的最优化而在策略界域中作出的相应选择，其结果就表现为支付结构（pay-off structure），这成了博弈论语义学理论解释的重要特征之一。



不可否认的是，博弈论语义学的意义分析过程与展开思路在很大程度上与 20 世纪后期动态语义学的发展具有内在的关联。20 世纪后期的动态语义学包括话语表征理论、动态谓词逻辑和量化动态逻辑等。随着语义学的研究由句法转向语义、由语义的绝对确定性转向相对非确定性，博弈论语义学对于博弈效用性的突出实际上是将意义的理解确立在动态的语用基础上，这不仅与“弗雷格-卡尔纳普”的传统语义学形成了鲜明的对比，而且逐渐将语义学研究从独立的词语考察转变为在整体语境之

① Michael H. How game-theoretical semantics works：classical first-order logic. *Erkenntnis*，1988，1：80.

② 参见 Jager G. *Game Theory in Semantics and Pragmatics*（*Manuscript*）. Bielefeld：University of Bielefeld Press，2008：2.

③ 参见 Jager G. *Game Theory in Semantics and Pragmatics*（*Manuscript*）. Bielefeld：University of Bielefeld Press，2008：2.

中的语义学分析，由此这种动态的整体语境基础便使得语言的指称能够获得更加清晰的意义。

通过对 20 世纪语义学发展所展现出的丰富的理论视域和不同语义分析方法的整合、厘清，我们可以看到处于不同研究领域的语义学家们在新的世界观的引导下，将各自的语义学研究方法在横向上不断扩展，在纵向上不断延伸，不仅力图实现形式化的符号表征与非形式化的符号表达之间的融合，而且逐步有意识地将语义分析锚定在贯通了科学和人文、统一了科学知识和哲学理性的语境思维的基础上。博弈论语义学自身也在其发展的过程中不断完善理论方法和研究策略，而这正是其能够应用于不同科学理论的分析和解释的生命力所在。从博弈论语义学所采取的技术方法和手段来看，语境信息的背景和判断在其中具有重要地位，语义博弈作为研究语言与世界关系的重要工具，也恰恰契合了语境系统中关联网络的复杂性和非对称性特征。同时，博弈论语义学作为语义分析方法中的一种独特研究视角和理论，它的发展和创新在当代语义学的整体推进中显示出越来越强烈的理论交叉特性，这种特性所昭示出的具有最大包容性的语义分析的语境平台，为博弈论语义学理论的发展趋向提供了引导和基础，而博弈论语义学也只有在语境论的背景中才能使其方法论的完善具备坚实的支撑，从而在未来的语义学发展道路上开创更加广阔的空间。



## 第三节　科学语义学的“语境”模型

科学语义学作为一种语言分析的方法论工具，它本身一直处于不断修正和进步的过程之中，而语义学方法论的科学性研究也内在地要求对语义分析的语境基础进行巩固和完善。在历史上，霍根的语义分析理论第一次较为鲜明地提出了“语境语义学”（contextual semantics）的思想，这是语义学理论发展的一大进步。可以说，“语境语义学”思想本身就是在实在论与反实在论长期论争的过程中方法论突破与进展的一种必然选择。因此，“语境语义学”理论的分析方法和思维路径能够成为理论辩护的有效“利器”，它创造性地实现了从狭隘的微观语义分析向系统整体语义分析的转变，这反映了“语境语义学”思想作为一种方法论在理论研究中所具有的优越性，这也潜在地符合了当代世界语义学发展的潮流和趋向。

## 一、“语境语义学”的方法论结构

“语境语义学”的方法论特征体现在对作为其理论基础的意义和真理等问题的解释和说明过程中，这种方法论特征不仅使其与传统的语义分析方法区别开来，而且将它导向了以“语境”为基底的，具有系统性和统一性的科学语义学研究路径。

（1）“语境语义学”的理论基础。真值问题是语义学研究的重要对象和内容之一，20世纪后期以来，伴随着逻辑实证主义的衰落和后现代主义思潮的兴起，以及历史主义和科学理性主义的合流，在命题真值的理解和阐释方面也出现了不同的理论取向。事实上，在分析哲学的广泛阵营中，参照主义语义学（referentialism semantics）和实用主义语义学（pragmatism semantics）分别代表了两种对待语言真值的不同态度。参照主义语义学认为，对于真值而言，只有在人类语言和独立于思维的世界这两者的直接对应性中才能对其加以判断；实用主义语义学则认为，真值是在认识论上“保证的可断定性”（warranted assertibility）。与后者的思想倾向相关，霍根强调真值的认识论解释范畴是与主体的思维过程紧密联系着的，因此它在客观世界当中并不能独立自存。我们知道，站在实在论的语义学立场上，普特南曾经指出，真值是一种理想的保证的可断定性，正是由于这一点真值的判断才能够具有沟通纯粹主观意识分析和纯粹客观主义理解的渠道和途径。这种思想也在很大程度上影响了霍根，霍根表示，“我将借鉴普特南所使用的诸如‘对象’、‘性质’和‘世界’的术语，研究独立于意识和思维的对象世界”①。尽管如此，霍根依然认为他所理解的“语境语义学”思想并不同于参照主义语义学和实用主义语义学的认识，因为这两种理论趋向实际上反映了对待真值态度的两个极端，而他认为真正合理的语义学态度应该是一种处于二者之间的中间立场。

一方面，“语境语义学”思想否认真理仅仅能够在认识论上被理解，因为它并不是一种认识论上保证的可断定性。霍根认为，语义正确性有别于认识论上的保证性，也就是说，一个命题可以在认识论上得到保证，然而它在语义上却可能并不正确。同样，一个命题可以在语义上正确，但它却可能在认识论上得不到保证。与普特南的新实用主义相反，霍根认为这一情况表明以

① Horgan T. Naturalism and intentionality. *Philosophical Studies*, 1994, 2: 316.

真假为取向的语义规范性的类型并不能被还原为认识论的规范性类型。尽管如此，“语境语义学”思想仍然确立了一种具有“正确可断定性”的语义标准和“保证的可断定性”的认识论标准之间的紧密关联。也就是说，认识论的保证在很大程度上是与整体论的背景相关的。历史上，奎因曾经提出，我们承认为真的命题面临着集体的而非个体的经验证实的裁决，这意味着语义的正确断定性作为一种认识论的保证在分析视域上是具有整体性、系统性特征的。从这个角度来说，霍根的“语境语义学”否定了经典真理观所主张的机械的、直接对应性的标准，同时它也已经超越了逻辑实证主义片面强调语义分析的真理观——在语境分析的基础上实现了两者在更高层面上合理性的统一。

另一方面，“语境语义学”需要一定的本体论基础作为支撑。实际上，任何语义学思想都与形而上学的主题及背景具有内在的和先定的关联，但是霍根所认为的语义分析中的本体论基础则具有更大的灵活性和复杂性。20 世纪中期以后，随着在分析哲学领域中以奎因为首的“本体论全面复归”的口号的提出和应用，逻辑实证主义语义分析日趋没落的历史趋势被进一步彰显出来，这预示了在更广泛的语义分析层面上容纳本体论命题的可能性和必要性。在“语境语义学”思想中，霍根强调真理、指称问题及其本体论基础之间的内在联结特征，同时他认为具有本体论承诺的命题要比在参照语义学中变得更加复杂。这是因为在任何时候当在语境中运行的可断定性标准最为严格时，语义的真值就并不一定需要直接对应于世界中的实际事态。在这里，从语义学的角度出发，理论的形而上学本体论设定在语境中获得了具体而确切的体现，同时语义的本体论背景与语形的构造也具有密切关联。这样，在语形、语义和语用分析相统一的语境基础上所建立的语义分析方法，便能够为理论解释系统的建立起到重要的作用。

(2)“语境语义学”的核心范畴。“语境语义学”作为一种重要的方法论工具，其建立的基础是对于真理和意义等语义学概念所进行的语境论阐释。在科学理论的研究中，概念的构造具有重要的价值，历史上一种新的分析方法的提出往往就是对某种经典概念内涵的扩充或者改造。从某种意义上来说，科学研究的进步史就是概念范畴的演变史，这体现了人类思想发展和突破的基本特征。在这一点上，霍根的“语境语义学”理论有意识地重建和改造了经典的语义概念，把真理概念看作是一种构造的实在，并且把语境看作是一种主体以交流为目的而构造的认识结构系统，从而为“语境语义学”理论结构的系统性和完备性奠定了坚实的基础。

首先，如前所述，语义学以真值理论的研究作为自己的核心内容，而真值在传统上一直被看作是语言与世界之间的一种对应关系。在语言与世界的关联中，人类语言具有自己独特的表达方式，一般而言，严格语义学所主张的是直接的对应性，认为这样就能够建立起逻辑与世界之间沟通的管道，而这种直接对应性的理解方式正是传统逻辑实证主义的狭隘性所在。相对而言，“语境语义学”所强调的是真理的间接对应性，这种对应性认为真值在语境中运行的语义标准下具有语义上正确的可断定性。在此，所谓语义正确性的概念已经超越了经典语义学研究的狭隘对应性，而具有了动态化和语境化的发展趋势。为此，“语境语义学”认为，理论命题在独立于社会和文化背景的前提下所展开的对于语义正确性的判断是存在缺陷的，因为“在任何独立于心灵和陈述的世界中，任何对象没有必要对应于一个在给定命题中的独立术语或者限量词”①。

其次，“语境语义学”理论强调命题真值的确定性，也就是具有正确的可断定性（correct assertibility）。通常意义上，我们并不一定要求由日常话语所表达的语言陈述与世界事实之间具有严格的对应性，也就是说，在这其中可断定性标准具有很大的灵活性。霍根认为，在“语境语义学”的理论框架中，对于句子的正确可断定性而言，存在着许多决定性的要素，其中包括最为严格的标准，也就是由确定性标准所约束的句型。同时，在给定语境中的句子也能够由确定性标准来单独加以判断，进而使其独立于命题与世界事实之间的关系，例如，霍根认为纯数学的句型就被包括在这一立场当中。同时，处于两者之间中间立场的是那些在给定语境中其正确可断定性在一定程度上、部分地依赖于命题与世界之间关系的句型，当然这种依赖性并不是论述的指称与世界中实际事态之间的直接对应性。



再次，“语境语义学”思想认为，真假判断作为语义学的核心概念具有规范性，“真”就是正确的可断定性，“假”就是正确的可否定性。这样，我们只需通过“正确的可断定性”这一术语就可以对真假进行表述。

最后，“语境语义学”思想提出了关于意义的非还原主义解释理论。也就是说，意义在直观和元理论的层面上是与真理的断定过程相关的。因此，如果真理具有正确的可断定性，那么意义的作用就由可断定性标准本身来发挥

① Horgan T，Timmons M. Metaphysical naturalism，semantic normativity，and meta-Semantic irrealism. *Philosophical Issues*，1993，4：317.

了。这样，意义在很大程度上就等同于运行的可断定性标准。从霍根所指出的这种真理非还原性的立场来看，它已经抛弃了抽象的形而上学真理观念，转而在语境的基础上把真理视为一种具体的和结构性的构造产物，这鲜明地体现出了语义的真理观念发展的未来趋向性。

由上可知，霍根提出的“语境语义学”思想所具有的语境特征，鲜明地为语义学分析的展开提出了新的方向和思路，而语义学研究的历史则充分地表明了语义的整体性受制于语境的整体性，同时在语言中多样性的形态也自然地在语境中获得了统一。另外，从真理观念的历史演变来看，霍根的真理论鲜明地体现出了由传统的真理符合论走向语用对话的真理论，以及由确定性的真理概念走向相对非确定性的真理概念的历史转变，尤其是他把真理观念置于语境整体论的视野中，强调命题应在与其他真值推理的关联中而得到正确的判定，这就使得真理观念在语境化的公共实践基础上获得了坚实而可靠的保证。

(3)“语境语义学”的方法论优越性。显而易见的是，霍根的“语境语义学”思想在语义学方法的运用上已经与从19世纪末一直延续到20世纪80年代的静态语义观划清了界限，其中最重要的是其把意义放在了广义的社会文化语境当中去解读。这样，在意义理解过程中的语义分析和语用分析的维度就在对于命题的研究过程中得到了统一，这是语义学分析方法的一大进步。

首先，“语境语义学”思想有效地建立了个体心理分析与公共群体背景考察之间的关联。霍根认为，可断定性标准在一定的论述语境中主要取决于表达者的群体文化背景和社会交流，其中也包括了主体的心理态度。也就是说，在语境中运行的可断定性标准与在语境中语义的判断之间保持着一种合理的张力。

其次，“语境语义学”思想认为，在命题语言的表达中真值断定的标准具有相对性。其原因在于，在实际的社会交际和联系中，我们的论述所趋向的目标存在着具体的差异，因此可断定性标准就会因论述模式的转换而发生变化。同时，在自然主义的立场上，语境语义学也为各种形态的命题提供了合理的论述空间和有效的分析工具。

最后，“语境语义学”思想也强调语义标准在不同社会语言语境中的转换性。霍根认为，严格的语义标准要求直接的指称关联与构成命题对象的非完整句型相关，在此意义上真理具有直接的对应性。另外，语义标准在世界事实与命题表述并不具有一致性时也会发挥作用，在此情况下的真理观念具有间接的对应性。[①]

综上所述，“语境语义学”所具有的内在特征实际上反映了逻辑实证主义衰落之后，语言哲学深入挖掘语义内涵，以及在整体性上追求意义扩张的发展趋势。从本质上来说，语义与语用分别体现了语言意义不同方面的功能和特征，二者在语境的基础上具有了内在的关联。另外，“语境语义学”将语义分析的基本原则逻辑地确立在了语用关联的层面上，并且深入地贯彻了语境论的系统科学思维，因此霍根的“语境语义学”思想也符合了构建动态的和结构性的语义分析理论的历史趋向。

## 二、“语境语义学”与语言模糊性

在20世纪后期逻辑实证主义的大厦倾倒之后，我们已经真切地意识到了企图把人类自然语言完全翻译为人工形式语言，进而一劳永逸地在逻辑的基础上解决人类思想语言困惑和矛盾的做法的荒谬性。我们知道，模糊性是人类自然语言的基本特征之一，相对于逻辑语言的构造，模糊性主要表现为非逻辑的论述。客观世界本身的模糊性，以及思维对客观世界认识的模糊性常常通过语言这一载体反映出来。为此，霍根认为，“自然语言中的模糊性是有用的，合法的和必要的，它们是始终存在的，并没有对逻辑和理性构成威胁”[②]。在这里，语境语义学容纳了非连贯性论题的解释，超越了参照主义逻辑真值诉求的狭隘性，因此霍根认为我们有必要在“重估价值主义”（transvaluationism）的基础上反思模糊性特征的意义和价值。一方面，在“重估价值主义”立场的表述中，语境语义学是一种内在的和隐含的重要方法论工具；另一方面，语境语义学作为一种刻画语言和世界之间关系的一般理论方法是非常有效的，它提供了某种概念空间，从而使得我们能够以新的方法对模糊性问题作出正确而合理的判断。

（1）语义学中的“真值”和“逻辑非一致性”（logically incoherence）概念对于语义模糊性的解读。在对语言中逻辑非一致性的认识立场上，弗雷格主义力图建立一个完全自足的逻辑演算系统，这个演算系统不仅仅要包括一切的逻辑规律与推理形式，而且要对其一致性与完全性进行严格的证明。霍



---

① Horgan T. Transvaluationism: a Dionysian approach to vagueness. *The Southern Journal of Philosophy*, 1995, 33: 317.

② Horgan T. Transvaluationism: a Dionysian approach to vagueness. *The Southern Journal of Philosophy*, 1995, 33: 97.

根则认为，对于自然语言中逻辑的非一致性应该予以肯定，这相当于重新评估真理的价值，也就是他所谓的“重估价值主义”，进而他认为对于语言中模糊性的处理和分析有必要在语境语义学的基础上使用这一“重估价值主义”的概念。我们可以看出，这种概念的隐喻描述在很大程度上具有被尼采（F. W. Nietzsche）所批判过的“虚无主义”（nihilism）的色彩，当然在此这种立场并不具有尼采所谓“虚无主义”的绝对性内涵。

首先，霍根指出，模糊性就是逻辑的非一致性，也就是说，作为主体思想和意识表达的命题，并不能在逻辑的意义上被断定为真——这种思想是典型的弗雷格式的看法；从本质上来看，模糊性是一种人类语言和思想的基本特征，如后期的维特根斯坦就强调意义的不确定性，认为语言的意义并不在于它能够反映实在对象的图画，而是取决于论述的语境。因此，模糊性包含着某种逻辑的非一致性，这种逻辑非一致性对于处在最严格的语义标准约束下的论述有可能产生消解的作用，这意味着在世界中并不存在模糊的对象或性质。

其次，自然语言本身就具有典型的模糊性特征，例如，在语境运行的语义标准下，许多模糊性的论述也能够被断定为真。因此，文化社会语境中的话语表述都具有逻辑的非一致性。霍根认为，语境中运行的语义标准以一种连锁方式对命题形成约束，而语义要求不能同时得到满足，这样受模糊性约束的论述就表现出逻辑非一致性。①

最后，真值是在语境中运行的语义标准下受语义统辖的正确可断定性，因此模糊性的论述便可以用真值来进行判断。在此，语用因素潜在地发挥着作用，这符合了模糊性语言陈述所期望达到的目标。在模糊性的语言陈述中，真值与意义有所区别，对于意义的理解而言，语义标准具有某种语境化的变量界限和跨语境性，然而意义在跨语境中具有稳定性，因为一般而言语义标准具有稳定性，这样我们就能够在不同的语境中对意义进行准确定位，进而规避意义的模糊性。

由上可知，在对自然语言模糊性的认识立场上，霍根紧密地结合了他所提出的“语境语义学”的概念范畴，其中最主要的是霍根把模糊性与真理的观念进行了关联分析，认为真理观念在语义分析中具有丰富的理论功用，这使其超越了狭隘的逻辑语义分析界限，从而为自然语言的模糊性特征赋予了

① Horgan T. Transvaluationism: a Dionysian approach to vagueness. *The Southern Journal of Philosophy*, 1995, 33: 102.

全新的意义和价值。从本质上来说，真理是主体思维的一种认识与判断，而思维本身就具有一定的模糊性，因此作为承载真理内涵的自然语言形式也必然地具有了模糊性的特征，这是语义真理概念模糊性的根源所在。

（2）语境语义学对于模糊性本体论地位的反思。在对自然语言模糊性的认识立场上，许多人一直认为模糊性是主体认知过程的一种必然产物，这种看法是一种较为狭隘的认识论立场。随着 20 世纪中期以后逻辑分析向主体和实用维度的倾斜与接近，对于语言模糊性的本体论立场的关注成了"语境语义学"研究的重点。我们知道，语义的模糊性是主观因素与客观因素的统一，客观事态的不确定性与主观思维的复杂性共同决定了语义模糊的必然性。在"语境语义学"思想的基础上，霍根认为存在着两种普遍的有关模糊性的本体论命题，即"区域本体论"（regional ontology）命题和"终极本体论"（ultimate ontology）命题。"终极本体论"与存在于世界中的对象、性质或其他实体相关，而"区域本体论"则指由各种命题产生的本体论承诺（类似于奎因的主张），在语境中运行的语义标准下具有相关区域本体论承诺的命题能够具有真值。

在"区域本体论"看来，世界上的实际事物都存在着某种模糊性的特征。物理学中的混沌理论认为，我们生活的世界并不是处在一种简单机械的运动模式之中，而是稳定性与非稳定性的统一，确定性与非确定性的统一，有序和无序的统一，完全性与非完全性的统一。这说明在人类生活的现实世界中，不仅客观的外在对象存在着某种模糊性，而且主体的存在及其思想本身也具有模糊性的特征，这表现在时空界限的模糊性，以及物质构成的绝对与相对的矛盾统一性等方面的特征上。为此，霍根认为，在语境中运行的语义标准下，对于模糊性对象及其性质作本体论承诺的命题可以具有真值，通常我们可以假定命题中模糊性对象和性质的存在，因为它们并没有对实体构成承诺。①



在"终极本体论"看来，世界上的事物并不存在模糊性。霍根认为，"终极本体论"的语言是受最严格的语义标准统辖的语言，因为模糊性就是逻辑的非一致性，因此在世界上并不存在模糊的对象或性质。也就是说，在最严格的语义标准下，对于模糊对象和性质作本体论承诺的命题并不能为真，因此真正的终极本体论通常并不能包含任何抽象的实体。②

---

① Horgan T. Transvaluationism: a Dionysian approach to vagueness. *The Southern Journal of Philosophy*, 1995, 33: 107.

② Horgan T. Transvaluationism: a Dionysian approach to vagueness. *The Southern Journal of Philosophy*, 1995, 33: 108.

从霍根对于模糊性的两种命题所进行的区分来看，这体现出在绝对的逻辑意义上和在语境的思维中对待模糊性的两种不同的态度。实际上，自然语言的模糊性本身就包括了主体间交流的意向和文化因素，而作为“语境语义学”中最严格语义标准的是那些认为语言与世界之间具有直接对应关系的标准，因此只有把形式化的语形构造与非形式化的表达结合起来，并且把意义理解为是一种社会文化结构的产物，才是处理和对待模糊性论题的真正合理出路。

(3)“语境语义学”为模糊性论述确立了有效的表达方式和途径。就自然语言而言，其最基本的功能就是交流信息，而这种信息交流的过程都以语境为背景来展开。我们知道，传统的二值逻辑强调概念范畴内涵与外延的确定性，而命题就表现为非真即假，然而符号所指范围的边界具有很大的不确定性，因此语言模糊性在很大程度上就体现为这种边界区域的不确定性。事实上，语义的模糊性具有语境约束性特征，例如，它会受到客观环境和主体因素的制约，这充分体现了自然语言与逻辑语言有所差异的特征，而其合理的表达方式也只有在“语境语义学”的理论框架中才能够确立。

首先，语义模糊性的概念体现在语义分析的过程中。在语境中运行的语义标准下，许多模糊性的论述能够为真，同时在很大程度上日常语言的论述也能够进行模糊性的断定。因此，许多论述具有逻辑的非一致性，而在语境中运行的语义标准也对命题提出了语义要求。为此，霍根把这种特殊的逻辑非一致性的论述称为“狄奥尼索斯式”的论述，他认为这样一来许多模糊性的论述就可以在这种特殊的论述当中被确认为真。当然，在这种约束性关系之中隐含着语用因素，其中就涵盖了我们语言和思想中模糊性的目的和意义。①



其次，语言模糊性特征的存在是人类交往和实践的需要，它具有形式精确的语言所不具备的特殊功能，可以说语义的模糊性和语义的精确性并不矛盾。模糊性特征的客观存在超越了逻辑的非一致性，而对于受有限性制约的主体而言，模糊性是主体存在和交往的基本前提。因此，霍根认为，在统辖语言陈述的语义标准中，如果一定要坚持完整的逻辑一致性的话，这种要求是不切实际的。从这一点上来说，霍根已经明确地意识到了以“意义等价于真值条件”为标志的静态语义观的狭隘性，并且展示出了一种在历史文化语



① Horgan T. Transvaluationism: a Dionysian approach to vagueness. *The Southern Journal of Philosophy*, 1995, 33: 103.

境的背景和基础上进行语义解释的崭新思路。

最后，在哲学的“语言学转向”过程中，以罗素为代表的哲学家们所主张的多值逻辑潜在地为语境论思想的提出奠定了基础，而语境的复杂性则包括了主体在特定语境中的推理和假设，除了对于命题的制约，语境所特有的释义功能可以超越传统的狭隘语义学范畴，从而对意义和真理进行更好的把握。我们知道，经典逻辑拒斥任何矛盾，而在霍根看来，真理在“狄奥尼索斯式”的论述中并不完全符合经典逻辑。通常当我们在“狄奥尼索斯式”的论述中进行表达时，模糊性并不会与我们的逻辑发生矛盾，而是可以完全被忽略掉，这样我们就能够从逻辑分析的角度出发，为命题和陈述的表达确立起崭新的方向。

综上所述，语义模糊性问题的出现和解决是对经典逻辑的挑战与超越，它本质上反映了在一种动态和开放的立场上去描述和解释语义真值的崭新路径。在这个过程中，语境思维的提出为自然语言模糊性问题的解决开辟了新的研究思路，其关键就在于把逻辑一致性和真理等语义概念置于语境考察的背景之下，其中不仅涉及了主体心理意向等因素，而且包括了具有模糊性特征的文化和公共群体等语用因素在确定意义中的独特作用，特别是强调了模糊性在人类语言交流和交际中的重要价值。因此，语义模糊性所具有的这种价值和特征也反映了在语用凸显的过程中语境基础得以建立的可能性和必要性，从而深入地扩张了语义学的自然性和联结性。



## 三、“语境语义学”与自然主义实在论

语义分析方法从其立场上来说从来都是中性的，它只是一种重要的方法论工具。在科学发展的历史中，实在论与反实在论都从某种程度上不断完善自己的方法论体系，以求巩固地位，拓展自己的生存空间，这样语境的语义分析方法就成了实在论与反实在论二者理论构建的必然选择。在语境语义学本体论态度的选择上，霍根强调了语境语义学与实在论立场的紧密关联，例如，语境语义学坚持本体论的设定而主张相对有限的可还原性。另外，自然主义思想所坚持的自然化的认识论趋向为语境语义学的实在论基础的确立奠定了坚实的基础，同时实在论的理论内涵和特征也契合了自然主义的内在趋向，这样就能够使得语境语义学与自然主义的实在论之间建立起不可分割的紧密关联。

（1）语境语义学的形而上学背景设定与自然主义协调纲领的联结。综观

语义学研究的历史进程，霍根的语义分析方法是反逻辑实证主义的，而在逻辑实证主义的认识论框架中，形而上学的命题被认为是没有意义的。然而，在科学研究的活动中，自然的世界及其事实与科学的发展密不可分，因此逻辑实证主义曾经局限于狭隘的语义分析技术之中不可自拔——这是导致其最终走向没落的根源所在。因此，语境语义学在其理论构建的过程中，也必然会与某种形而上学的立场和背景结合起来，这一点是霍根的语境语义学思想自觉和有意识地接纳自然主义立场和倾向的根源所在。

首先，在充分考察语义分析背景的基础上，霍根认为，语义陈述与形而上学的基础密不可分，他说“语义陈述——也就是包含着意义和真理概念的语义陈述，产生了关于语义学，形而上学和认识论的问题”①。在形而上学的立场上，我们对科学理论的语义陈述进行解释，这种命题论述的解释就是元语义问题——其中包括了关于语义陈述形而上学基础的类型，以及语义陈述对于语义性质和事实的设定等问题。其原因在于，命题陈述具有形而上学的和认识论的立场，这种立场作为一种“背景假设”会渗透到命题陈述之中。在对于命题理解的过程中，主体借助于抽象思维，通过心理在经验的层面上对陈述的语境进行断定，进而合理地把握命题陈述的意义，在这个过程中最重要的是公共语言使用的心理基础和假设，这种语言的形而上学背景构成了人类思维的基本特征。



其次，“语境语义学”在本体论上坚持了自然主义的立场，而自然主义本身就是在反逻辑实证主义的基础上对本体论立场的一种复归。在实在论与反实在论长期论争的过程中，自然主义成为双方在本体论上融合的一个必然趋势和共同选择。究其本源，自然主义是一个传统的形而上学问题，即关于存在的问题。自然主义世界观认为，理性只是物质随机且自然产生的结果，逻辑语言也主要表现为偶然性，这个过程和真理与意义并无必然联系。因此，正是在这一点上，我们可以把霍根语境语义学所接受的自然主义认识论立场看作是一种对休谟传统的复兴和继承。



最后，在将“语境语义学”方法论与实在论立场相结合的过程中，霍根引入了自然主义“融合性纲领”（accommodation program）的概念。一般来说，自然主义纲领与融合性概念紧密相关，它不仅包括了一种形而上学的背景范畴，而且也包括了一种认识论理解模式。霍根认为，“从形而上学自然主

① Horgan T, Timmons M. Metaphysical naturalism, semantic normativity, and meta-semantic irrealism. *Philosophical Issues*, 1993, 4: 181.

义的立场来看，蕴涵了真理和意义的语义陈述并不合理，理论的构造一般与某种融合性纲领相关联，其中包括语义陈述”[①]，也就是说，融合性纲领是命题确立和理论构造的基本背景。由于自然主义把人类和人类社会视为科学研究的自然秩序的一部分，而作为认识主体的人类具有某种在群体性社会结构下所形成的禀赋和倾向，因此人类就是进化和自然选择的产物，而人类所形成的各种理论和语言模型也就具有了社会文化的融合性特质。

综上所述，语境语义学的本体论特性就体现为“语义实在”在特定的语境中被确定，而语境本质上就是一种实在。这种本体论意义上的实在突破了逻辑实证主义纯粹语义真值的局限性，使得意义超越了逻辑和形式的限制而走向了具体语境的整体性诉求，同时也将外在的指称与意向和心理实在结合起来，这使得霍根的语境语义学思想在一定程度上具有了语义学研究的“后现代性”色彩。

（2）语境语义学的一般方法适用于对意向性语义陈述所展开的研究，同时也为意向实在论的基本立场提供了有力支持。在这里需要强调的是，霍根明确地承认了存在着具有意向特性的命题态度状态，并且把心理意向放在了语言生活和群体交际的基础上来进行理解，并且指出了“自我”在语境分析中所具有的重要的主体性地位，从而避免了把意向性问题单纯局限于语义分析层面的偏颇，这是“语境语义学”思想相对于传统语义学理论的一大突破。



首先，在理想语言与日常语言对峙的分析哲学时代，维特根斯坦“向日常生活回归”的口号，以及语言游戏说的提出为恰当处理语言立场的问题提供了崭新思路。这意味着在日常的生活语境下，在语境中运行的正确可断定性标准具有很大的灵活性。霍根也认为，“语义个体规范性的立场建立在语用语境的基础上，其中必然包括主体具有确定内涵的心理意向状态”[②]，这就是说，意向命题之所以具有正确的可断定性，是因为主体把对于在语境中运行的语义标准的理解建立在了“自我”的立场和基础上。

其次，既然“语境语义学”强调命题与事实的间接对应性，那么意向性命题就不一定需要与世界事态发生直接的关联。霍根认为，“在一般的语法语境中，统辖语义和心理意识的论述会产生意向命题，其正确的可断定性主要

---

① Horgan T，Timmons M. Metaphysical naturalism，semantic normativity，and meta-semantic irrealism. *Philosophical Issues*，1993，4：182.

② Horgan T，Timmons M. Metaphysical naturalism，semantic normativity，and meta-semantic irrealism. *Philosophical Issues*，1993，4：321.

借助于参照主义约束下联结的类型”[①]，从这个角度来说，在语境中运行的可断定性标准约束下的命题真值并不是绝对的。一般而言，意向性命题的真值确定并不一定要求存在与之相对应的心理意向的事实，同时在语境视域中，命题的真值即正确的可断定性与真值相对应的事实也并非具有绝对的关联。也就是说，语义可断定性标准的立场是灵活和开放的，统辖意向性陈述的一般语义标准在语境语义学的背景下具有典型的相对性特征。

再次，正确的可断定性在类似于“语言游戏”的理论陈述中能够具有真值。我们知道维特根斯坦曾经指出，在语言游戏中命题的意义更多地取决于语用语境而非确定的语法形式规则，因此命题表达式的意义在语法之外还有很多决定要素，而命题的含义也主要取决于它在语言生活当中的具体使用过程。就意向性命题的真值断定而言，它与在语境中运行的最严格的语义标准是相互排斥的，为此霍根认为“正确的可断定性需要语言与世界之间的直接对应关系，在世界事态中却没有事物直接对应于意向性和标准”[②]。由此我们可以看出，在对于意向性命题的分析中，命题与世界事态之间的对应性标准已经潜在地发生了转换。

最后，语境语义学与意向实在论在本体论上具有内在的一致性。霍根认为，语境语义学与意向实在论的理论趋向存在着相互融合、相互渗透的关系。[③] 我们知道，人类科学理论的解释趋向于在历史和文化的语境基础上建立起共同体的整体意向性，而意向实在论作为一个动态的语用体系就内在地包括了语境的整体思维，同时它也为科学心理认识过程提供了本体论的支持。语境语义学与意向实在论二者在本体论上相互渗透的趋势，共同体现出了系统的社会文化结构在理论解释和构造中的重要功能。

总之，语境语义学的概念框架在霍根对于意向实在论的论证过程中得到了全面体现：在对于意向性命题的断定过程中，世界的事态与在语境语义分析中运行的可断定性标准共同起到了重要的作用。因此，一方面，语境语义学思想为意向实在论提供了分析与阐述的基本概念和方法；另一方面，语境语义学思想也认为意向实在论与自然主义之间具有某种内在的关联，因为二

① Horgan T, Timmons M. Metaphysical naturalism, semantic normativity, and meta-semantic irrealism. *Philosophical Issues*, 1993, 4: 190.

② Horgan T, Timmons M. Metaphysical naturalism, semantic normativity, and meta-semantic irrealism. *Philosophical Issues*, 1993, 4: 322.

③ Horgan T, Timmons M. Metaphysical naturalism, semantic normativity, and meta-semantic irrealism. *Philosophical Issues*, 1993, 4: 201-204.

者都在具体的语境之中得到了统一。从本质上来说，意向性的自然化是以文化和社会的语用为目标的，它贯通了人类意向和客观历史实践的境域，而其中语境语义学的分析视域就显示出了其独有的价值和理论的完善性。

（3）语境语义学为实在论规范立场在语义分析中的应用奠定了概念分析的基础。科学领域的规范性问题，主要是指关于事实的经验科学与关于行为的规范科学之间的关系问题。逻辑实证主义在逻辑与先验必然性的基础上去理解规范性，坚持“自然”与“规范性”的二元论假定，而传统自然主义则认为“规范性”有别于“描述性”，二者分别属于“规范领域”与“事实领域”。相对而言，自然主义认识论否定了“自然”与“规范性”在休谟意义上对立的二元论认识，它一方面认为经验科学在信念的产生与确证等认识论问题中具有决定性的作用；另一方面，它也认为自然主义认识论本质上具有规范性，为此我们应该对知识和确证等认识论的核心问题进行自然化的解释。从这个意义上来说，霍根所坚持的自然主义世界观超越了传统狭隘的自然主义视野，把自然化与规范性在“语境语义学”的基础上进行了合理的联结，从而在某种程度上消解了规范与描述、自然与理性之间的对立性，这是科学认识论的一大进步。



首先，在语境语义学研究的视野中，语境的本体论性对意义形成了约定，从而决定了具体而生动的意义存在形态。从语言的自然主义世界观来看，语义规范性是人类社会群体所采纳的一种普遍立场，而这一立场构成了人类行动与判断的前提和基础。事实上，在人类群体之中个体的社会性存在以其规范性立场作为基础，并且个体是在规范性立场的约束下进行判断和行动的，因此在语境语义学中，对于语言规范性立场的采纳，能够对语言表达行为起到一定的约束性作用。在这一点上，霍根认为人类所依据的各种规范性立场能够带来明显的实用性效果，这种效果就体现为语言的功用，因为在彼此协调的规范性立场被采纳之前，并不存在人类的语言，而所谓的规范性立场则主要是指语音和书写的语法规则。同时，语言行为必定是在一定的立场和基础上作为给定语言中说话者的行为而存在的，而语言的表述就是在与此相对应的语言规范立场上所展开的一种行为和判断。在这里，霍根所理解的这种语义特性恰恰体现出了语境本体意义上的实在性和约定论意义上的相对性这两者之间的统一。

其次，语境语义学认为，在日常语言的语境结构中，语义陈述的可断定性标准与客观对象陈述的可断定性标准紧密相关。即使并不存在语义性质或者事实，语义陈述在很大程度上也可以具有正确的可断定性，因为语义陈述的本质任务就是提高主体使用语言的有效性。就包含语义概念的命题真值而言，它主要依赖于命题与世界事实的关联，而不仅仅依赖于人类对某一种语言立场的接受。从这个意义上来说，命题的正确可断定性并不完全取决于语义标准，因为语义规范性仅仅是一种立场的坚持，而不是世界当中的事实。在这里我们可以看出，语境语义学所坚持的语义分析方法已经超越了早期狭隘还原论式的微观语义分析方法，而是逐步走向了在语用整体背景的基础上对语义进行分析和考察的崭新路径。

总体来看，语境语义学要求命题在内容上具有描述性和规范性以更好地传达信息。我们知道，语义实在论认为语义的标准是客观存在的，而所谓的规范性就是对在实践中运行的语言规范立场的采纳，在此立场下的命题具有正确的断定性，而具有正确可断定性的命题就是具有语言操作规范性立场的命题，这恰恰契合了语境语义学的立场。另外，在自然主义认识论的基础上，我们也可以看出霍根已经否定了规范的先验性特征，认为“规范”对于语义的确定并不具有绝对的有效性，相反这种确定其实是有条件的和相对的，而这就极大地超越了传统认识论的狭隘视阈。可以说，语境语义学的这种认识论立场深刻地反映了当代语义学试图将把对于文化和社会背景因素的分析“植入”传统的规范语义学方法论系统之中的希望和努力，而这也启发我们要在语义的规范性和语义的自然性之间保持合理张力的语境基础上，去不断推进科学语义学方法论研究的崭新思路。

# 第六章

# 科学语义学研究的未来展望

从2007年山西大学郭贵春教授在《中国社会科学》上发表《语义学研究的方法论意义》一文至今，时间已经整整过去了8年。然而，时至今日，郭贵春教授在该文中所深切瞩望的国内语义学的推进与发展之目标仍然需要我们继续为之奋斗。无论如何，郭贵春教授在该文中对于语义学的历史演进及其根本任务所作出的判断和所展现的远见，给予了我们在前辈研究的基础上奋勇前行的最大动力。

## 第一节　科学语义学的学科定位及其对话平台

必须承认，科学语义学的研究确是一项系统工程，因此尽管国内哲学界关于意义理论、真理理论和指称理论等语义学核心论题的研究近年来也取得了很大的进展，但是从系统的、结构的和统一的方法论层面上所展开的语义学研究仍然留有空白。其原因在于，一方面，学界对于与语义相关联的语形和语用分析缺乏全面的、深入的、哲学层面上的探讨；另一方面，对于语义学的逻辑性、意向性和结构性特征如何作出合理的定位并进行恰当的整合，是语义学方法论研究的一大难题。可以看出，语义学的研究所涉猎范围之广，所探讨论题关联性之复杂，的确在很大程度上阻碍了语义学作为一门方法论学问的深化和拓展。

## 一、科学语义学的学科定位问题

作为一门具有横断研究方法的学问，语义学在其近百年的历史时空中走过了曲折而又辉煌的发展历程。长期以来，有关于语义学的学科性地位存在着诸多的争论。学者们似乎认为，对于语义学这样一种具有重要研究价值和意义的学问，有必要将其建设成为一门标准的学科。一般而言，“学科”一词是在近代科学兴起和分化之后出现的一种称谓，即“指一定科学领域或一门科学的分支”[①]。这就意味着，人们对于语义学研究“学科化”的期望实际上潜在地蕴含着浓厚的科学背景。这深切地表明，对于“科学的”和“科学性”等概念的一般性认识，已经渗透到了我们认识、表达的整体过程之中，成了我们的一种强大的思维惯性。对于这一点，就连现代语义学“Sémantique”一词的创立者布莱尔也表示赞同，“布莱尔充分认识到了他所称谓的语义学是一门科学，他甚至于不需要解释在何种意义上语义学是科学的”[②]。事实上，利奇在其著名的《语义学》一书中，已经提出了如何将语义学构建成为一门具有科学性的理性学科的问题，而塔尔斯基也较早地在其逻辑学的论域中认为，“语义学是一门学科，它研究语言词语和这些词语所‘述及’的对象（或‘事件情况’）之间的关系”[③]。

事实上，在语义学的研究中存在着各种各样的方法和策略，而在语义学研究过程中所取得的成果，也为诸多相关学科的发展提供了有益的方法论参考和借鉴。然而，这些已有的研究方法如何才能够得到统一？语义学的不同研究对象和目标如何才能得到整合以符合相应的学科定位？对于这些问题，目前还没有得到明确的解答。斯托卡夫（M. Stokhof）曾经指出：“语义学作为一种学科是非常零散的，其中存在着许多不同的理论趋向和具有差异性的意义观念，从而界定了不同的模式。”[④] 然而不能否认的是，语义学问题的研究的确激发起了越来越多的哲学家、语言学家、心理学家和计算机科学家的共同兴趣，使得他们能够自愿地参与到这样一项事业中来，例如，2009 年 5

① 《辞海》编辑委员会．辞海．上海：上海辞书出版社，2002：1360.

② Harris R. *The Semantics of Science*. London：Continuum International Publishing Group，2005：ix.

③ A. 塔尔斯基著，李振麟译．真理的语义概念与语义学基础．国外社会科学文摘，1961，6：3.

④ Stokhof M. The future of semantics. *Theoretical Linguistics*，2006，1：26.

月笔者在英国进行学术访问期间，就有幸聆听了一场在伦敦召开的国际性的语义学研讨会议（“Semantics and Philosophy in Europe”），与会的人员涵盖了各个学科当中对这一问题和领域感兴趣的知名学者，他们从各自的学科领域出发，对一些具有重大影响力的和具有基础性意义的语义学问题发表了自己的观点，并进行了深入的交流和讨论。可以看出，在“语义学”这一旗帜之下所研究的一些关键性的问题，的确在人类思维领域当中占据了重要的核心地位，它们对于我们认识世界、人际交往具有不容忽视的重要意义。在此，笔者必须提及利奇在《语义学》的序言中所提到的一个有趣的比喻：“人类理性认识在于研究理性认识本身，颇有点像一只狗在追逐自己的尾巴。”① 这个比喻的意义在于它指出了语义学本身就面临着这样一种矛盾而尴尬的境地：一方面是不同的学科、领域中充斥着大量以“语义学”为标签的研究内容、研究成果；另一方面则是不同的语义学研究方法和研究手段之间普遍存在着交叉、重叠和模糊的界域，而我们却很难对这些研究方法加以分辨和定位。尽管语义学的研究是这样一种“迷惑人的学科”，然而利奇对于语义学作为学科的科学性仍然充满信心：“应该承认语义学在有些方面与数学和其他纯科学相似，它首先是一种纯理性的学科。”② 我们应该注意到，各门具体学科当中的语义学研究的确有其存在的价值和合理性，为此哲学的语义学研究不能对这一事实视而不见。然而，一个重要的前提却是，如果语义学的研究偏离了哲学研究的轨道和视域，那么它就很难在宏观和系统的层面上对语义学的具体研究进行把握和指导——这就是语义学的哲学研究所具有的深层底蕴和内涵，“如果我们的兴趣在于语言学中的语义学，则非得了解哲学家、逻辑学家的语义研究不可”③。



近30年以来，随着对语义学研究关注程度的日益提高，人们逐渐对语义学作为一门独立学科的地位寄予了很大的期望。然而，通过对语义学研究对象和研究方法、特征的考察，我们可以清楚地意识到，语义学研究的模糊性、复杂性和交叉性特征，导致它并不能像其他学科一样以对于具体的现象、实体和对象的清晰边界、结构及其机制的研究为特征。从语义学研究的历史进程来看，尽管我们如此努力地想把语义学建设成为一门如同各门具体学科一样具有明确研究对象和研究目标的学问，特别是在20世纪七八十年代以后的

---

① J. 利奇著，李瑞华、王彤福等译．语义学．上海：上海外语教育出版社，2005：1.

② J. 利奇著，李瑞华、王彤福等译．语义学．上海：上海外语教育出版社，2005：4.

③ 徐烈炯．语义学．北京：语文出版社，1990：1.

哲学领域中，这一诉求也得到了越来越多的学者的支持，为此许多人付出了不懈的努力，“语义学的历史发展告诉人们，语义学是一门横断的具有方法论性质的学科”[①]，但是，我们必须承认的是，语义学必须、同时也只有在方法论的意义上才能构建起相对统一的研究手段和策略，任何超越这一事实的想法都是不切实际的，同时也必然是盲目的，这一点既是未来语义学发展不可回避的重要基础，同时也是它“安身立命”的最终归宿。因此，如果我们从更宽泛的意义上来理解的话，语义学的学科定位应该是在方法论上展开的。语义学所独具的这种方法论层面上的特征正是来自于语义学的通常定义——语言表达式与其所指对象之间“关系”所具有的深层内涵。正是由于这种深层内涵的结构性、复杂性和关联性特征，才使得它既成了科学语义学研究向前推进的主要障碍，同时在新的问题解决过程中也必将成为科学语义学进一步向前发展的重要动力。

就语义学的科学性研究而言，我们可以看到，无论是布莱尔、塔尔斯基和利奇等人，还是当代语义学研究的各种趋向、路径，其都试图建立起语义学研究的“科学性”蓝图。然而，“科学性”一词却并非是狭隘的、绝对的，如果我们以塔尔斯基所指的语义学的“科学性”为例，他实际上是要建立一种规范的、形式完善的逻辑描述体系，由此他就将语义学的研究完全局限于逻辑语形的规范性约束之中而不可自拔。从某一个方面来看，塔尔斯基的这一计划的确具有“科学性”，然而他却忽视和抛弃了从其他角度对语义学理论中最具丰富性和动态性的意义与指称问题进行研究的努力。因此，这种语义学的“科学性”必定是极端主义的、不合理的。同时，我们也必须清醒地意识到，对于语义学科学性的探索而言，我们并非企图建立一种宏大的、无所不包的、能够一劳永逸地解决所有语义学问题的方法论体系。事实上，正如同语义学本身的研究对象、论域具有很大的变动性和灵活性一样，语义学的方法论研究也将是一个开放的和动态的发展过程，而我们所提出的语境论语义学的方法论模型也具有很大的扩展和延伸的空间。

## 二、科学语义学的语境论思想基础

那么，我们不禁要问：作为语义学研究基础和平台的语境论思想，具有科学性吗？我们的回答是肯定的。语境论思想本身就是基于当代自然科学和

① 郭贵春．语义学研究的方法论意义．中国社会科学，2007，3：78.

社会科学发展的最新成就而提出的一种具有普遍性和抽象性的思维方法。随着当代物理学研究向纵深方面的拓展，如何认识不可观察的实在和现象已经成了科学认识论迫切需要解决的问题，而语境论思想的提出对于我们确定知识和现象的条件性、相对性，以及揭示认识过程之中的复杂结构性特征提供了良好的基础。另外，语境论思想具有模型假说的动态性特征，它所给出的解释和说明只是基于可能世界的一种相对确定性的认识，这就打破了传统本质主义和客观主义的绝对性认识链条，使得科学知识成了一种由人类主体所参与构造的、具有整体性和开放性的动态图景。此外，由语形、语义和语用构成的语境分析方法本质上涉及模型结构、自然语言特征、主体认知结构，以及文化和社会背景等方面的因素，这就使得语义分析过程中的本体论、认识论背景有机地结合在了一起，同时人类的认识和判断也由此成了一种在整体性的和结构性的语境论平台之上的"凝聚"。

如上所述，具有充分科学性内涵的语境论思想为语义学方法论的"科学性"研究提供了最为可靠的基础和保证，这使得语义分析的方法论不再徘徊和摇摆于各种极具差异性的本体论和认识论框架之中，同时也使得各种语义学研究的方法论趋向找到了能够对话、协调和沟通的统一平台。当然，这一平台的基础性作用并非是要武断地评判各种语义学方法论的优劣并迫使人们作出选择。相反，语境论思想的基础性和支撑性作用是想要展现出各种语义学方法论的提出均具有其自身特定的、具体的语境合理性，在一定的范围之内都已经并将继续发挥其理论效力，然而这种方法论效力和作用的发挥同时也必须融合与借鉴其他的、同样在语境论的背景中具有合理性的语义学方法论。从大的方面来说，由"语形、语义、语用"所构成的整体性的和结构性的语境基础区分了规范语义学和自然语言语义学这两种不同的语义学方法论界域。然而，无论是在规范语义学还是在自然语言语义学中，它们都面临着需要协调和整合相关语境因素，从而完善自身方法论体系的历史性任务。也就是说，规范语义学与自然语言语义学自身也并非是划界自封、截然对立的，相反在两者之间存在着可贯通和可互补的方法论空间。因此，相对于人类统一的认识过程而言，"语境"既是独立的又是非独立的，既是开放的和动态的，又是具有一定的边界性和条件性的，而语境化的语义分析方法所具有的独特内涵也使其牢固地嵌合在人类认识论和方法论的系统结构之中。

可以看出，我们所提出和倡导的语义学方法论研究的"语境论"基础，已经脱离和超越了早期语言学研究中朴素的"语境"含义，而逐渐被确立为一种具有本体论、认识论和方法论内涵的“世界观”，这意味着“作为一种普遍的思维特征，它（语境论思想）在世界观的意义上成为了构造世界的新的‘根隐喻’”①。这一结论的得出，不仅使我们超越了塔尔斯基狭隘的“科学语义学”理解模式，而且使我们克服了利奇对“语境论语义学”所持的悲观性态度。因此，作为语义学方法论研究基础的“语境论”思想的理性构建与完善，充分地证明那种因为对于“语境”概念的狭隘理解而选择了将其简单抛弃的理论态度是完全不可取的，问题的关键就在于我们选择什么样的“语境”分析路径和方式，以及为其“注入”什么样的理性思想内涵。毋庸置疑，科学的语境论思想是科学语义学方法论研究的前提和关键，它能够最大限度地消除语义学研究的内部矛盾，整合语义学研究的相关问题和界域，实现人类思维与认识过程的统一，具体来看有以两个方面。

一方面，在科学理论的研究中，语义分析作为一种科学命题语义解释的方式和探索理论真理性的合理途径，本身就处于动态的发展和不断完善的过程中，而语境思维的引入和“语境语义学”思想的提出，符合了科学语义学发展的必然性趋势。在语境论思想的视阈中，意义与语境具有本质的关联，意义并非直接等同于真值的确定性，而是具有了动态和语用的特征。无疑，语境论的这种研究视野和方法论路径最大程度地符合了语义学研究的“科学性”特征。从某种程度上来说，意义恰恰是从与人相关的“语境之网”中映射和突显出来的，它从根本上体现了人类对于自我、世界、主体与自然及其结构、关系的一种理解和把握。因此，语境论思想所构建的动态的和相对的理性标准，将对命题意义的把握与语境实在基础上的语用特征及其功能结合起来，认为只有这样才能够实现对于命题和理论意义的阐释、重解和构造。在这里，“语境化”的语义分析方法既是人们在传统的语义学界域之内向外扩张的必然性选择，同时也是语义学在不断适应哲学变革过程中的一种合理性趋向。这种趋向是要表明，形式的语义推演必须服从于语境的整体化规约，这样才能充分地展现出“意义”的结构性与系统性特征。此外，具有结构性特征的语境不仅不再局限于单纯对语言要素进行分析的范畴之内，而且它还将非语言的心理和历史等因素整合进入了语境的整体分析过程之中，因此“科学语义学发展的最终方向是语境论语义学”②。

另一方面，在语义学理论的研究过程中，无论哪一种语义分析、理解和

① 殷杰．语境主义世界观的特征．哲学研究，2006，5：94.

② 刘伟伟．科学语义学的发展方向是语境论语义学．中国社会科学报，2012，B-01.

研究模式，它们都与语形、语义和语用因素具有密不可分的内在关联。客观地来说，在语境论的视域之中，各种具有形态差异性的意义理论实际上是站在各自的立场、角度和阵地上，对于与意义相关的不同层面、成分及其关联性因素所展开的分析和解读，而这些不同的要素、成分在统一的语境论系统之中其实并非是完全独立的，而是与其他的要素、环节具有多重的内在关联，这也从另一个侧面反映了人类知识的整体性、系统性和关联性特征。在语境的框架和结构中，语义的真理性是与语形的结构性和语用的相对性、实用性不可分割的。因此，20 世纪后期语言哲学领域的“语用学”转向，客观上为语义学分析的语境化内涵扩张奠定了基础，而传统语义学研究所面临的诸多困难和问题恰恰是在其自身界域之内无法解决的，它只有走向“语境化”的分析视域才能实现自身方法论的科学性“救赎”。实际上，在语义学难题的求解过程中，无论是与命题态度相关的表达者的心理和意向特征，还是与命题意义理解相关的行为和社会背景，一旦脱离开具有整体性、实在性和功能性的语境基础，它们都将会是孤立的、分散的和缺乏关联特性的，因此正是语境为语义分析的相关要素和环节赋予了在其关联性作用中的意义和价值。也就是说，语境系统的基础性作用使得符号系统的时空特性、语用者的心理意向结构渗透在了语义分析的过程之中，从而使得意义的理解与文化的交流性、生活的实践性和对话的具体性关联起来，这就打破了规范语义分析的逻辑性“钳制”，而走向了以主体的“可理解性”为特征的结构性的和整体性的“语境”语义分析路径。在这里，如何将意义的“语用-语义”分析层面与意义的“语形-语义”分析层面统一起来，恰恰是语境论思想为当代语义学发展所提供的重要启示，“语境分析就是充分展示语义分析方法的意义分析，是意义理论的拓展和进步”①。



## 第二节　人工智能的语义学基础

20 世纪中后期以来，随着计算机科学和人工智能研究的兴起，人们开始越来越多地关注于智能机器系统本身的语义学问题，这使得自哲学的“语言学转向”以来就已经蔚然成风的语义学研究在纵深方面被推向了更加宽广深

① 郭贵春．语境的边界及其意义．哲学研究，2009，2：100.

邃的层面。在这一点上，人工智能研究和语义学研究的结合，既有其深刻的理论渊源与价值诉求，同时也是当代科学与哲学交汇融合、广泛对话的现实选择。

## 一、人工智能语义学问题的提出

人工智能作为科学与哲学研究所共同关注的领域，自诞生以来就一直在其发展过程中面临着诸多的理论困境与矛盾，其中最有意义和价值的一个问题就是，人工智能如何才能够确立起其必要的语义学基础的问题。这一问题的研究，既关乎人工智能是否能够实现高层次的理论突破并增强其实践效力，同时也是传统语义学研究实现理论升华并最终构建起科学的、完整的语义学学科体系的必然出路。目前，人工智能的语义学研究所面临的三个最主要的问题在于：第一，自然语言的意义如何才能够在符号推演的程序设计过程中加以表征？第二，语义在形式语言的概念化过程中如何才能够获得其意向性的陈述？第三，应该如何为人工智能的语义学研究确立起统一的、系统的理论框架？

传统人工智能研究的弊端在于，对于人的思维过程的模拟并不能够完全以形式化构造和符号化推演的方式来加以实现。例如，现有计算机的智能模拟是一种基于符号句法属性的认知模拟行为，这使其在语义理解和学习层面上存在着极大的短板：计算机的符号检索和操作行为本质上并没有涉及语义的逻辑推理，而计算机仅有的"联想"能力是建立在符号规则的有限归纳基础上而实现的，因此"语义解释在任何语言处理系统中都是非常重要的，因为单纯的句法分析使用结构性的规则并不能很好地应对自然语言的模糊性问题"①。也就是说，在现有的计算机系统中，"意义"并不起作用，这就使得强人工智能的宏大构想遭遇到了极大的挑战。当代的脑科学和神经科学的研究表明，人的大脑思维并非是一种知识、信息不断累积的线性运作机制，而是一种成系统的、具有动态性特征的开放性网络。然而，目前已有的人工智能理解、翻译的程序是：采用低阶的概念、词条以解释高阶的概念和词条，这种语义处理程序仍然未能摆脱以语法决定语义的思维定式，同时也与人类实际的语言思维能力存在着差异。以计算机科学为例，语形符号作为程序分析和处理的基础元素，具有高度的抽象性，它本身是一种对于概念和语词的

① Bourbakis N G. *Artificial Intelligence Methods and Applications*. Singapore：World Scientific Publishing Co. Pte. Ltd，1992：276.

符号化表征。在这种符号化的过程中，丰富的语境信息和内容被屏蔽掉，以便于集中进行程序的逻辑推理和计算。问题在于，从世界事态中抽象出来的符号形式运作机制，原初的目的理应是满足于实际的事态需要，而近端的符号形式在运作过程中却不可避免地偏离了远端的实际事态，“对于数字计算机的概念关键的是其运算能够被纯形式的来加以确定……这些符号没有意义，并且没有语义内容，也与其他事物无关，它们只能单纯地依据形式的或者句法的结构来确定”[①]。因此，涉及语义、语境的内在结构和关系，以及人类大脑结构的联想、想象等超形式的信息联结在计算机近似独立的单元编码过程中是很难实现的。

相对于形式语言而言，自然语言的语义分析功能更能体现出人工智能的本质特征。人工智能要想实现其在一定程度上的智能自主性、独立性，必须有能力对人类的自然语言进行分析和处理，这就要求我们必须充分了解自然语言加工处理的内部机制，同时也必须深入研究自然语言意义的理解、交流及其互动语境的特征。那么，人工智能如何对于人类运用自然语言的能力进行模仿并复制呢？在这一点上，自然语言的语形与其所表征的概念之间并非总是处于一种直接关联的状态当中，而是还伴随着隐喻表征和意向说明等更为广泛的语境要素的介入。



我们知道，意向性是人类心智区别于计算机-机器的显著特征，而意向性就意味着语义性，即语言对于外部事物的一种指向关系，这种指向关系超越了单纯的语言本身和外部事物本身，从而使得这种“指向”具有了意义和价值。然而，目前计算机-机器所构造的信息内容与世界事实之间的关联是被动的，而不是主动的。由于现有的智能机并不具备类似于人类一样的分属于不同层次、类型的意向性结构、机制，因此它很难对类似于在人类心智之中的“虚拟指称”等问题作出回应。相对而言，人类的心智却能够妥善地将虚拟对象与外部实在对象进行自动区分，从而使得“虚拟指称”能够获得某种心智系统之中的意义，“计算机程序只是语法的，而心不仅是语法的，也是语义的。换句话说，心灵不仅是一个形式结构，而且也是有内容的”[②]。事实上，塞尔的“中文屋”思想实验早已论证了计算机程序与人类心智之间存在的差

① Searle J R. *Minds, Brains and Science*. Cambridge, MA: Harvard University Press, 1984: 31.

② Searle J R. *Minds, Brains and Science*. Cambridge, MA: Harvard University Press. 1984: 31.

异性，因为计算机程序本质上是以句法和语形构造为基础的，而人的心智却包含了特定的语义内容，并且人的思维能够有意识地将符号指向与其相对的目标物。因此，塞尔所提出的“人工智能难题”的核心就在于，人工智能并不具备类似于人类主体那样的“意向-理解”能力，而“塞尔的‘中文屋-机器’实验是一种对于意向性形式计算路径的反驳”①。

如前所述，智能是一种具有“意向性”和“意义”的心智运作过程。问题在于，我们应该着重为“智能”本身所赋予的究竟是一种本体论的立场还是一种认识论的地位呢？很显然，对于人类而言，智能是一种复杂的大脑运行机制，这一运行机制的主体是人，即“智能”是主体“人”所具有的一种附属特征。在人类心智的活动过程中，主体以语境为基础，以行为目标为导向，由此而建立的信息模型的意义是相对于“主体”而言的，“意义”离开了这一“主体”也就自然地失去了意义。因此，人工智能的终极目标就是使机器——计算机具有类似于人的思维性，而人的思维本身不同于单纯的知识和信息库，其最鲜明的特征就是具有意向性，也即语义性。

目前来看，无论是就计算机科学的研究而言，还是从工程学的角度来说，人工智能的意向性语义学研究尚停留在初步的预测、假说阶段，其未来发展还有很长的道路要走。其原因在于，机器的“意向性”是与人类心智的意向性存在差异的，所谓机器的“意向性”在现阶段实际上仍然只是一种外在的、非主动的模型解释，而解释的主体却是人类。对于人们所期望的人工智能的意向—语义能力来讲，无论是强人工智能理论，还是弱人工智能理论，其实它们只是在对于智能机器意向-语义性的理解上存在一些程度的差异而已。例如，强人工智能的心脑分离学说认为心灵可以独立于大脑物质和生理结构而存在的思想，固然为人工智能的发展奠定了其最初发展的语义学基础，但是计算机符号处理程序的完善本身却并不意味着机器就已经具有了意向性。说到底，强人工智能也只是从功能上对于计算机符号语形表征的一种进一步强化，“强人工智能是建立在二元论思想基础上的……它认为心智只是一种在自然界之中的生物现象”②。换而言之，心智的“意向-语义性”是人类所独有的，而我们所构造的人工智能只是从结构、内容和功能上对于人类心智的模

① Bickhard M H, Terveen L. *Foundational Issues in Artificial Intelligence and Cognitive Science*. Amsterdam: Elsevier Science B. V, 1995: 38.

② Searle J R. *Minds, Brains and Science*. Cambridge, MA: Harvard University Press, 1984: 28.

拟，任何计算机-机器程序所具有的意向性因果能力都无法和人类的心智系统相提并论。

## 二、人工智能的语义学系统构造

我们对于人工智能的语义学基础的研究，其中很重要的一个出发点就是由关注符号表征的浅层“结果”转向考察符号表征的深层语境基础，希望由此勾勒出人工智能运行过程中语义的组织结构和作用机制，并且将语义问题与智能展开过程的其他层面贯通起来，从而树立起整体的、系统的人工智能语义观。

历史地来看，乔姆斯基立足于心理语言的深层结构对于人类语义理解机制的研究，可以说为人工智能的语义学系统构造奠定了初步的基础。众所周知，意向性是认知的本质，而意向性的本质既是一种关系的结构，同时也具有其特定的内在属性。也即人类的人脑结构本身所具有的特征决定了其既受制于存在的环境并且与环境之间存在着信息的交流，同时也在大脑结构内部形成了活动的心理空间和心理内容。在心理的内部表征过程中，语义的传导和修正不同于计算机的算法结构，而是依据神经元结构的生理机制来加以完成的。为此，我们有必要在人工智能的研究过程中借鉴这种非逻辑化的语义策略，沟通信息表征与传递的中间环节，进而实现人工智能语义系统动态化、语境化的构造。



我们知道，计算机或机器具有语义性的一个特征，就是它能够主动地建立起机器符号与实在世界之间的关系。这种关系实际上体现为一种智能自我发现和认识的能力，它使得智能主体获得了一种用符号指示外部事物的能力，从而能够为符号赋予一种相对明确的意义。也就是说，在智能机器系统中，符号的意义不应当是固定的、抽象的、静态的，而应当是变动的、具体的、动态的，其意义需要依赖于特定的语境来加以确定。由此出发，我们认为，人工智能意向-语义能力的真正实现，需要将人的语义解释机制内化为机器-计算机的系统结构，并且使其与机器-计算机的运行机制深入结合起来。例如，人工智能所涉及的计算语义分析需要模拟人类大脑的语义信息概念化的过程和语言概念符号化的心理机制。回顾历史，传统人工智能所采用的是表层-低阶的概念语义结构设计程序，尽管它非常重视语义的形式化表征层面，但却忽视了类似于人类心智活动的语义整体运作机制的特征，而本质上语义的形成、解释和理解却是与人类作为系统的认知结构不可分割的，“在（计算机）赛博空间（Cybe Space）所使用的低阶语义学和人类所使用的高阶语义学之间仍然存在着巨大的语义鸿沟”[①]。因此，要想使得人工智能的语义学基础能够在理论层面上更加巩固与完善，我们就必须深入考察人类的认知结构是通过什么样的方式、以什么样的形态来完成心智的语义构造过程的。在这一点上，由于人类心智的语义机制涉及大脑的神经反应、感知体验、语言表征等要素，因此智能系统的语义问题实际上也是人类作为整体的认知问题，只有深入研究人类认知的发生、起源、作用及其反馈机制，我们才能够更加全面地完善人工智能的语义系统。

事实上，当代认知科学的研究已经表明，人类的思维本身并非是一种简单的符号运算过程——在自然语言背后所潜藏的是人类特定的认知图式，这种认知图式居于语词、概念的深层机制当中，而这种认知图式实际上就是自然语言的一种元语言。这种元语言不是一种静态的存在，而是一种处于动态发展过程中的、开源状态的存在，正是这一元语言机制为自然语言赋予了丰富多样的意义可能性。因此，人工智能的实现应当具备这样一种元语言的意义处理机制，从而提升其智能水平。从某种程度上来说，人们使用语言的过程，就是人们展开认知的过程，因而人们对于语言意义的理解也就是认知的语境综合作用的结果。但是，语言的意义又绝不仅仅是一种内在的心理表征，而是一整套心理活动、操作的过程，“思维不仅能够对于没有意义的符号进行处理，而且还拥有关于意义的语义内容，这些语义内容即我们通常所谓的‘意义’”。[②] 从语用的层面上来看，人类的语言是一种与世界、实在交互作用的产物，而语言的“意义”就产生于这种交互作用的过程之中。

对于智能机器系统而言，语形和符号只是意向-意义的前提与条件，实在的对象要想成为有意义的意向性对象，必须有意向性机制的参与和作用。必须认识到，人脑的意向性活动机制是人工智能极力模仿的对象，同时也是计算程序和推理获得其“意义”的关键。问题在于，机器-计算机如何才能够“主动”地把符号、概念和与其相关的事物联系起来呢？本质上来看，这种“主动性”就是人类心智意向性特征的独特表现。在这一点上，心理表征理论认为，意向性与心理表征之间存在着必然的联系，而正是由于心理表征具有

① Zhu G H. *The Knowledge Grid*: *Toward Cyber-physical Society*. Singapore: World Scientific Publishing Co. Pte. Ltd, 2012: 27.

② Searle J R. *Minds*, *Brains and Science*. Cambridge, MA: Harvard University Press, 1984: 36.

"指向"某物的意向性特征，它才因此具有了语义属性。也就是说，心理表征与意向性之间存在着特定的关联，正是意向性决定了心理状态和心理内容具有意义，"思想在本源上具有意向性，因为构成它的心理表征的意义并不能源于其他的意向性"①。由此可见，人工智能要想达到类似于人类一样的心智水平，我们就必须明晰意向性这一独特的心理现象存在的特征与方式，了解意向性现象产生、发挥作用的条件和前提，进而建立起特定的仿照人类心智的意向性运作机制，从而实现人工智能由"句法机器"向"语义机器"的转换。

在人工智能的研究过程中，如何在句法和语义的联结中去超越句法而实现语义的完整表达和交流，是人工智能研究的一个重要突破点，这样才能够使得由符号所构成的语句具有类似于命题的真值。我们知道，命题态度是与心理状态直接相关的，它本质上是心理语句的一种特殊属性，而心理语句同样具有语形和语义两个构成层面。在这里，应当指出的是，心理语言区别于自然语言，心理语言的语义性并非来自于自然语言的语义性，因此由心理语言作为基础的心理意向性本身必然具有其特殊的语义性，这种心理意向的语义性就表现为"指向性"和"关联性"等特征。问题在于：人类的心灵是否是一种句法机制呢？心灵的本质是否与计算同源呢？另外一个问题是，人类的心灵是否是一种语义弥散式的、去中心化的控制网络呢？在这方面，人工智能的联结主义理论认为，由神经元的相互作用而产生的复杂联结网络构成了人类心智语义运作的基本框架，"联结主义系统能够利用和模拟……大脑的计算机制"②。显然，在这里，由关注语义的表征而转向关注语义产生的具体机制，这为人工智能的发展开辟了广阔的发展空间。



如前所述，人工智能的语义学在实现规范的语形构造的同时，必须考虑语义具有整体性的心理意向解释背景。在人工智能的运行机制中，一方面，意义的实现与语言的形式构造必然相关，但是这种实现是建立在系统的算法"处理"基础上的，由此便能够建立起以语形为表层机制，以语义为深层机制的内在关联体系。另一方面，语义的构造-输入与解释-输出是一个复杂的运作机制，各种具有语用化特征的信息集合为人工智能的运作机制提供了一个基于事实的计算语境。因此，人工智能的语言编码必须考虑语境要素和条件对于概念、命题意义的决定性作用，而人工智能的意义构造也必须考虑其机

① Menary R. *The Extended Mind*. Cambridge，MA：MIT Press，2010：168.

② Nath R. *Philosophy of Artificial Intelligence：A Critique of the Mechanistic Theory of Mind*. Florida：Universal-Publishers，2009：51.

器符号形式与解释者之间的动态关系，并且使得意义与语境的信息状态相互关联。可以看出，对于人工智能的“意义”理解能力而言，在某种程度上意义就意味着语境，而具体的语境也决定了意义的不同类型与特征。也就是说，人工智能的意向性-语义理解能力的获得必须有一个结构性的、多维界面的本体论语境作为依托，这些与人工智能的意向-语义能力相关的语境要素包括意义-语境的选择、意义-语境的表征、日常语言语境的使用习惯、历史和文化的语境渗透等。在这里，符号和语形是智能表征的工具和中介，语义是智能机制的核心，而语用则是智能驱动的动力来源和基础。可见，人工智能的语义能力要求其既具有即时性、有效性与具体性，同时也要求其具有长期性、稳定性与抽象性。换句话说，人工智能的语义学系统必须建立在动态性和稳定性、抽象性和具体性双向统一的理论基础上，必须有能力将符号体系与其所指的对象关联起来，并且在语境的基础上主动地检索、调集信息进行处理，进而实现有意义的理解和解释行为。

## 三、人工智能的语义学难题求解

对于人工智能的未来发展而言，与之相结合的语义学研究为人工智能突破理论瓶颈、破解实践难题起到了基础性和支撑性的作用，这就要求我们从哲学和科学研究的双重视域出发，理性地看待人工智能的理论定位问题，妥善地解决有关人工智能的各种思想论争，并且我们有必要借鉴和引入语境论的思想，以加深对于人工智能语义学问题求解的理论效力。

以人工智能的语义运行机制为例，早期的冯·诺依曼计算机系统设计了一个位于 CPU 上阶的 BIOS 微系统，这一微系统执行着整体智能程序控制和下发运行指令的功能。然而，冯·诺依曼的这一独特的程序机制实际上是从本体论上假设了人脑具有一个生理结构基础之上的独立心理世界，这一思想就是从笛儿尔心物二元论演变而来的心智“小人说”。事实上，人工智能的最新发展已经证明了这种内在语义论的、还原论式的程序设计理论的缺陷，因为自然状态的人类智能语义的实现并非是一种封闭的、局限的活动，而是一种基于语言应用和语境信息的开放过程。由此可见，人工智能的语义学基础构造尽管在一定程度上具有其本体论和形而上学的背景依据，但是其进一步发展却必须摒弃纯粹抽象的思辨，并且借助于科学实证的原则来建立起人工智能的科学语义学基础。

从人工智能语义学研究的视域出发，人们发现，规范语言语义学和自然语言语义学在理论趋向上尽管存在差异，但是彼此之间却存在着可以沟通、协调和统一化的可能性与必要性。从规范语言语义学与自然语言语义学各自的理论特征、研究对象来看，早期的逻辑经验主义者实际上是以确定的语义为目标导向而寄希望于逻辑语形的构造策略，这一策略遵循的是由语形再到语义的研究路径，“规范语义学模型认为语词的意义是在一种脱离语用语境的情况下被确定的”[①]。相对而言，日常语言学派则奉意义的语用化理解为圭臬，倡导回归到纯粹自然语言分析的研究策略，这一策略遵循的是由语用再到语义的研究路径。可以看出，规范语言语义学和自然语言语义学在对于“意义”的探索方面，完全延续了差异化的理解思路，从而导致了多年以来双方之间的论辩与对峙。从规范语言语义学与自然语言语义学各自的发展动态来看，规范语言的语义学作为人工智能理论研究的基础，如果不突破规范语形的逻辑限制而间接通达于语义和语用的层面，就很难在模拟人类实际心智能力方面取得成就，而自然语言如果不借助于逻辑语形的方式来加以表征，也很难获得一种切实可行的程序来实现语义的“复制”与执行。也就是说，以行为目标和语用表征、交流为导向的自然语言表达，并不会自发地通过一种逻辑化的策略和语形构造的方式来得以抽象化，而人工智能作为一种主体“人”之外的思维创造物却不可避免地需要借助于抽象的语形手段来建构起类似于人的大脑的概念框架。因此，从人类思维到人工智能，这实际上是延续了一个由语义到语形的抽象化再到由语形到语义的具体化的复杂过程，而以语义研究作为核心的人工智能是希望在规范语言语义学与自然语言语义学之间建立起可沟通的桥梁和管道，从而建立起语形-语义-语用的相互关联的系统结构，这从本质上揭示了人工智能的内在运作机理。



从语境论的思想来看，人工智能的功能主义学派和结构主义学派之间也并非是完全对立的，而是相互协调、有机统一的。在人工智能的研究过程中，“图灵机”、功能论和“中文屋”、结构论的思想趋向之间并非是矛盾的、不可调和的，而是相互结合的、存在一致性的，两者实际上都揭示了意向-语义性现象某一方面的特征。事实上，无论是功能论的观点，还是结构论的观点，它们都不能忽视人类语言意义与其背后的语境之间的结构性关联，正是这种关联为语词赋予了语义性。作为智能机制的语义理解能力，如果只是停留在

---

① Mařík V，Štěpánková O，Zdráhal Z. *Artificial Intelligence in Higher Education*. Berlin：Springer-Verlag，1990：116.

思想内容的内部循环中而不能实现外部表征，显然是没有意义的。因此，对于人的内在心智语义结构的探索固然是人工智能语义能力获取的动力，但是要想使得人工智能在每个现实的发展阶段上语义能力都能得到充分展现，就必然要求其在符号的编码和程序的设计过程中以特定的功能实现为导向，并且忽略部分心智语义结构的特征，这是一种不可避免的人工智能语义学操作策略。

针对上述一些人们所提出、借鉴和探索的人工智能的语义学研究路径、发展策略和理论趋向来看，我们的问题在于，应当如何科学地看待人工智能类似于人类心智的“意向-语义”能力呢？显然，人的思维机制对于语言的运用并没有遵循类似于人工智能程序设计的线性规则，而是以语义为基础形成了若干不同层次和类型的语义结构，这种复杂的语义结构支撑起了人类可被称之为理解性思维的心智能力。也就是说，在人类心智结构当中，语义的运作具有一种动态性的特征，这种特征表现在：人类心智能够从丰富的语境当中作出信息的选择、判断和识别，而现有的智能机器却并不能够超越形式系统而具有把握外部信息的能力，“语义网络应当为信息表征提供一种便利的结构，以实现知识的连续性推理”①。

事实上，认知科学的研究已经表明，语义问题并非仅仅是一个单纯抽象的理论问题，而且也是一个与人类多重认知结构紧密相关的脑科学、神经科学问题。这就意味着，人工智能的语义学基础构造联结了哲学和具体科学的双重层面——只有从语言哲学和认知科学相互交叉、融合的角度和视域出发，我们才能最终找到破解人工智能语义构造难题的有效路径。对于一个类似于人类心智的智能系统而言，语义—概念—符号是智能表征的基本程序，这一程序充分表明了语义在智能活动的展开过程中所具有的作用和功能。应该注意的是，在上述程序展开的过程中，无论是由语义到概念，还是再由概念到符号，中间都存在着一个联结、转换和过渡的中间环节，脱离开任何一个中间环节，智能活动的展开都是没有意义的。就人工智能的语义内容而言，上述三个阶段展开的过程都会发生语义的减损和偏差，原因是概念的符号化和形式化的构造在一定程度上会远离语义酝酿和产生的实在语境，从而使得语义内容的传递影响到了智能模拟的最终效用。因此，对于人工智能而言，符号语形的演绎是必要的，但绝对不是充分的，只有将语形的推理向后回溯，

① Bourbakis N G. *Artificial Intelligence Methods and Applications*. Singapore：World Scientific Publishing Co. Pte. Ltd，1992：281.

使得语义的本真内涵在智能展开的过程中形成链条化的、前后延续的状态，才能使得人工智能的内在机理与人类心智的结构特征更加接近。

对于在人工智能的研究中至关重要的语义自主学习和反应能力而言，我们需要为智能机器的程序寻求建立一种在具体语境中确定和“发现”语言意义的机制。其原因在于，句子或者命题的意义不是固定的、一成不变的，而是会受到语境的强烈渗透和“感染”，这就对人工智能的“意义”理解功能提出了更高的要求。具体来看，人工智能对于人类心智意向性的模拟，也是使得其自身获得意义的必然途径，未来的人工智能的发展只有使得智能机器获得主动展开语境信息判断的能力，进而在其内部结构系统之中对语境相关信息进行有效的处理，并且将这种处理的结果反馈于与其存在语境的互动之中，人工智能的语义学基础才能够真正得到辩护和巩固。同时，人工智能的信息库应当具有静态和动态的双重特征，它不仅应当实现语义的表征，而且能够具有元信息推理、分析的能力。也就是说，人工智能的参数设计不仅应当包括句法、语形规则，而且也应当将语境参数融合起来，从而在模拟人类智能的前提下实现自然语言的超形式动态化处理，“意义是潜在的随语境而转换的……动态的语义学……整合了计算机科学、认知心理学和人工智能等不同领域研究的成果”[①]。可以看出，人工智能未来发展的突破路径就在于，必须将理性规则与非理性模块结合起来，将意义的语形界面和语义、语用界面充分结合起来，从而为人工智能运行机制的目标性、主动性特征的完善提供更加有力的支撑。



① Wilson R A，Kei F C. *The MIT Encyclopedia of the Cognitive Sciences*. Cambridge，MA：MIT Press，2001：248.

# 参考文献


1. 中文专著

A. P. 马蒂尼奇编，牟博等译．语言哲学．北京：商务印书馆，1998：133.

北京大学哲学系编．西方哲学原著选读（上）．北京：商务印书馆，2002.

柏拉图著，王晓朝译．柏拉图全集（第二卷）．北京：人民出版社，2002.

成素梅．科学与哲学的对话．太原：山西科学技术出版社，2003.

陈波．逻辑哲学．北京：北京大学出版社，2005.

D. 休谟著，关文运译．人性论．北京：商务印书馆，1996.

F. 弗雷格著，张庆熊译．欧洲科学危机和超验现象学．上海：上海译文出版社，2005.

F. 弗雷格著，王路译．算术基础．北京：商务印书馆，2009.

高新民．意向性理论的当代发展．北京：中国社会科学出版社，2008.

郭贵春，成素梅．科学哲学的新进展．北京：科学出版社，2008.

郭贵春，成素梅．科学哲学的新趋势．北京：科学出版社，2010.

郭贵春．当代科学实在论．北京：科学出版社，1991.

郭贵春．走向21世纪的科学哲学．太原：山西科学技术出版社，2000.

郭贵春．科学知识动力学．武汉：华中师范大学出版社，1992.

郭贵春．语境与后现代科学哲学的发展．北京：科学出版社，2002.

郭贵春．科学实在论教程．北京：高等教育出版社，2001.

郭贵春．科学实在论的方法论辩护．北京：科学出版社，2004.

H. 普特南著，童世骏、李光程等译．理性、真理与历史．上海：上海译文出版社，1997：10.

胡龙彪．中世纪逻辑、语言与意义理论．北京：光明日报出版社，2009.

洪汉鼎．语言学的转向：当代分析哲学的发展．香港：三联书店公司，1992.

J. 利奇著，李瑞华、王彤福等译．语义学．上海：上海外语教育出版社，2005.

J. 塞尔著，刘叶涛译．意向性心灵哲学．上海：上海人民出版社，2007.

J. 洛克著，关文运译．人类理解论．北京：商务印书馆，1983.

蒋严，潘海华．形式语义学引论．北京：中国社会科学出版社，2005.

L. 科恩著，邱仁宗译．理性的对话——分析哲学的分析．北京：社会科学文献出版社，1998.

L. 维特根斯坦著，郭英译．逻辑哲学论．北京：商务印书馆，1985.

刘龙根．意义底蕴的哲学追问．长春：吉林大学出版社，2006.

R. 卡尔纳普著，陈启伟译．世界的逻辑构造．上海：上海译文出版社，1999.

涂纪亮．英美语言哲学概论．武汉：武汉大学出版社，2007.

王路．走进分析哲学．北京：生活·读书·新知三联书店，1999.

吴彩强．从表征到行动：意向性的自然主义进路．北京：中国社会科学出版社，2010.

W. 奎因著，江天骥译．从逻辑的观点看．上海：上海译文出版社，1987.

文卫平，方立．动态意义理论．北京：中国社会科学出版社，2008.

徐友渔．“哥白尼式”的革命．上海：上海三联书店，1992.

徐志民．欧美语义学导论．上海：复旦大学出版社，2008.

张燕京．达米特意义理论研究．北京：中国社会科学出版社，2006.

张绍杰．语言符号任意性研究．上海：上海外语教育出版社，2004.

周建设．语义逻辑与语言哲学．北京：学苑出版社，2006.

朱志凯编．逻辑与方法．北京：人民出版社，2000.



2. 英文专著

Achinstein P. *Concepts of Science*. Baltimore：JohnsHopkins UP，1968.

Allwood J S，Gärdenfors P. *Cognitive Semantics*：*Meaning and Cognition*. Amsterdam：John Benjamins Publishing，1999.

Anderson J R. *The Architecture of Cognition*. Cambridge，Mass：Harvard University Press，1983.

Ardener E. *Social Anthropology and Language*. London：Routledge Press，2004.

Aronson J A. *Realist Philosophy of Science*. London：Macmillan Publication，1984.

Audi R. *The Cambridge Dictionary of Philosophy*. Cambridge：Cambridge University Press，1999.

Aumann R J，Wooders M H. Topics in mathematical economics and game theory. *American Mathematical Society*，1999.

Belnap N，Steel T. *The Logic of Questions and Answers*. New Haven：Yale University Press，1976.

Blackburn S. *Oxford Dictionary of Philosophy*. Oxford：Oxford University Press，1996.

Bloomfield L. *Introduction to the Study of Language*. New York：Henry Holt Company，1914.

Bloomfield L. *Language*. New York：Henry Holt Company，1933.

Benthem J，Meulen A. *Handbook of Logic and Language*. Amsterdam：Elsevier Science B. V，1997.

Boscovich R. *A Theory of Natural Philosophy*. Cambridge，Mass：The MIT Press，1966.

Botterill G，Carruthers P. *The Philosophy of Psychology*. Cambridge：Cambridge University Press，1999.

Bunnin N，Yu J Y. *The Blackwell Dictionary of Western Philosophy*. Oxford：Blackwell Publishing Ltd，2008.

Canfield J V. *Philosophy of Meaning，Knowledge and Value in the 20th Century*. London：Routledge Press，1997.

Collins H M，Pinch T J. *Frames of Meaning*. London：Routledge & Kegan Paul，1982.

Carnap R. *Introduction to Semantics*. Cambridge，Mass：Harvard University Press，1942.

Churchland P. *Neurophilosophy*. Cambridge，Mass：The MIT Press，1986.

Churchland P. *Scientific Realism and the Plasticity of Mind*. Cambridge：Cambridge University Press，1979.

Devitt M. *Realism and Truth*. Oxford：Basil Blackwell，1984.

Dennett D. *The Intentional Stance*. Cambridge，Mass：The MIT Press，1987.

Dennett D. *Brainstorms：Philosophical Essays on Mind and Psychology*. Cambridge，Mass：The MIT Press，1978.

Dummett M. *Truth and Other Enigmas*. Cambridge：Harvard University Press，1978.

Dummett M. *The Sea of Language*. Oxford：Clarendon Press，1993.

Duranti A，Goodwin C. *Rethinking Context：Language as An Interactive Phenomenon*. Cambridge：Cambridge University Press，1992.

Evans V，Green M C. *Cognitive Linguistics：An Introduction*. New Jersey：Lawrence Erlbaum Associates Publishers，2006.

Frege F. *The Foundations of Arithmetic*（2nd Revised Edition）. New York：Harper and Brothers Press，1980.

Fodor J，Lepore E. *Holism*. Oxford：Blackwell Publication，1992.

Fodor J. *The Language of Thought*. New York：Crowell Publication，1975.

Gintis H. *Game Theory Evolving：A Problem-Centered Introduction to Modeling Strategic Interaction*. Princeton：Princeton University Press，2009.

Gleitman L R. *An Invitation to Cognitive Science: Language*. Cambridge, Mass: Massachusetts Institute of Technology, 1995.

Goddard C. *Semantic Analysis: A Practical Introduction*. Oxford: Oxford University Press, 2011: 1.

Goldberg S C. *Internalism and Externalism in Semantics and Epistemology*. Oxford: Oxford University Press, 2007.

Greenough P, Lynch M P. *Truth and Realism*. Oxford: Oxford University Press, 2006: 143.

Gregory H. *Semantics: An Introductory Workbook*. London: Routledge Press, 2000.

Gross S. *Essays on Linguistic Context Sensitivity and Its Philosophical Significance*. London: Taylor & Francis Group, 2001.

Gutting G. *Paradigms and Revolutions*. *Notre Dame: University of Notre Dame Press*, 1980.

Harris R. *The Semantics of Science*. London: Continuum International Publishing Group, 2005.

Harsanyi J, Selten R. *A General Theory of Equilibrium Selection in Games*. Cambridge, Mass: The MIT Press, 1988.



Habermas M J. *The Philosophical Discourse of Modernity: Twelve Lectures*. Cambridge, Mass: The MIT Press, 1990.

Halliday M, Webster J. *On Language and Linguistics*. London: Continuum International Publishing Group, 2003.

Hintikka J. *Logic, Language Game and Information*. Oxford: Oxford University Press, 1973.

Hintikka J. *The Game of Language: Studies in Game-Theoretical Semantics and Its Applications*. Dordrecht: Reidel Publishing Company, 1983.

Hitchcock C. *Contemporary Debates in Philosophy of Science*. London: Blackwell Publishing Ltd, 2004.

Hooker C A. *A Realistic Theory of Science*. New York: SUNY Press, 1987.

Hurford J, Heasley B, Smith M. *Semantics: A Coursebook*. Cambridge: Cambridge University Press, 1983.

Jackendoff R. *Language, Consciousness and Culture: Essays on Mental Structure*. Cambridge, Mass: The MIT Press, 2007.

Jackendoff R. *Semantic Cognition*. Cambridge, Mass: Massachusetts Institute of Technology, 1983.

Johnson P N. *Mental Models*. Cambridge, Mass: Harvard University Press, 1983.

Johan F, Benthem V. *Handbook of Logic and Language*. London, New York: Elsevier Publishing Company, 2011.

Jovchelovitch S. *Knowledge in Context: Representations, Community and Culture*. New York: Taylor&Francis Group, 2009.

Kelly M R. *Bergson and Phenomenology*. New York: Palgrave Macmillan Publication, 2010.

Kideer T. *The Soul of a New Machine*. London: Allen Lane, 1981.

Kripke S. *Naming andNecessity*. Cambridge, Mass: Harvard University Press, 1980.

Kuhn T S. *The Structure of Scientific Revolutions*. Chicago: Chicago University Press, 1970.

Lakoff G, Johnson M. *Philosophy in the Flesh: The Embodied Mind and Its Challenge to Western Thought*. New York: Basic Books Inc, 1999.

Lewis D. *Counterfactuals*. Oxford: Blackwell Publication, 1973.

Leplin J. *Scientific Realism*. California: California Press, 1984.

Lewis D K. *Convention: A Philosophical Study*. Cambridge, Mass: Harvard University Press, 1969.

Levinson S C. *Pragmatics*. Cambridge: Cambridge University Press, 1983.

Locke D. *Science as Writing*. New Haven, London: Yale University Press, 1991.

Lycan W. *Mind and Cognition*. Oxford: Blackwell Pub. Ltd, 1990.

Lyons J. *Semantics*. Cambridge: Cambridge University Press, 1977.

Lyotard J E. *The Postmodern Condition: A Report on Knowledge*. Manchester: Mnachester University Press, 1984.

MacDonald G, Pettit P. *Semantics and Social Science*. London: Routledge & Kegan Paul Ltd, 1981.

Martinich A P. *The Philosophy of Language*. Oxford: Oxford University Press, 2001.

Margolis H. *Patterns, Thinking, and Cognition*. Chicago: University of Chicago Press, 1987.

McLaughlin B. *The Oxford Handbook of Philosophy of Mind*. Oxford: Oxford University Press, 2009.

Mildner V. *The Cognitive Neuroscience of Human Communication*. New York: Lawrence Erlbaum Associates, 2008.

Moore T E. *Cognitive Development and the Acquisition of Language*. New York: Academic Press, 1973.

Moravosik J M. *Thought and Language*. London: Routlege Press, 1990.

Murphy A E, Singer M G. *Reason, Reality, and Speculative Philosophy*. Madison: The University of Wisconsin Press, 1996.

Nagel E. *Principles of the Theory of Probability*. Chicago: University of Chicago Press, 1939.

Nardi B A. *Context and Consciousness: Activity Theory and Human-Computer Interaction*. Cambridge, Mass: Massachusetts Institute of Technology, 1996.

Neumann J V, Morgenstern O. *Theory of Games and Economic Behavior*. Princeton: Princeton University Press, 1953.

Neogy S K. *Mathematical Programming and Game Theory for DecisionMaking*. Singapore: World Scientific Corporation, 2008.

Nerlich B. *Semantic Theories in Europe 1830-1930*. London: Benjamins Publication Company, 1992.

Nöth W. *Handbook of Semiotics*. Bloomington: Indiana University Press, 1995.

Norman D, Rumelhart D. *Explorations in Cognition*. San Francisco: W. H. Freeman Publication, 1975.

Ortony A. *Metaphor and Thought*. Cambridge: Cambridge University Press, 1993.

Palmer F R. *Semantics*. Cambridge: Cambridge University Press, 2001.



Peacocke C A. *A Ttudy of Concepts*. Cambridge, Mass: MIT Press, 1992.

Peters H. *Game Theory: A Multi-Leveled Approach*. Heidelberg: Springer-Verlag, 2008.

Pietarinen A V. *Game Theory and Linguistic Meaning*. Oxford: Elsevier Publishing Company, 2007.

Popper K. *The Logic of Scientific Discovery*. London: Hutchinson Publication, 1959.

Popper K. *Objective Knowledge*. Oxford: Oxford UP, 1972.

Putnam H W. *Pragmatism, An Open Question*. Oxford: Blackwell Publishers Ltd, 1995.

Quine W V. *Pursuit of Truth*. Cambridge, Mass: Harvard University Press, 1990.

Quine W V. *Theories and Things*. Cambridge, Mass: Harvard University Press, 1981.

Quine W V. *From a Logical Point of View*. Cambridge, Mass: Harvard University Press, 1981.

Quine W V. *From Stimulus to Science*. Cambridge, Mass: Harvard University Press, 1995.

Ragin C. *Fuzzy-Set Social Science*. Chicago: University of Chicago Press, 2000.

Reichenbach H. *Rise of Scientific Philosophy*. Berkeley: University of California

Press, 1962.

Rorty R. *Philosophy and the Mirror of Nature*. Princeton: Princeton University Press, 1979.

Russell B. *History of Western Philosophy*. London: Rutledge Classics, 2004.

Russell B. *The Philosophy of Logical Atomism*. London: Routledge Publication, 2009.

Russell B. *Logic and Knowledge*. London: Unwin Hyman Ltd, 1956.

Saeed J I. *Semantics*. Oxford: Blackwell Publishing Ltd, 2003.

Schlipp P. *The Philosophy of Rudolf Carnap*. LaSalle: Open Court Publishing Company, 1963.

Schwartz S P. *Naming, Necessity and Natural Kinds*. Ithaca, N. Y: Cornell University Press, 1977.

Schank R C, Colby K M. *Computer Models of Thought and Language*. San Francisco: Freeman Publication, 1973.

Schurz C. *Contextual Approaches to Truth & the Strengthened Liar Paradox*. Hightown: Gazelle Books Services Limited, 2012.

Searle J. *Speech Acts: an Essay in the Philosophy of Language*. Cambridge: Cambridge University Press, 1969.

Searle J. *Mind*. Oxford: Oxford University Press, 2004.

Simons H W. *The Rhetorical Turn: Invention and Persuasion in the Conduct of Inquiry*. Chicago: The University of Chicago Press, 1990.

Shook J R. *The Dictionary of Modern American Philosophers*. Bristol: Theoemmes Continuum, 2005.

Skyrms B. *Pragmatics and Empiricism*. New Haven: Yale University Press, 1984.

Smart J C. *Philosophy and Scientific Realism*. London: Routledge & Kegan Paul Ltd, 1963.

Spencer H. *First Principles*. Cambridge: Cambridge University Press, 2009.

Sperber D, Wilson D. *Relevance: Communication and Cognition*. Cambridge, Mass: Harvard University Press, 1986.

Steinberg D, Jakobovits L. *Semantics*. Cambridge: Cambridge University Press, 1971.

Solso R L. *Contemporary Issues in Cognitive Psychology*. Washington, D. C.: V. H. Winston & Sons, 1973.

Solso R L. *Information Processing and Cognition*. Hillsdale, N. J.: Lawrence Erlbaum Associates, 1975.

Stieh S. *The Fragmentation of Reason*. Cambridge, Mass: MIT Press, 1990.

Stoy J. *Denotational Semantics*: *The Scott-Strachey Approach to Programming Language Theory*. Cambridge, Mass: The MIT Press, 1977.

Strawson P F. *Logico-Linguistic Papers*. London: Ashgate Publishing Limited, 2004.

Suppe F. *The Structure of Scientific Theories*. Urbana: University of Illinois Press, 1974.

Tadelis S. *Game Theory*: *An Introduction*. Princeton: Princeton University Press, 2013.

Tanenbaum A S. *Structured Computer Organization*. Englewood Cliffs, NJ: Prentice-Hall Publication, 1984.

Toulmin S. *Human Knowledge*. Princeton: Princeton University Press, 1972.

Tulving E, Donaldson W. *Organization of Memory*. New York: Academic Press, 1972.

Van Fraassen B C. *Images of Science*. Chicago: The University of Chicago Press, 1985.

Vattimo G. *Beyond Interpretation*: *The Meaning of Hermeneutics for Philosophy*. Cambridge: Polity Press, 1997.

Wedbery A. *A History of Philosophy*. Oxford: Oxford University Press, 1986.

Wettgenstein L. *On Certainty*. New York: Harper and Row, 1969.

Weibull J W. *Evolutionary Game Theory*. Cambridge, Mass: The MIT Press, 1997.

Webb J N. *Game Theory*: *Decision*, *Interaction and Evolution*. London: Springer-Verlag Limited, 2007.

Wittgenstein L. *Tractatus Logico-Philosophicus*. London: Routledge & Kegan Paul, LTD, 1961.